오늘날 스토아주의자로 살아간다는 것

STOIC WISDOM: ANCIENT LESSONS FOR MODERN RESILIENCE
© Oxford University Press 2021
STOIC WISDOM: ANCIENT LESSONS FOR MODERN RESILIENCE was originally published in English in 2021. This translation is published by arrangement with Oxford University Press. HAPPY HAN-GA is solely responsible for this translation from the original work and Oxford University Press shall have no liability for any errors, omissions or inaccuracies or ambiguities in such translation or for any losses caused by reliance thereon.
Korean translation copyright © 2023 by HAPPY HAN-GA
Korean translation rights arranged with Oxford University Press through EYA (Eric Yang Agency).

이 책의 한국어판 저작권은 EYA (에릭양 에이전시)를 통해 Oxford University Press 사와 독점 계약한 해피한가에 있습니다.
저작권법에 의하여 한국 내에서 보호를 받는 저작물이므로 무단전재 및 복제를 금합니다.

오늘날 스토아주의자로 살아간다는 것

STOIC WISDOM
Ancient Lessons for Modern Resilience

낸시 셔먼 지음 | 나경세 옮김

해피한가

마샬에게,

당신의 사랑과 유머를 생각하며

"우리가 의지대로 할 수 있는 것이 있고, 그럴 수 없는 것이 있다."
— 에픽테토스

"나는 더 이상 내가 바꿀 수 없는 것을 받아들이지 않는다.
내가 받아들일 수 없는 것은 바꿔 나간다."
— 엔젤라 데이비스

"만약 당신이 진정한 전문가가 되고 싶다면, 세상 속에서 무언가를 하라."
"누가 다음 세대를 책임지고 양성할 것인가?"
— 루스 베이더 긴즈버그

차 례

첫 번째 수업:
스토아주의의 위대한 부흥 … 9
새로운 선 … 11
수업 소개 … 18
용어에 대해서 … 26

두 번째 수업:
스토아학파는 누구인가? … 29

세 번째 수업:
평온을 찾아서 … 55
팬데믹 시대의 스토아주의 … 57
보다 안정된 행복 … 61
"우리가 의지대로 할 수 있는 것이 있고…": 느낌에 대한 동의 … 64
신체 훈련과 정신 수양 … 70
안 좋은 것을 사전 리허설하기 … 72
대비책과 여지 … 82
궁수처럼 … 87

네 번째 수업:
감정 다스리기 … 93
"환호성, 박수, 격렬한 호응… 그리고 환희의 눈물" … 95
감정의 층 … 97
화 … 104
애도 … 115

다섯 번째 수업:
스토아적 끈기와 회복탄력성 … 123

- 한 무리의 댄스 … 125
- 회복탄력성 … 128
- 긴밀한 관계 … 131
- 세계 속의 집에 존재하기: 연결됨 … 135
- 가상의 관계 … 140
- 스토아적 공감 … 147
- 다른 유형의 힘을 바라는 헤라클레스와 아버지의 청원 … 151

여섯 번째 수업:
자기자비를 통한 치유 - 스토아 전사 … 159

- 스톡데일과 군대의 스토아 문화 … 161
- 군대 안의 긴장: 스토아주의와 도덕적 부상 … 167
- 우발적 살인 … 169
- 스토아적 감정과 "도덕적 진보자"로 돌아가기 … 173
- 알키비아데스의 눈물 … 175
- 자비에 대한 세네카의 탄원 … 181
- 자기자비에 대한 간청 … 185

일곱 번째 수업:
라이프핵 … 189

- 염료에서 섬유까지 … 191
- 라이프핵: 누구의 선인가? … 196
- 마라톤 혹은 단거리 달리기 … 201
- 전세계적 연결 … 207
- 죽음을 정복하는 라이프핵 … 211
- 스토아주의와 해로운 남성성 … 216
- 그들의 이름을 말하라 … 220

여덟 번째 수업:

스토아적 삶의 기술 ··· 223

    명상: 서양과 동양의 만남 ··· 225
    수업 시간에 '제대로 사는 법 다시 배우기' ··· 236
    모범 사례와 영웅 ··· 241
    댄스와 캐치볼 ··· 250

아홉 번째 수업:

건강한 현대 스토아주의 ··· 255

    가장 가능성이 낮은 마지막 시험 ··· 257
    "그들은 노예다.' 아니다, 그들은 사람이다." ··· 263
    텍스트와 맥락 ··· 267
    앞으로 나아갈 길 ··· 269

감사의 말 ··· 272
옮긴이의 말 ··· 275
노트 ··· 278
참고문헌 ··· 295
찾아보기 ··· 308

에두아르도 로살레스, <세네카> 1836-1873.

첫 번째 수업

스토아주의의 위대한 부흥

새로운 선

스토아주의의 부흥이 엄청난 열풍을 불러오고 있다. 자기계발 서적, 어록, 인터넷 속성 강좌, 하루의 시작과 함께하는 웹사이트, 팟캐스트, 방송 등에서 쉽게 스토아주의를 접할 수 있다. 어떤 이는 남자답게 사는 법을 배우기 위해, 어떤 이는 평온을 되찾기 위해, 어떤 이는 고대 로마식으로 명상하기 위해, 어떤 이는 절제하기 위해, 어떤 이는 더 많이 통제하기 위해, 또 어떤 이는 더 적게 통제하기 위해, 저마다의 이유로 스토아주의를 찾는다. 『나는 4시간만 일한다 The 4-Hour Workweek』의 저자이자 실리콘밸리의 사상적 지도자이면서 팟캐스트 호스트인 팀 페리스 Tim Ferriss는, 스토아주의가 '기업가'를 위한 "이상적인" 철학이라고 선전한다. 그의 말대로 스토아주의는 큰 꿈을 품고 있는 사람들이 적절한 때에 자아를 억제하는 방법을 익히는 훈련을 하는 데 적합한 '운영 체계'다. 스토아주의는 '새로운 선禪Zen'이 됐다. 이는 스트레스를 감소하고 선함을 양성하기 위한 철학적 실천이다. 더 나아가, 온라인 스토아 커뮤니티는 각자의 여건에서 스토아주의를 일상생활에 접목하는 학습자들의 국제 연례행사인 '스토이콘Stoicon'을 만들기에 이르렀다. 이러한 열기는 대안우파alt-right(역주: '대안적 우파alternative right'의 준말로, 백인우월주의에 기반한 극우 세력을 지칭함)로까지 퍼져서, 스토아주의의 광적인 추종자들은 서구 문명의 위대한 업적을 백인성whiteness과 남성성의 보루로 여긴다.

스토아주의는 수많은 이들의 사랑을 받는다고 해도 과언이 아니다. 이유가 뭘까? 일단 스토아주의는 간결한 지혜를 담고 있고, 쉽게 다가갈 수 있는 철학이다. 로마 시대 스토아 철학자 중에는 키케로Cicero, 세네카Seneca와 같은 정치인이나, 마르쿠스 아우렐리우스Marcus Aurelius 같은 황제가 있다. 이들은 모두 높은 신분과 권력을 가지고 있었으며 글자를 읽을 줄 알았다. 세네카의 가장 유명한 제자는 네로 황제로, 그에게는 매일 분노와 화를 다스리는 수업이 필요했다. 당시는 제국주의 권력과 음모에 맞서 스토아주의가 무르익을 만한 정치적 여건이 조성돼 있었다. 이는 오늘날에도 마찬가지다.

하지만 스토아주의는 결코 엘리트만을 위한 것이 아니었다. 스토아주의는 에픽테토스Epictetus 같은 노예를 위한 것이기도 했다. 놀라운 역사의 아이러니로, 황제 마르쿠스 아우렐리우스는 그에게서 영감을 받아 스토아 명상을 책으로 썼다. 『명상록Meditations』은 마르쿠스 아우렐리우스가 게르만족 원정 기간 밤에 다뉴브 강가의 막사에서 개인적으로 성찰한 내용을 적은 것으로, 오직 그 자신을 위해 쓴 책이었다. 그는 황제이자 평범한 한 사람으로서 밤에 일기를 쓰면서, 자신의 무한한 권력 앞에 겸손과 이성에 기반한 덕의 중요성을 되새기려고 했다. 그는 우리가 외부 사건이 아닌 오직 자기 정신에 대해서만 힘을 발휘할 수 있다는 에픽테토스의 생각에 동의했다. 우리의 웰빙은 잔인하고 해석할 수 없는 사물이나 사건이 아닌, 우리에게 영향을 끼치는 것에 대한 자신의 판단에 달려 있다. 기본적으로 우리는 세상을 해석한다. 모든 경험은 해석의 필터를 거친다. 이런 점에서 스토아학파는 선견지명을 지니고 있었다.

그런데 스토아주의는 어쩌다 현대 서구 사회의 새로운 선불교가 되었을까? 서구 문화에서 평온함을 찾으려는 절박함은 어느 정도 계속 있어 왔다. 스타트업 기술 세계 종사자들은 평소 정신없이 일하며, 새로운 펀드를 조달하기 위해서는 훨씬 더 애써서 준비해야 하고, 사용자 친화적인 스마트 기술을 활용한 상품을 설계해야 한다는 압박감에 전방위적인 스트레스와 피로감을 느낀다. 삶을 효율적이면서도 잘 살 수 있는 지름길을 만들어 가는 것을 뜻하는 라이프해킹Life-hacking(역주: 여덟 번째 수업 참조)이 각광을 받고 있다. 스토아주의는 유서 깊은 해결책을 제시함으로써 많은 사람들의 관심을 모으고 있다. 대안우파는 스토아주의에 "죽은 백인"의 철학이라는 배지까지 붙였다.

코로나바이러스감염증-19(이하 코로나19) 팬데믹으로 인해 사람들이 사회적 고립, 실직, 대량 사망, 생존의 공포로 인한 새로운 스트레스에 직면하게 되자 불안은 한층 심해졌다. 우리는 코로나19 팬데믹을 통해 정서적·심리적으로 최악의 시나리오에 대비할 방법을 지니고 있어야 함을 확실히 깨달았다. 우리는 불안과 절망을 다스리는 방법을 애타게 찾고 있다. 우리는 스스로 평온함을 찾고자 한다. 대대로 이어지는 서양 전통 속에서 조언과 지혜를 구하는 사람들에게, 그리스-로마에 뿌리를 둔 스토아주의만큼 확실한 것은 없다. 스토아주의는 후대의 많은 서양 사상 속에 그 흔적이 남아 있기에 더욱 접하기 쉽다. 무엇보다도 스토아주의는 (최소한 로마 시대 스토아학파는) 생각에만 그치지 않고 늘 실천하는 철학이었고, 지금도 그렇다. 스토아주의의 핵심 사상은 선불교에서 가르치듯 자기self를 없애는 것이 아니라, 자기의 한계를 인식한 상태에서 자기통제self-mastery를 강화하는 것이다. 고대인들은 회복탄력성resilience을 기르기 위한 방법으로 스토아주의를 실천했고, 이는 많은 현대인들도 마찬가지다. 그 실천 방법은 심리적·철학적·규범적이며, 덕과 인격을 갖춘 삶을 사는 것과 긴밀히 연결되어 있다. 그 목표는 이성에 기반한 선함과 더불어, 선함을 통해 내면의 힘을 구축하는 것이다. 고대의 덕과 현대의 생활 관리 기술이 합쳐진다면 무적일 것이다.

특히 스토아주의 중에서도, 외부적 힘의 제약 속에서도 자기통제를 강화한다는 핵심 사상은 매력적이지 않을 수 없다. 이는 무궁무진하게 응용할 수 있다. 당신이 네로의 궁정에 있는 세네카나, 미국 해군 조종사이자 베트남전의 고위 전쟁 포로로 7년 간의 수용소 생활 동안 에픽테토스의 철학을 생존 방법으로 받아들인 제임스 B. 스톡데일James B. Stockdale이 아니어도 상관없다. 개인적 통제를 한계까지 밀어붙이는 도전은 모든 이의 삶의 일부다. 부모가 다 큰 자녀에게 대해서도 여전히 영향력을 행사하는 법을 알아내려 하고, 라이프해커가 죽음을 이겨내려는 충동이 지나친 자기애임을 알면서도 죽음을 정복하기 바라는 것처럼 말이다. 우리는 삶의 많은 부분에서 자신의 한계를 충분히 알지 못한 채 더 많은 통제력을 지니려고 하고, 한계에 이르도록 강하게 밀어붙이려다가 결국은 어쩔 수 없이 평정심을 가지고 자신의 존재를 받아들인다. 즉, 우리는 통제할 수 있는 것을 통제하고 적절한 시점에 한계를 받아들임으로써, 분노나 파국적 절망에 빠지지 않으려 한다. 영국의 시인 윌리엄 어니스트 헨리William Ernest Henley의 스토아적 시『인빅투스Invictus』에 나와 있듯이, 우리는 운명의 주인이자 영혼의 선장이 되기 바란다.

하지만 예나 지금이나 스토아주의자에게 중요한 것은, 통제력을 익히고 솜씨를 다듬는 목적을 파악하는 것이다. 스토아주의자로서 우리가 경계를 너무 좁게 설정한다면, 스토아주의는 그저 많은 것들이 우리의 의지를 벗어나 있기 때문에 편하게 운이나 운명에 맡기는 것처럼 보일 것이다.

만약 다른 사람이 우리 대신 경계를 긋는다면, 스토아주의를 주창하는 것은 아무리 어렵고 힘든 여건과 시스템 속에서도 그에 맞서 싸워 이길 수 있고 또 이겨야만 하는 불굴의 의지에 대한 왜곡된 믿음을 만들어 냄으로써, 고작 한 개인에 불과한 우리 자신에 대해 심한 부담을 안길 수 있다. 스토아주의에는 이러한 시스템 자체를 변화시키는 집단적 노력이 담겨 있지 않다. 아리스토텔레스는 형틀에서 고문당하면서도 여전히 생명력이 있는 현자의 이미지가 "터무니없는 것"이라며 거부했지만, 정통 스토아학파는 이를 행복에 필요한 덕의 모범으로 소생시켰다.

하지만 확실히 스톡데일을 포함한 우리 대부분은, 한계를 밀어붙이는 데 어려움을 겪기도 하고 우리가 영향력을 끼치려는 사람들의 선의를 무시하기도 한다. 천부적이거나 후천적으로 터득한 능력을 끊임없이 연습하는 것은 즐거움을 가져다준다. 그 반대도 마찬가지여서, 우리가 최선의 노력을 다했는데도 실패한다면, 비록 더 성장할 수 있는 기회를 발견하더라도 고통을 함께 느끼게 된다.

즉, 회복탄력성만 있으면 무적이라는 생각은 잘못된 것이다. 스토아주의자인 에픽테토스는 종종 회복탄력성의 개념과 도덕적 훈련을 운동 경기에 비유한다. 당신은 언제든 다시 일어나 링에 올라갈 준비가 되어 있다. 의지와 끈기에 한계가 없다는 에픽테토스의 말은 과장된 것이다. 그는 우리를 지탱해 주거나 좌절하게 하는 사회적 지지에 대해서도 거의 언급하지 않는다.

반면 다른 스토아주의자들은 사랑과 상실에 대한 우리의 취약성을 더 잘 드러낸다. 별로 알려지지 않은 스토아주의자인 히에로클레스Hierocles는, 자기를 중심에 두고 연속적으로 확장되는 동심원을 시각화한다. "세상 속의 집 안에" 존재하기 위해서는 가장 바깥에 있는 원을 가운데로 가져오려는 노력이 필요하다. 스토아학파의 영향을 받은 스코틀랜드의 계몽주의 철학자 애덤 스미스Adam Smith는, 이러한 식별 과정에 공감과 상상력을 발휘하는 연습을 가미해서 "가상으로 장소 변화시키기" 개념을 제시했다. 마르쿠스 아우렐리우스는 『명상록』에서 본능에 더 충실한 이미지를 그렸다. 사람의 몸통에서 떨어져 놓여 있는 손과 머리를 상상해 보라. 그것은 바로 사람이 자신이 속한 세상으로부터 '스스로를 단절시킬 때'의 모습이다. 마르쿠스는 원정을 나가 있는 동안 명상록을 썼다. 아마도 그는 그날 아침 일찍 전쟁터에서 봤던 익숙한 살육의 잔해와 토막 난 시체들을 염두에 두었을 것이다. 신체 부위는 그것이 속한 유기체와 단절된 채로 기능할 수 없다. 우리 역시 우리가 속한 정치와 사회로부터 단절된 채로 번영을 구가할 수 없다. 이는 세상을 좀먹는 형태의 민족주의와 집단주의에 기반한 증오의 발호를 목격하고 있는 지금 세상에서 중요한 의미를 지닌다. 우리는 팬데믹을 통해서 좋든 싫든 모두가 지구촌에 속해 있음을 분명히 알았다. 꼭 우리의 생존을 위해서만이 아니라, 바이러스, 식량 공급, 교통, 의학, 기술로 연결되어 있는 멀리 떨어진 다른 사람들의 복지를 위해서라도 공포와 위험은 줄어들어야 한다.

스토아학파는 진정한 의미에서 첫 번째 세계시민cosmopolitans이었다. 이는 놀랍지 않은 일이다. 그들은 작은 그리스 도시 국가나 폴리스 너머로 국경을 확장하기 시작한 정치 세계의 일원이었다. 로마 제국은 많은 대륙의 광활한 지역으로 진출했다. 사실 '세계시민'이라는 용어는 스토아학파 이전부터 있었다. 견유학파 디오게네스Diogenes the Cynic는 기원전 4세기 시노페(그리스의 코린토스 근처) 출신의 스토아주의자로서, 어디에서 왔냐는 질문에 "나는 세계의 시민이오."라고 대답한 것으로 유명하다. 그는 세계시민kosmopolitēs이었다. 스토아학파의 창시자 키티온의 제논Zeno of Citium(기원전 335년 키프로스 출생)은 디오게네스의 그러한 생각을 발전시켜서, 번영을 위해서는 온 세상 안에서 정치사회적으로 참여해야 한다고 가르쳤다.

우리는 모두 이성을 지니고 있고, 더 나은 삶을 위해 사회적 지지와 협력의 끈에 의지한다. 고대 스토아주의자들이 세상의 이치를 공유한다는 말에서 의미했던 바는, 오늘날 우리가 의미하는 것과 다를 것이다. 하지만 스토아적 세계주의 개념이 시사하는 것 중 하나는, 회복탄력성은 단지 개인적 노력과 체력을 바탕으로 열심히 하려는 것이 전부가 아니라는 것이다. 그와 정반대되는 핵심 스토아 사상인 "세계 속의 집에 존재"한다는 것은, 당신에게 시간과 노력을 들이고 당신의 선함을 지속하고 지지하는 사람들과 연결되는 것이다. 많은 스토아 가르침들은 원을 바깥쪽으로 확장함으로써 덕을 쌓는 것을 스토아적 번영의 중요한 지침으로 삼는다. 이는 이 책에서 얘기하는 내용이기도 하다.

이 책은 삶의 현장에서 통할 수 있는 스토아 철학을 실천하기 위한, **믿을 만한** 실전 안내서다. 이 책은 고대 스토아주의가 최근에 대중화되면서 왜곡된 부분을 바로잡고, 스토아학파의 교리와 실천을 따라야 한다고 주장한다. 이 책은 어떻게 하면 잘 살 수 있을지에 대한 일종의 앱 역할을 한다. 이 책은 스토아주의가 현대 기술 업계, 군대, 대안우파, 자기계발, 심지어 정신치료 분야에서까지 유행하는 이유를 탐색한다. 또한 이 책은 전세계 각계각층에 있는 모든 사람들이 세기적 팬데믹 앞에서 평온을 찾기 위해 스토아주의에 관심을 가지는 이유를 탐색한다.

수업 소개

로마 스토아학파는 철학을 실용적 담론으로 여겼다. 그들은 상담의 일환으로 가르치고 편지를 쓰고 명상을 했다. 그들은 말 그대로 '삶의 기술'을 가르쳤다. 여기서는 이러한 의미에서 스토아 수업의 개요를 제시한다.

두 번째 수업에서는 스토아학파를 소개한다. 그들은 누구이며, 역사적 맥락에서 어떤 생각을 지니고 있었고, 그들이 남긴 유산은 무엇인지 다룬다. 스토아학파의 영향은 길고도 강하다. 스토아학파의 DNA는 유대교와 기독교, 중세와 르네상스 사상, 계몽주의 철학, 그리고 랄프 왈도 에머슨 Ralph Waldo Emerson의 작품에 나오듯 미국의 사상계에도 스며들어 있다. 에머슨은 스토아학파의 자기통제 개념을, 본성에서 드러나는 마음의 진실성과 공통성을 통해 관습에 도전하려는 자립 정신으로 재구성했다. 사회성과 본성에 기반해 내적 통제를 이룬다는 스토아학파의 테마는 역사를 통해 공명한다.

나는 이 책에서 단지 몇 가지 지적 풍조에 대해서만 다루는데, 그 핵심은 스토아학파가 고대와 현대 세계를 연결하는 다리라는 것이다. 이들은 첫 천년의 정점에서, 유대-기독교 시대를 그 이후의 서양 철학으로 인도한다. 이 책을 읽을 때 더 중요하게 새겨야 할 것은, 로마 스토아학파가 철저히 대중 철학자였다는 것이다. 그들은 철학의 실천을 중요시했다. 스토아주의는 함께 가르치고 실천하는 철학이었다. 상아탑이 아닌 우리의 일상을 위한 철학이야말로 오늘날 스토아주의의 매력이다. 하지만 대중화는 과장과 왜곡을 불러온다. 당시 스토아주의자들은 과장법으로 유명했고, 밖으로 나와 주로 젊은이들을 대상으로 자신들의 사상을 설파했다. 역사는 오늘날 스토아주의가 잘못 전달되는 방식으로 반복되고 있을지도 모른다. 이 책에서는 예나 지금이나 그런 패턴이 있음을 추적하는 것을 중요하게 다루고 있다. 우리는 스토아주의에 열광하면서 그 가르침을 균형 있게 파악하고 있는가?

세 번째 수업에서는 스토아적 실천에 대한 질문을 다룬다. 스토아 철학은 어떻게 작동하며, 스토아적 자기통제 기술이란 무엇인가? 스토아학파는 통제광인가? 아니면 그들은 우리에게 복합적인 삶을 다룰 수 있는 건강한 방법을 전수해 주는 자들인가? 스토아학파는 관습적 사고방식에 때 묻지 않은 용어들을 열심히 만든 신조어 제작자들이다. 그 목적은 내적 세계와 외적 세계를 전임자들과 다른 방식으로 구분하기 위함이다. 그렇게 만든 새로운 개념 지도는 실제로 더 큰 자기통제와, 그 통제를 강화하는 기술 영역을 정확히 보여 준다. 우리가 세상에서 받아들이게 마련인 느낌impression과 평가를 모니터링하는 것은 중요하다. 하지만 그에 못지 않게 중요한 것은, 우리가 겪을 수도 있는 피해와 실패를 리허설함으로써 예상치 못한 충격을 완화하는 것이다. 노력과 성공적인 결과를 구분하는 것 역시도, 통제의 한계를 앎으로써 평온함을 찾는 열쇠가 될 수 있다. 비록 현대 노출 기법exposure techniques은 사전 예방보다는 사후 치료 목적으로 더 자주 활용되고 있지만, 스토아주의의 리허설과 스트레스 요인에 대한 노출은 트라우마로부터 회복하는 현대적 기법과 상당히 유사하다. 스토아학파는 우리가 신체적·심리적 스트레스에 압도되기 전에 먼저 그것을 줄일 수 있도록 자신을 훈련시키는 방법에 대한 중요한 가르침을 전해 준다.

스토아학파는 우리에게 감정을 다스리라는 조언을 어떤 방식으로 할까? 그들은 우리에게 어떤 감정을 다스리라고 할까? 스토아주의를 훈련하면 감정을 능숙하게 다룰 수 있는 능력이 생길까? 바로 이것이 **네 번째 수업**의 주제다. 스토아학파는 감정에 인지적 측면이 있다는 것을 매우 세련되고 예지력 있게 설명한다. 그들은 또한 우리가 거의 자동적으로 보이는 반응에서부터 덕과 지혜와 같은 세련된 감정에 이르기까지 다양한 수준의 감정을 경험한다고 본다. 우리가 감정조절을 살펴보면서 가져야 할 중요한 질문은, 과연 스토아학파가 애인, 보호자, 교사, 댄서, 영화 팬, 문학 애호가, 성실한 시민으로 살아가는 우리의 삶에 의미를 가져다주는 감정을 무디게 하지 않으면서도 삶의 스트레스를 해소할 수 있는 방법을 가르쳐 줄 수 있는지 하는 것이다. 이따금씩 무아지경으로 빠져드는 열정 없이 어떻게 흥미, 헌신, 동기, 끈기를 계속 지닐 수 있겠는가? 이 책에서 우리는 감정 전반을 다루면서, 특히 화와 슬픔에 대해 생각할 때 이 질문을 던질 것이다.

많은 스토아주의 신봉자들은 강인한 지구력과 끈기에 기반한 자기통제 프로그램에 매료된다. 스토아주의는 탄탄한 회복탄력성을 기르기 위한 유서 깊은 방법의 대명사가 되었다. 하지만 **다섯 번째 수업**에서 언급하고 있듯이, 회복탄력성은 오해하기 쉬운 개념이다. 트라우마와 역경에 맞서 잘 적응하는 것이 회복탄력성은 아니다. 주어진 자원과 무관하게 무조건 참고 이겨 내야 한다는 식으로 개인의 힘을 지나치게 이상화하는 것은 회복탄력성에 대한 올바른 개념이 아니다. 더 비판적으로 말하자면, 스스로

굳세게 일어선다는 개념은 고대 스토아주의를 곡해하는 것이다. 우리가 살펴볼 스토아학파 중 한 명인 에픽테토스는 종종 무적에 대해 얘기하지만, 그는 여러 가지 명언으로 유명한 대중주의자일 뿐 스토아 사상을 가장 세련되게 잘 대변하는 사람은 아니다.

나는 회복탄력성의 현대적 개념을 바탕으로, 스토아적 기법을 통해 이를 어떻게 함양할 수 있을지 탐구한다. 대부분의 최신 심리학 연구들은 더 이상 회복탄력성이 있는 사람을 '취약하지 않은' 사람이라고 여기지 않는다. 그보다는 오히려 그 사람이 위험과 역경에 적응할 수 있도록 촉진하는 사회문화적 보호 요인을 중시한다. 스토아학파 역시 우리가 위험과 역경으로부터 자신을 보호하고, 무적의 존재가 되기보다는 적응력을 길러야 한다고 말했다. 현대 스토아주의가 어떤 대가를 치르더라도 무조건 참고 견디고 싶은 사람들만을 위한 것이 아니라 보편타당성을 지니고 있다면, 건강한 회복탄력성을 지향하는 모델이어야 한다. 만약 그렇지 않다면 스토아주의의 열렬한 지지자들은 심각한 정신건강 문제를 유발하는 모델을 옹호하는 것이다. 앞서 언급했다시피, 우리의 웰빙의 일부인 사회적 차원은 마르쿠스 아우렐리우스의 『명상록』의 핵심이다. 이는 또한 세네카의 편지와 에세이 등의 저작에서 반복해서 나타나는 주제이기도 하며, 특히 그의 비극적 희곡인 『헤라클레스의 광기 Hercules Furens』에서 가장 생생히 드러나 있다. 이 작품에서 세네카는, 헤라클레스조차도 영웅적 행동을 위한 용기를 내기 위해서는 아버지의 부드러운 손길과 소중한 친구의 자비로움이 필요함을 보여 준다. 헤라클레스조차도 다른 사람에게 의지하는 것은 매우 중요하다.

스토아주의는 군대 문화를 조성하는 데 오랫동안 기여해 왔다. 나는 군대에서 직접 교육을 진행한 경험을 바탕으로, **여섯 번째 수업**에서 이를 자세히 다루고 있다. 군대에 복무하는 사람들이 '어려운 상황을 참고 견디면서도 계속 나아가는' 것이야말로 정확히 스토아적인 것이다. 사관학교에 있는 많은 이들은 스토아주의에 담긴 그리스-로마 시대의 가르침을 깊이 새기고 있다. 미국과 해외의 군사학교에서는 에픽테토스와 마르쿠스 아우렐리우스의 저작을 기본으로 가르친다. 미국 해군 제독이자 영웅이며 군사 교육자인 제임스 B. 스톡데일은, 에픽테토스의 『편람Handbook』을 내면화한 채 북베트남의 유명한 '하노이 힐튼'에서 고위 죄수로 7년 반 동안 생존한 것으로 유명하다. 하지만 스토아주의의 교리는 전쟁의 심리적 대가이자 도덕적이고 양심적인 전사가 빠지기 쉬운 도덕적 부상moral injury과 긴장을 유발한다. 도덕적 부상은 도덕적 고통의 극단적 형태다. 도덕적 부상의 몇몇 증상은 외상후 스트레스장애와 겹친다. 하지만 도덕적 부상의 촉발요인은 외상후 스트레스장애와 달리 생명의 위협을 초래하는 상황이 아니라, 자신이 도덕적 잘못을 저지르고, 그로 인해 누군가에게 고통을 주고, 그 장면을 목격하는 것이라는 점에서 차이가 있다. 예를 들어, 한 군인이 검문소에서 여러 차례 경고에도 불구하고 계속 기지로 접근하는 차 안의 어린 아이를 본의 아니게 사살하는 경우를 보자. 한 아이의 아빠이기도 한 그 군인은, 전쟁 규칙과 교전 수칙에 따라 허용된 발포를 했음에도 불구하고 엄청난 죄책감과 수치심에 시달린다. 스토아학파는 스트레스를 없애는 데 치중된 훈련 안에 도덕적 부상을 위한 자리를 마련할 수 있을까? 만약 그럴 수 있다면, 그들은 우리가 도덕적 부상으로부터 배우고 성장할 수 있는 방법도 알려줄 수 있을까? **여섯 번째 수업**에서 이 두 가지 질문에 대한 나의 대답은 모두 "그렇다."이다. 여기서는 스토아학파가 자기 자비를 통해 어떻게 '좋은' 도덕적 고통과 치유의 가능성을 위한 공간을 마련하는지 보여 준다. 도덕적 부상은, 도덕적 성장과 더불어 평온을 통한 회복의 길을 여는 데 매우 중요한 역할을 한다.

일곱 번째 수업에서 던지는 질문들은 다음과 같다. 실리콘밸리가 스토아주의에 매료된 이유는 무엇일까? 스토아주의가 겸손의 지혜와 자기통제의 한계를 알도록 가르치는 것이라면, 라이프해킹을 통해 죽음을 극복할 정도로 통제의 한계까지 밀어붙이려는 사람들과는 어떻게 공명할 수 있을까? 스토아주의에 영감을 받은 라이프해킹은 언제나 자기만을 위한 것인가, 아니면 편견과 비이성적 두려움 없이 다른 사람들을 바라보는 더 나은 방법에 대한 것인가? 트위터 같은 소셜 미디어를 통해 순식간에 전 세계과 연결되는 것은, 인종차별주의에 대한 두려움을 마주하는 현대 스토아적 '집단' 라이프해킹이 될 수 있을까? 이와 관련해서, 현대 스토아학파는 여성, 소수자, 기타 소외 계층을 배제하고 백인을 더 중시하는 사회 제도를 이루기 위해 그리스-로마의 "죽은 백인 남성"의 이미지를 오용한다는 우려에 대해 뭐라고 대답할 것인가? 고대 스토아 철학자들의 글은 여성 혐오적이었는가?

여덟 번째 수업에서는 스토아주의를 동양의 명상과 비교한다. 로마 스토아학파는 하루를 마치며 명상을 했다. 세네카는 자신의 실천을 상세히 설명한다. 마르쿠스는 전투가 있었던 하루를 마치며 일기를 썼다. 명상의 어조는 도덕적이고, 이성에 기초한 덕을 강화하고 자연과 조화를 이루는 것을 분석하며, 명예에 집착하지 않고, 자신의 선함을 함양하는 데 궁극적인 가치를 두고, 감사와 겸손을 실천한다. 이는 평온에 이르는 길이다. 내가 훈련한 다양한 형태의 동양 명상 수련은 도덕적으로 설득하려 하지 않는다. 베다 명상은 반복되는 만트라에 부드럽게 닻을 내려 마음을 진정시키는 실천 방법이다. 이는 덕, 선함, 도덕적 완벽함에 이르기 위함이 아니다. 실제로 이는 말로 하는 것이 아니다. 훈계하거나 꾸짖지 않은 채, 소란스러움을 고요하게 하는 것이다. 불교는 자아와 관련된 허상을 놓아 버리는 공空emptiness의 개념을 강조한다. 스토아주의가 부흥하게 된 이유 중 하나가 명상임을 고려할 때, 과연 스토아적 명상이란 어떤 모습일까? 만약

"옴Om" 대신 도덕적 격언을 만트라의 경구로 삼는다면, 우리의 단점을 되새겨서 우리가 더 잘할 수 있도록 결의를 다지게 하는 이러한 격언들을 통해 어떻게 평온에 이를 수 있을까? 도덕을 추구하는 것은 과연 평온을 구하는 현실적인 방법이 될 수 있을까? 나는 여기서 내 명상 훈련, 동양 및 스토아 명상, 스토아주의에 따라 자신의 일을 하는 다른 이들의 명상 실천을 살펴본다.

아홉 번째 수업에서는 스토아적 삶에 대한 대략적 결론을 도출한다. 만약 당신이 스토아주의자가 되기 바란다면, 심리적으로 건강한 현대 스토아주의자가 될 수 있는가? 현대 스토아주의자들은 사회적으로 연결된 생기 있는 삶 안에서 상부상조할 수 있는가? 스토아적 회복탄력성은 개인적 수준의 강인한 끈기와 지구력을 넘어서는 것인가? 이 책에서 나는 이 모든 질문에 대해 "그렇다."고 주장한다. 이 주장을 입증하기 위해서는 스토아주의에 대해 이미 알려진 내용을 설명하는 것에서 더 나아가, 스토아 문헌에 담겨 있는 더 현실적인 내용을 설명해야 한다. 이를 위해, 노예화에 대한 스토아주의학파의 의견을 살펴봐야 한다. 에픽테토스는 로마 시대 노예로 외적인 자유가 불가능했기 때문에 내면의 자유로 눈을 돌렸다. 세네카는 정치적으로 추방된 적은 있어도 노예는 아니었다. 그는 노예를 인도적으로 대할 것을 강력히 주장했지만, 그 동기는 복합했으며 어떤 면에서는 이기적이었다. 온화함과 존중은 인간적 유대감을 형성하는 데 필요하지만, 꼭 그에 기반하여 관계가 이루어지지는 않는다. 텍스트는 역사에 의해 만들어지지만, 실제 현실의 도덕은 글로 표현된 순수한 열망보다 더 지저분하다.

하지만 그럼에도 불구하고, 스토아 문헌과 그에 담긴 염원은 온통 불안과 두려움이 휩쓸고 있는 이 세상에 현명한 조언을 제공해 준다. 여기에는 건강한 평온을 추구하는 라이프해킹이란 무엇인지에 대한 것도 포함된다. 스토아 수업은 크게 보면 덕에 대한 것이다. 그것은 욕망이나 위험을 다스리는 것뿐만 아니라, 우리가 더 높은 목표를 위해 활용하는 도구이기도 하다. 스토아주의자는 세속 설교자다. 그들은 우리가 이성, 협력, 이타주의를 통해 잠재력을 발휘할 것을 적극적으로 설파한다.

용어에 대해서

텍스트는 역사의 틀에 따라 만들어지며, 이는 언어와 용어도 마찬가지다. 예나 지금이나 현실 속 삶은 지저분하다. 스토아주의는 고대 그리스나 로마가 아니라 바로 지금 시대를 살아가는, 역경과 과거를 솔직히 되돌아보며 살아가는 우리 자신을 위한 것이다. 미국 흑인의 노예화enslavement와 그 유산 역시 우리의 과거에 속한다. 2020년 여름 조지 플로이드George Floyd의 죽음으로 촉발된 '흑인의 목숨도 소중하다Black Lives Matter' 운동은 인종에 대한 전국적 논의를 불러일으켰다. 여기에는 인종에 대해 말할 때 사용하는 언어와 주변화의 문제도 포함한다. '노예slave'라는 단어는 한 사람의 완전하고 영원한 정체성을 시사한다. 한편 '노예 제도slavery'는 노예화하는 자enslavers의 기관과 소속을 익명화한다. 나는 이 두 용어를 모두 꺼리며, 시대와 무관하게 내가 먼저 이 용어들을 사용하지 않는다.

그리스인과 로마인은 우리에게 노예화의 역사를 유산으로 남겼다. 그 시대 사람들은 날 때부터, 전쟁 포로로, 혹은 경매에 팔려서 노예가 됐다.

하지만 스토아학파는 제도적 노예화에 대해 언급을 꺼린 것으로 유명하다. 그들은 진정한 노예화란 영혼의 수준에서 이루어지는 것이라고 말했다. 필론Philo은 『선한 자는 자유롭다』와 『악한 자는 노예다』(불행히도 이 논문은 소실됨)라는 두 편의 논문을 통해 스토아적 역설을 정확히 담고 있다. 그에 따르면 힘 있고 자유로운 사기꾼, 비열한 악당, 노예를 부리는 자들이야말로 노예가 될 수 있다. 반면에, 팔려 가고 두들겨 맞은 노예는 자유로울 수 있다. 이는 도덕을 정치사회적 현실에서 멀어지게 한다.

지혜를 얻기 위해서는 과거로부터 배우는 것 못지않게 죄와 오류 또한 피해야 한다. 오직 그럴 때만이 도덕·정치·사회적으로 진보할 수 있다. 그래서 나는 이 책에서 노예화가 한 개인에게 부과되는 정칙사회적 조건임을 나타내기 위해 '노예화된enslaved' 사람 및 '노예화' 제도라는 용어를 사용한다. 우리는 모든 사람이 인간성을 공유한다는 것을 끊임없이 되새길 필요가 있다. 고문과 노예화 같은 것은 사람을 단순한 도구, 재산, 대상처럼 외적으로 규정한다. 그런 맥락에서 나는 필론을 '유대인 필론Philo Judaeus'이 아닌, 그냥 '필론'이나 '알렉산드리아의 필론Philo of Alexandria'으로 지칭한다. 그의 정체성은 '유대인'이 아니기 때문이다.

그럼에도 불구하고, 내가 감사와 존경을 표하는 석학들이 번역한 텍스트에 있는 용어는 그대로 사용했다. 그들이 세네카와 에픽테토스 등이 쓴 글을 '노예'나 '노예 제도'라고 번역한 것을 인용할 때는 그대로 사용했다. 나는 과거와 그 기록을 지우는 데 관심 없다. 오히려, 보다 나은 인류의 미래가 어떤 모습인지 알기 위해서는 과거를 돌아봐야 한다. 스토아주의가 지속적으로 주창하는 것은, 보편적 인간성에 힘을 실어야 한다는 것이다. 우리가 스토아주의에 대한 조언을 구할 때는 이를 꼭 기억해야 한다.

키티온의 제논

클레안테스

크리시포스

키케로

알렉산드리아의 필론

세네카

무소니우스 루푸스

에픽테토스

마르쿠스 아우렐리우스

두 번째 수업

스토아학파는 누구인가?

스토아학파 이야기는 **소크라테스**Socrates(기원전 470-399년)에서부터 시작된다. 그의 소박한 생활 양식, 시장에서 제자들을 모으는 것, 전설적인 죽음은 모두 그를 스토아학파의 선구자로 여기게 한다. 그의 이미지와 영향력은 스토아 사상에 크게 드리워져 있다.

우리 대부분이 알고 있는 소크라테스의 모습은 그의 제자 플라톤의 창작물이다. 소크라테스는 오직 말만 했으며 어떤 저술도 남기지 않았다. 플라톤은 『대화The Dialogues』의 전반부에서, 영혼(정신psyche)의 건강과 이를 증진할 수 있는 실천에 전념하는 철학적 혁신가로서의 스승의 모습을 생동감 있게 묘사했다. 소크라테스가 사용한 유명한 방법은, 시장에서 사람들을 직접 만나 그들이 정의, 용기, 절제, 경건함 같은 것들을 진정으로 믿는지 철저히 파악하기 위해 이를 논박하는 것이었다. 사람들이 지니고 있던 생각은 예상대로 수세에 몰리고, 소크라테스 식 조사는 교착 상태로 끝난다. 하지만 소크라테스 식으로 일침을 놓는 논박(엘렝코스elenchus)을 통해 삶을 조사하는 과정은, 잘 사는 삶이란 무엇인지 정직하고 엄밀히 조사하기 위한 강력한 모델이 됐다. 스토아학파는 이 모델을 영구화했다.

소크라테스 식 실천은 페르소나persona로 구현된다. 이 페르소나는 소크라테스의 영향력을 확산하는 데 핵심 역할을 했다. 소크라테스는 절제의 전형을 보여 준다. 플라톤의 기록에 따르면, 소크라테스는 오랫동안 먹거나 자지 않고 지낼 수 있었고, 추위를 견딜 수 있었으며, 똑같은 망토 하나만으로 겨울과 여름을 났다. 그는 술자리에서 음식을 탐하거나 술에 취하지 않으면서도 좋은 음식과 와인을 즐겼다. 소크라테스의 일화에 나타난 이상적 자기통제는, 내면의 자유를 얻는 방법에 대한 스토아 이야기에 빠지지 않고 등장한다. 많은 사람들의 말에 따르면, 소크라테스가 미남이 아니었기 때문에 내면으로 주의를 기울이는 데 도움이 됐다고 한다. 그는 특이한 외모를 가졌다. 들창코와 벌름거리는 콧구멍이 그의 잘못은 아니었지만, 그는 자연으로부터 받은 것을 이용해 기이한 이미지를 가졌다. 아리스토파네스Aristophanes는 『구름Clouds』에서 소크라테스를 이렇게 풍자한다.

> 길거리를 어슬렁거리며 눈을 두리번거리고,
> 맨발로 다니고 엄청난 고통을 견디면서도,
> 거만한 표정을 짓네...

소크라테스의 기이한 모습이 동시대의 많은 아테네인들에게 견디기 힘든 것이었고, 평범한 관습에 대한 고통스러운 비판이었던 반면, 그 모습을 따르는 세대들에게는 진정한 아름다움은 외면이 아닌 내면에 있다는 이미지를 불러일으켰다. 행운과 좋은 외모에 딸려오는 전통적 선과 그 유산이 소크라테스 한 사람에 의해 도전받은 것이다.

이 도전은 소크라테스 식 아이러니의 핵심이 된다. 이는 크세노폰Xenophon의 만화적 묘사에 의해 또다시 패러디된다. 소크라테스 특유의 움푹 들어간 코와 벌름거리는 콧구멍은, 패션 모델이 아닌 "더 효율적인 환기구"의 관점에서 대단히 아름다운 것이다. 땅을 향하지 않고 넓게 벌려진 콧구멍은 사방의 "냄새를 더 잘 맡을 수 있게" 해 준다. 아름다움이 단지 겉모습이 아닌 기능에 의해 정해질 수 있는 것이라면, 그의 부리부리한 눈은 바로 앞뿐만 아니라 주변도 볼 수 있게 해 주기 때문에 정말 아름답다. 소크라테스의 코와 눈의 조합은 가히 무적이다. 들창코는 "양쪽 눈 사이의 바리케이드"를 치워 버리고 180도 전체를 볼 수 있는 "탁 트인 시야"를 확보하게 해 준다.

소크라테스 식 아이러니는 플라톤에 의해 더 정교하고 진지하게 다뤄진다. 『변론Apology』에서 소크라테스가, 비록 자신은 현명하지만 지식에 한계가 있음을 인정한 것은 익히 알려진 사실이다. 플라톤처럼 이렇게 반어적으로 꼬아서 말할 수도 있다. "나는 내가 모르는 것을 안다고 생각하지 않는다." 소크라테스는 자신보다 더 현명한 사람은 아무도 없다는 내용의 유명한 델포이 신탁을 받은 뒤, 자신과 다른 사람의 주장을 검증하는 여정에 올랐다. 아이러니하게도 그는 일부러 무식한 척한 것이 아니라, 진심으로 자신이 진정한 지혜를 가지지 않았다고 믿었다. 알키비아데스 같은 소년을 비롯한 추종자들은 어떻게든 소크라테스에게서 그런 지혜를 찾으려고 애썼지만 말이다.

그럼에도 불구하고, 소크라테스의 지혜는 중요한 스토아 유산이다. 소크라테스의 아이러니는 무지도 지식의 한 형태라는, 의미를 뒤집는 철학적 기법을 암묵적으로 보여 준다. 추함이 아름다움보다 더 우월한 형태가 된다. 익숙한 단어들이라도 의미가 달라진다. 이러한 의미 교환은 경험과 그에 대한 우리의 평가에 새로운 꼬리표를 붙이기 시작하며 스토아 철학의 방법 중 하나가 된다. 우리가 좋다고 생각했던 것이 사실은 진짜 좋은 것이 아니며(혹은 그보다 못하며), 다른 부분이 좋은 것일 수도 있다. 스토아 훈련은 바로 경험이 이러한 새로운 평가와 일치하도록 태도와 감정을 재교육하는 것이다. 소크라테스는 그가 완전히 무지하지는 않음을 알고 있었지만, 그나 다른 사람이 지니고 있는 지식이 합리적이고 행복한 삶을 보장한다고 생각하지도 않았다.

스토아학파는 소크라테스의 체념을 액면 그대로 받아들이지 않는다. 설령 극소수의 현자만이 불사조처럼 다시 일어나 그런 절대적 유형의 지식을 성취할 수 있을지라도, 우리 모두는 행복에 필요한 지식을 얻을 수 있도록 만들어졌다고 본다. 비록 소크라테스가 스토아 학파가 말하는 현자의 모델이더라도, 그가 무지를 지혜로 여기는 것은 아니다.

견유학파 디오게네스는 소크라테스와 스토아학파를 연결하는 중심축이다. 스토아학파는 자신들의 계보가 소크라테스부터 시작됨을 공공연히 밝혔다. 소크라테스는 안티스테네스Antisthenes를 가르쳤다. 안티스테네스는 디오게네스를 가르쳤다. 디오게네스는 크라테스Crates를 가르쳤다. 크라테스는 제논Zeno을 가르쳤다. 이 제논이 바로 스토아학파의 첫 번째 수장이다. 하지만 소크라테스 이래 가장 크고 다채로운 영향을 끼친 사람은 디오게네스였다. 그는 스토아 열전에서 종종 소크라테스와 비슷한 급인 준현인 반열에 있다. 소크라테스와 마찬가지로 디오게네스 역시 최소한의 욕구만을 가지고 소박한 삶을 살았다. 하지만 그는 별나고 과시욕이 강했다. 그의 불손하면서도 엄격한 금욕주의는 길거리 정치 공연을 위한 것이었다. 그는 오두막집을 구할 수 없자, 도자기로 만든 통을 집 아닌 집으로 삼아 아테네의 아고라 중심부에서 기거했다. 그는 고난에 단련되기 위해, 여름에는 뜨거운 모래 위에 통을 굴리고 겨울에는 차가운 조각상을 끌어안았다. 그는 의복에 대한 견유학파의 규율에 따라, 유일한 옷인 망토를 접어서 침낭처럼 두 겹으로 만들었고, 오직 지팡이 하나와 소지품을 담는

지갑만 소지했다. 그는 정직한 사람을 찾기 위해 낮에 램프를 켜고 거리를 돌아다니는 것으로 유명했다. "정치적 관습을 무시하라."는 의미를 간단히 전달하기 위한 "동전을 망가뜨려라."는 구호는 그의 상징적 슬로건이 됐다. 그는 동시대의 히피족이자 반문화적 인물이었다. 돈을 적대시하는 그의 슬로건은, 1967년 애비 호프만이 월스트리트를 겨냥해 뉴욕 증권거래소 2층 관람석에서 수백만 달러의 돈을 뿌려서 주식 거래인들이 그 돈을 줍느라 사실상 거래소가 마비되게 했던 유명한 일화를 떠올리게 한다.

디오게네스는 어디에서 왔냐는 질문에 자신은 "세계시민"이라는 유명한 대답을 했는데, 이는 "온 세계가 전부 내 집이다."라는 말이기도 하다. 그는 도시의 경계에 얽매이지 않는 시민(세계의 시민)이었기 때문에 '세계시민'라는 용어의 기원이 되었다. 그는 권력과 정치의 관습이자 사업으로서의 결혼을 거부했다. 그는 다른 견유학파와 마찬가지로 남녀공용이나 신체 부위를 자유롭게 드러내는 옷을 옹호했다. 그는 정직한 자가 부자보다 훌륭하다고 주장하면서 정작 자신은 부자를 부러워하는 사람이나, 건강을 위해 신에게 제사를 드리면서 게걸스럽게 제사 음식을 먹는 이들의 위선을 비난했다. 견유학파는 결혼, 성별, 옷차림에 대한 퇴행적 규범에서 탈피해, 자연의 합리적 질서를 따르는 도덕적 권위에 대한 스토아적 개념의 초석을 쌓았다. 스토아학파에서는 내면의 덕이 곧 자연에 따르는 덕이 되었다.

디오게네스는 정신적 건강이 내면의 자유와 자기통제에 달려 있음을 절묘하게 상기시키기 위해 블랙 코미디를 활용했다. 전기 작가들은 그의 재치 있는 입담에 감탄한다. 전기 작가인 디오게네스 라에르티오스Diogenes Laertius(기원후 250년경 인물로 추정)는 심혈을 기울여 그를 인용한다. 그는 자칫 역사에서 사라졌을 뻔한 디오게네스의 도서관 원고를 대량으로 옮겨 적고 인용함으로써 보존하는 데 성공했다. 지금도 여전히 디오게네스의 가십은 흥미진진하며, 다른 전기가 없을 때는 좋은 읽을거리가 될 수 있다. 그러니 그의 기록을 더 살펴보자. 한 번은 노예로 팔려 나온 디오게네스가 어떤 기술이 있는지 질문받은 적이 있었다. 그는 경매인에게 자신은 "사람들을 지배할" 수 있기에, 자신을 구매하는 사람은 곧 그 집의 진정한 주인을 얻게 될 것이라고 진지하게 말했다. 노예화 된 사람이든 노예화 하는 사람이든, 진정한 지배는 내면에서 비롯된다. 그는 "선동가는 사람들의 종"이며 "문법 실수만큼 행동의 오류 역시 근본적으로 없앨 수 없음을 모르는가?"라고 말하며, 정화 의식만으로 행동을 깨끗이 할 수 있다는 생각은 잘못이라고 지적했다. 그는 "무식한 부자"를 "황금 털이 달린 양"이라고 불렀다. 필리포스 2세가 디오게네스에게 그가 누구이며 왜 끌려왔는지 묻자, 그는 태연하게 "나는 당신의 끝없는 탐욕을 감시하는 스파이오."라고 대답했고, 왕은 그 허세에 감탄해 해방시켜 주었다고 한다. 또 한 번은 사원의 관리자들이 그릇을 훔친 좀도둑을 연행하는 것을 보고는, "큰 도둑들이 작은 도둑을 끌고 가고 있구나."라며 낄낄댔다.

디오게네스는 개처럼 거리낌 없고 "뻔뻔했기" 때문에, "개 같다doglike"는 의미인 쿠니코스kunikos를 따라 "견유학파"가 그의 별칭이 되었다. 그는 "미친 소크라테스"이자 황당한 희극적 잔소리꾼이었다. 하지만 소크라테스의 예리한 논박처럼, 디오게네스의 유머러스한 모욕도 듣는 사람이 자신의 규범에 의문을 가지도록 자극하고 충격을 주기 위한 것이었다.

디오게네스의 엉뚱한 행동을 따라할 수 있는 스토아학파는 거의 없었다. 하지만 스토아학파는 문화와 관습의 권위에 의문을 제기하고, 환경과 운명의 변화에 적응하며, 매우 곤란한 상황에서도 자기통제를 통한 행복을 찾고, 세계시민이 되고, 의미를 전복하고, 과장법을 통해 새로운 역설을 강조하는 디오게네스의 가르침을 모두 물려받았다. 격렬한 정신적 훈련과 짝을 이루는 육체적 운동(고된 노동, 꾸준한 노력, 점진적으로 인내와 힘을 쌓음)에 대한 가르침도 마찬가지다. 디오게네스는 사람들이 이런 무기들을 가지고 있으면, "그 어떤 것에도 완벽한 승리를 거둘 수 있다."고 가르쳤다. 스토아학파는 견유학파의 혹독한 금욕보다는 다소 유연한 태도를 보였다. 하지만 그들은 세계시민에 대한 디오게네스의 핵심 사상과, 모든 사람을 아우르는 공동체적 연대가 자기통제를 지지한다는 개념을 발전시켰다. 아리스토텔레스의 말대로 인간은 사회적 존재다. 스토아학파는 이러한 통찰을 새롭게 해석했을 뿐 포기하지는 않았다.

제논(기원전 334-262)은 디오게네스의 제자인 크라테스의 제자였다. 키티온 혹은 키프로스 사람인 제논은 아테네에서 스토아 학교를 설립했다. 제논의 추종자들은 아테네 아고라 한복판의 스토아 포이킬레Stoa Poikilē(프레스코화가 채색된 주랑柱廊colonnade)에 모여 철학을 논하고 제논이 창시한 새로운 개념적 도구와 용어를 접했기 때문에, 이들을 "스토아에 있는 사람들"이라는 뜻으로 스토아학파라 부르게 되었다. 소크라테스 시대에도 이미 사람들은 산책길, 정원, 체육관, 아고라 같은 공공 환경이나 장소에서 철학적 주제에 대한 대화를 활발히 나눴다.

스토아학파만 추종자가 있는 것은 아니었다. 아테네에서 영향력이 점차 줄고 있던 아리스토텔레스는 기원전 343년에 마케도니아로 가서 알렉산더Alexander를 가르쳤다. 그는 이후 알렉산더 대왕이 된다. 알렉산더가 지중해를 헬레니즘화하고 그리스적인 모든 것에 흥미를 느끼자, 제논과 같은 외국인들이 철학과 사업을 하기 위해 아테네로 들어왔다. 몇몇 그리스인들이나 더 멀리서 온 일부 사람들도 교리를 만들어 충실한 신봉자들을 데리고 학교를 설립했다. 이들은 이후 회의학파Skeptics(스토아학파와 그들이 세운 '정통' 교리의 비중이 많음)나 에피쿠로스학파Epicureans가 된다. 이 시기 철학은 여전히 길거리 주제였지만, 철학 학교들은 아리스토텔레스 시대에는 상상하기 어려운 방식으로 전문화되고 더 철학에 전념하면서 기술적 향상을 이루었다. 아리스토텔레스가 라이시움Lyceum에서 진행한 연구 프로그램을 보면, 그가 해양생물학자이자 철학자로 활동했음을 알 수 있다. 그가 가진 지식의 범위와 학문적 역량은 실로 놀라운 수준이었다.

평범한 독자들은 에픽테토스, 마르쿠스 아우렐리우스, 세네카 같은 로마 스토아주의자들과 달리 제논의 저술을 모르는 것이 그리 놀랄 만한 일이 아니다. 우리가 제논에 대해 알 수 있는 것은 편집자들과 해설자들이 전한 짤막한 내용뿐이다. 이런 상황에서 우리 시대 학자인 말콤 스코필드Malcom Schofield가 제논이 정치에 대해 쓴 글인 『국가The Republic』의 내용을 재현하기 위해, 서로 다른 출처에서 나온 조각들을 이리저리 짜 맞추는 경이로운 작업을 한 것은 정말 다행이다. 위의 글에서 제논은 도덕 규범이 관습이 아닌 이성과 자연의 합리적 질서에 기초하지 않고 있다는 회의적 믿음을 바탕으로, 플라톤의 『국가The Republic』에 대한 비판적 응답으로서 인간적 속성과 신성함으로 이루어진 이상적인 국제도시의 모습을 그리고 있다. 이 도시의 본거지는 세계다. 세계는 신의 섭리에 따라 국경이나 장벽 없이 인간에게 "유익하고, 친절하고, 호의적인" 속성을 지니고 있다. 정치적 권위는 국가가 아닌 이성, 즉 우주의 로고스logos에 기반한다.

범세계적 도시에 대한 이러한 스토아적 이상은, 스토아학파의 창시자가 이상적인 자기조절이란 곧 전세계적인 사회적 협력체계와 결부되어 있음을 현대 스토아주의자에게 상기시키고 있음을 보여 준다. 보편적 이성이 우리를 하나로 묶어 주고, 그 이성에 기반한 공동체는 보편적 이성의 힘에 따라 사람을 존중하는 방식으로 육성되고 구축되어야 한다는 것이 스토아주의의 핵심 사상이다. 우리는 이 공동체에 의지해서 힘을 기른다. 공동체에 대한 소속감에서 벗어나 자립심을 강조하는 스토아주의자는 스토아 교리의 본질을 놓치는 것이다.

제논이 『국가』에서 했던 작업을 여기서 다시 다루지는 않을 것이다. 하지만 개인이 아닌 전체적인 관점을 가지는 것, 인간과 신이 어우러지는 지구상에서 지역에 국한되지 않고 전세계적으로 정치가 이루어지게 하는 것은 매우 중요하다. 마르쿠스 아우렐리우스 같은 정치 지도자부터 임마누엘 칸트Immanuel Kant 같은 도덕 이론가에 이르는 후대의 사상가까지도 이를 받아들이고 있다. 우리의 뿌리 깊은 사회성은 고대 사람들에게 새로운 주제가 아니다. 아리스토텔레스의 유명한 말마따나, 인간은 본질적으로 사회적·정치적 동물이다. 스토아학파의 출발점은 우연히 우리의 이웃이 된 사람으로 공동체의 범위를 한정하는 것도 아니고, 인간 본성에 대한 실용적 이성과 그 기능적 우수성을 강조하는 것도 아니다. 스토아학파는 공동체에 신이 있다는 것에서 시작한다.

제논은 견유학파 디오게네스처럼 특이하지 않았다. 하지만 디오게네스 라에르티오스의 말에 따르면, 제논에게는 재미있는 면이 있었다. 일설에 따르면, 제논은 최고의 삶을 이루고 싶다면 "죽은 자들과 교류하라."라는 신탁을 들은 뒤 자신이 철학을 공부해야 할 운명임을 알았다고 한다. 그는 말을 너무 많이 하는 학생에게, 귀가 미끄러져 내려와 혀와 합쳐졌다고 말하기도 했다. 현자도 사랑에 빠질 수 있음을 부인하는 또 다른 제자에게는, 정말 그렇게 생각한다면 그는 세상에서 가장 불행한 젊은이일 것이라고 말했다. 예나 지금이나 잘 가르치기 위해서는 항상 듣는 사람에게 재미를 주기 위해 약간의 재치를 곁들이는 것이 요령이다.

제논은 그리스 스토아 사상의 핵심적인 세 가지 철학 분야인 논리학, 물리학, 윤리학을 체계화했다. 이 중 우리의 관심사는 윤리학인데, 고대 사람들은 윤리학이 덕이나 고매한 인격을 바탕으로 번영하는 삶을 사는 방법이라고 이해했다.

모든 고대인들은 우리가 인지 능력, 그 중에서도 특히 실천이성에 의해 덕을 갖춰 나간다고 생각했다. 제논은 감정의 인지적 기반에 대해 철학사에서 가장 정교하고 선구적인 설명 중 하나를 내놓는다. 스토아주의가 인간의 경험에서 감정을 배제하는 매마르고 딱딱한 철학이라는 대중적 인식과 달리, 제논은 한 번도 우리가 모든 감정을 없애야 한다고 주장한 적이 없다. 그는 오히려 우리를 쇠약하게 하고 통제할 수 없는 갈망, 두려움, 고통을 초래하는 감정들을 다스려야 한다고 말했다. 충격과 공포를 자아내는 많은 스토아적 감정조절 방식은 상당수가 후기 로마인들, 그 중에서도 특히 에픽테토스에서 비롯된 것이다. 제논은 실천가보다는 이론가로서의 면모가 강했지만, 우리는 다음의 구체적 설명을 통해 그가 감정을 어떻게 묘사했는지 알 수 있다. 슬픔은 "우리를 짓누르는 무거움"이 될 수 있다. 짜증은 수축이나 차단과 같은 일종의 정서적 협착으로, 이로 인해 무언가가 우리를 통과하거나 우리가 그것을 넘어서기 힘들어지기 때문에 "비좁은 곳에서 답답한 느낌"이 들 수 있다. 고통은 지나치게 "반추하는" 데서 비롯될 수 있다. 염려는 우리가 균형을 잃고 왜곡된 판단으로 "상황을 전체적으로 보지 못하게" 슬픔을 채색한다. 스토아학파는 이러한 감정들을 손에 잡힌 듯 정확히 묘사한다.

감정이란 무엇인지, 그리고 우리가 그것을 어떻게 다스려야 하는지에 대해서는 앞으로 훨씬 더 많이 얘기할 기회가 있을 것이다. 제논을 이해하는 것은, 덕이 우리의 감정과 얼마나 밀접하게 얽혀 있는지 알고 우리가 덕을 훈련하기 위해 감정과 감정조절을 정교하게 설명해야 하는 이유를 이해하는 철학자의 진가를 파악하는 것이기도 하다.

제논의 또 다른 중요한 유산은, 행복을 위해 얼마만큼의 덕이 필요한지에 대한 소크라테스의 관점을 정교화한 것이다. 제논이 선은 우리의 삶과 무관하지 않다고 가르쳤음에도 불구하고, 모든 선을 "무관한 것indifferents"으로 여기는 스토아학파에게 선은 단지 행복의 적절한 구성 요소가 아닐 뿐이다. "무관한 것"을 현명하게 선택하거나 거부하는 것은 "자연의 섭리

대로" 사는 데 중요하다. 이 수수께끼 같은 문구에 대한 이해를 통해, 자연법과 그것이 인간적 통치에서 차지하는 역할에 중점을 둔 다음 세대를 위한 의제의 기반을 확립할 수 있다.

클레안테스Cleanthes(기원전 331 – 232년)는 아소스(지금의 터키 서쪽 지역) 태생으로, 스토아학파에서 제논의 동료이자 후계자로서 2대 수장을 맡았다. 그는 머리가 둔한 편이었다고 한다. 디오게네스 라에르티오스는 그가 머리brain보다는 체력brawn으로 더 유명했다고 전한다. 젊은 시절 권투 선수였던 그는 아테네에 왔을 때 가난한 상태였다. 그는 낮에 철학을 공부하기 위해 밤에 근처 우물에서 물을 길어 올리는 일을 했다. 마치 황소처럼 생긴 그는 자신의 지성을 놀리는 동료들에 맞서, 자기는 "혼자 제논의 모든 짐을 짊어질 만큼 체력이 강하다."고 주장했다. 현재 남아 있는 그의 저작은 별로 없는데, 제목만 보면 스토아 사상의 핵심이 되는 윤리학의 광범위한 주제가 엿보인다. 그 중 일부만 살펴보면 적합성, 충동성, 감사, 시기, 사랑, 명예, 숙고 등이 있다. 그가 죽고 나서 스토아학파의 세 번째이자 마지막 수장이 등극한다.

디오게네스 라에르티오스는 **크리시포스**Chrysippus가 "양적인" 면에서 "모든 이를 능가했다."고 기술했다. 하지만 솔로이(아나톨리아 남쪽 지방)의 크리시포스는 총명함과 창의력에서도 가장 뛰어났다. 그는 제논과 더불어 스토아 사상이 후대 서양 철학에 지대한 영향을 끼치는 데 큰 역할을 했다. 그는 논리학과 오류, 문법적 오류, 발화와 일상 언어에서의 실수, 덕의 윤리적 측면, 성격, 쾌락을 궁극적 선으로 간주하는 것에 대한 반박을 포함해 무려 705편이 넘는 방대한 저작을 남겼다. 심지어 『그림의 보정에 대한 반대』를 통해서는 예술 작품의 보존에도 힘썼다. 그는 젊은 시절 장거리 육상 선수로 훈련했고, 지적 능력만큼이나 체력과 지구력이 뛰어났다. 많은 사람들에게 초기 스토아주의는 크리시포스의 철학을 의미하게 되었다. 그는 스토아적 감정과 궁극의 선에 대한 키케로의 설명에 큰 영향을 끼쳤으며, 엄격함과 정교함, 통찰에 기반한 주장을 펼쳤다.

그리스 스토아 문헌이 별로 남아 있지 않은 것은, 로마 스토아 저술들을 많이 볼 수 있는 것과 대조된다. 로마 스토아학파의 저술들은 읽히고 또 읽혔고, 어느 정도의 수정을 거쳐 유럽의 지적 전통의 일부로서 르네상스와 계몽주의, 그리고 현대 스토아학파의 부흥으로 이어졌다. 감정을 잘 다루지 못하는 것을 더 안 좋게 여기는 일부 스토아학파의 경향은 현대 사상의 일부가 되었다.

키케로(기원전 106-43년)는 그리스 스토아 사상을 로마 세계에 전하는 데 많은 역할을 했다. 그 자신은 스토아주의자가 아니었음에도 불구하고, 키케로는 스토아학파의 많은 관점에 동조했다. 그는 쉽게 해독하기 어려운 일부 스토아학파의 그리스 용어를 라틴어로 번역하는 데 많은 노력을 들였고, 그리스어를 모르는 일반 대중이 스토아학파 및 일반 그리스 철학을 쉽게 접할 수 있게 하는 데 기여했다. 그의 공직 생활의 자세한 내용은 많은 이들에게 잘 알려져 있다. 그는 보잘것없는 배경에도 불구하고 일약 원로원에 입성하는 극적인 신분 상승을 이룬 뒤, 43세의 젊은 나이에 집정관이 되었다. 그는 유명한 로마의 정치 연설가이자 군사 지도자였으며, 폼페이우스의 동맹이기도 했다. 그는 카이사르가 암살된 뒤 미래에 자신을 암살하게 될 안토니우스와 다른 삼두 정치인들을 피해 다니며 정치 인생의 말년을 철학 저술에 전념하며 보냈다. 사랑하는 딸 툴리아가 아이를 낳다 죽은 뒤, 그의 철학적 글쓰기는 매우 개인적인 경향을 띠게 되었다. 애도에 잠긴 그는 스토아주의에 의지했지만, 뒤에서 다루게 될 『투스쿨룸 대화Tusculan Disputations』에서는 거침없는 논쟁을 벌였다. 그의 저작인 『최고선악론On Moral Ends』과 『의무론On Duties』은 스토아학파의 입장을 설명하는 유럽 정치 사상사의 필독서가 되었다.

세네카(기원전 3년 – 서기 65년)는 명문가 출신으로, 집안에서는 일찍부터 그에게 정치 경력을 쌓게 했다. 그는 청소년기 때 이미 여러 차례 결핵을 앓았고 자살시도까지 했으며, 이 때문에 어릴 때부터 좌절과 재기를 경험했다. 세네카의 아버지는 유명한 수사학 교사였고, 젊은 세네카는 스토아 철학자 아탈루스Attalus의 훌륭한 제자였다. 세네카 덕분에 이 무렵 철학은 엘리트 로마인의 공적 생활에서 정치의 대안으로 여겨질 정도로 상당한 신뢰를 얻었다. 많은 철학과 정치(특히 스토아주의)는 공직에 스며들어 있었는데, 금욕적 견유학파인 스토아주의가 퇴폐적인 로마 제국주의와 잘 어울리지는 않았다. 굴과 버섯(역주: 굴과 버섯 요리는 로마의 대표적 별미였으며, 세네카는 이를 멀리했다.), 화와 음주, 권력과 좋은 유대감 같은 욕망과 이 같은 욕망을 다스리는 것 사이의 긴장은 세네카의 삶과 저술에서 반복되는 주제다. 로마인, 특히 권력자는 삶의 다양한 영역에서 욕망을 억제할 필요가 있었다.

세네카는 여러 면에서 이 책의 문제적 주인공이다. 그는 현대 스토아주의를 이해하는 데 중요한 인물로, 우리는 그의 저술을 더 자주 읽어야 한다. 그는 위선적인 면이 없지 않았지만 미묘함으로 가득 찬 인물이었다. 비록 간결한 인용구는 에픽테토스보다 적을 수 있지만, 그는 눈부신 수사법을 지닌 훌륭한 작가다. 그리고 그는 복잡하고 지저분한 세상을 산 도덕적 야심가다. 그는 자기보다 더 큰 생태계 안에서 스스로 자유로워지기를 갈망했다. 실제로 그는 정치와 권력의 진흙탕을 잘 아는 실용적 철학자였다. 그는 네로의 가정교사, 정치 고문, 연설문 작성자로서 시류에 따라 헤엄쳐 갔다. 16세 때 황제에 오른 네로는 칼리굴라의 통치를 반복하고 싶지는 않았지만, 왕위 계승이 위협받자 참지 않았다. 세네카는 자신이 네로를 도우며 그의 악행을 제어할 수 있을 것이라고 생각했다. 하지만 역사가 말해 주듯 끝내 그는 성공하지 못했다.

이는 몇 가지 역사적 사실만으로도 충분히 알 수 있다. 세네카는 젊은 네로의 어머니인 아그리피나의 발탁으로 궁정 생활을 시작했다. 그녀는 제국에서 수사학과 대중 연설 분야의 가장 명망가인 세네카를 네로의 가정교사로 초빙했다. 그녀의 남편 클라우디우스 황제가 세네카가 황제의 조카 줄리아 리빌라와 간통했다는 혐의를 씌어 그를 8년 동안 코르시카섬으로 추방했을 때(서기 41년), 아그리피나는 세네카의 후원자가 되어 섬에서 나오게 해 주었다. 아그리피나는 세네카의 강력한 펜을 뒷받침 삼아 네로가 권좌에 더 가까이 다가갈 수 있게 했다. 세네카는 아들 네로가 어머니를 축출할 때도 그 소년이 계속 집권할 수 있게 했다. 세네카가 은신하고 있는 궁정에는 음모가 끊이지 않았다. 클라우디우스의 친아들인 브리타니쿠스가 왕위에 오를 나이에 독살됐는데, 당시 세네카는 궁 내부 인사로서 이 음모를 알고 있었을 것이다. 비록 아그리피나가 그를 궁전으로 데리고 온 은인이었지만, 그는 네로가 그녀를 살해한 것을 변호하며 그녀에 대한 감사는 거의 표하지 않았다. 세네카의 이 연설은 모두에게 좋지 않은 결과를 끼쳤다. 그는 뿌린 대로 거두게 되었다. 네로는 때때로 분노를 억제하기도 했지만 결코 완전히 조절하지는 못했다. 세네카는 말년에 계속 공직에서 은퇴하려 했다. 그가 이 시기에 남긴 저작(『서간집Letters』)에서 죽음과 삶의 무상함에 몰두한 것을 보면, 분명 그는 생명의 위협을 느끼고 있었을 것이다. 서기 65년, 네로는 세네카가 황제를 암살하려는 피소의 음모에 가담했다는 죄명을 씌어 자살을 명령했다.

이 간략한 인생사는 세네카가 도덕적으로나 정치적으로 결코 순진하지 않았으며, 관용이나 애도, 화, 지조, 물질주의의 해악에 대한 격한 분노를 경험해 왔음을 보여 준다. 그는 부와 권력의 영향력을 알고 있으며, 복수심에 불타는 폭군의 눈을 피해 벗어나는 것의 위험도 알았다. 그는 정치권력에 대한 두려움을 가라앉히고 더 순수한 무언가를 열망하기 위해, 글과 잘 훈련된 스토아적 태도를 취한다. 그가 종종 말하듯이 그는 현자의 관점이 아닌, 스토아 의학과 치유를 필요로 하는 환자이자 도덕 의사의 관점에서 글을 썼다. 그의 유명한 야간 명상은 자신을 진정시키고 도덕적으로 설득하기 위한 것이었다. 하지만 이따금씩 거울은 그 자신이 아닌 바깥쪽으로 향하고, 그의 뾰족한 손가락은 그를 모욕한 무례한 사람들을 겨냥한다. 그는 지방의 괜찮은 기사 가문에서 자랐으며, 다른 로마 스토아 학자들과 달리 결코 네로 궁정의 핵심부와 거리를 두지 않았다. 그는 일단 핵심부에 들어간 뒤 그만두고 싶어질 때가 되자, 강제로 자살 당하기보다는 스스로 자살하는 쪽을 택했다. 그런 점에서 그의 저작은, 자유롭지만 과거 노예였던 사람으로 평생 권력의 밖에서 잘 지내고 가난하게 지냈으며, 시대적 명성을 얻기 위해 세련되게 긴 글을 쓰려는 열망이 없었던 에픽테토스와 다를 수밖에 없다. 즉 세네카는 정치적 굴레 안에 있었고, 그 영광과 불명예를 겪었으며, 그러면서도 개인적·도덕적 변화를 꾀하며 영광의 기준을 재설정하기 바란 실용주의자였다. 적어도 이는 내가 여기서 다루는 그의 도덕적 에세이, 편지, 비극을 읽어 나가는 시작점이다. 그의 글은 지금처럼 정치적으로 혼란스러운 격동의 시기에 중요하다.

로마 철학자들을 논할 때 흔히 로마에서 원로원 의원들을 여러 차례 가르쳤던 **무소니우스 루푸스**Musonius Rufus(서기 30-101년)를 생략할 때가 있는데, 이는 유감스러운 일이다. 그는 어쩌면 가장 많이 인용되는 스토아 철학자인 에픽테토스의 스승이고, 그의 저서들은 그 자체로 로마 스토아 사상의 중요한 기록이다. 그가 오늘날 잊혀진 이유 중 하나는 그의 저서가 집대성되지 않았기 때문이다. 하지만 그는 고대 시대에는 잘 알려진 인물로, 기독교 신학자 오리겐은 그를 소크라테스와 더불어 도덕적 모범으로 삼았다. 역사가 타키투스는 그의 추종자들을 근엄하고 진지한 무리로 묘사하고 있는데, 이중 정치인들과 정치가들은 1986년에 한 학자가 쓴 것처럼, "네로 시대 궁정의 거친 소용돌이 속에서 자신들의 차례가 올 때까지 조용히 기다렸다." 더 나은 정치적 시기를 기다리며 평정을 찾는 스토아적 교훈에 눈을 돌리는 것은 우리 시대를 위한 처방일지도 모른다. 실제로 무소니우스는, 정치인들의 목소리와 영향력을 통해 사람들의 삶을 개선할 수 있다면 기꺼이 그들과 협력할 용의가 있었다. 자신의 영혼을 진지하게 여긴 비정치인들도 무소니우스를 찾아왔다. 에픽테토스도 그중 한 명이었다.

무소니우스는 "딸과 아들은 똑같은 교육을 받아야 하는가?"와 "여성도 철학을 배워야 한다."처럼, 좀 더 현대적인 스토아 학자들이 읽을 만할 글을 썼다. 그는 플라톤의 『국가』를 참고하여 남녀평등을 주장했다. 그는 지금은 남아 있지 않은 저서인 『남성과 여성 모두 똑같이 뛰어나다(혹은 동일한 덕을 지니고 있다)는 사실에 대하여』의 주제를 충실히 따랐던 것 같다. 무소니우스의 페미니즘은 때때로 로마의 관습에 밀려서 위축되기도 했지만, 모든 사람이 동등하게 번영하는 삶을 영위할 수 있음을 훌륭하게 보여 주었다는 면에서 단연 스토아적이다.

에픽테토스(서기 50-130년)는 아나톨리아 지방의 그리스어권 지역인 프리지아 태생으로, 노예화된 사람이었다. 부유한 자유민이자 네로의 비서였던 에파프로디투스가 그를 소유했다(그리고 나중에 해방시켰다). 그는 노예화된 상태에서도 로마에서 무소니우스 루푸스와 함께 철학을 공부했고, 해방된 이후에는 그리스 서쪽 아드리아해 연안의 니코폴리스에 학교를 설립했다. 그는 스승이었을 수도 있는 소크라테스처럼 주로 18세부터 23세 사이의 남성들에게 오직 말로만 철학을 가르쳤다. 제자인 아리안Arrian이 그의 가르침을 세세하게 옮겨 적은 덕분에 그의 사상이 전해질 수 있었다. 개중에는 원본 8권 중 4권이 남아 있는 『담화록The Discourses』과 대중적인 짧은 글귀들의 모음인 『엥케이리디온Encheiridion』(혹은 편람) 이 있다.

이 저작들은 비공식적인 것이며, 에픽테토스가 강의할 때 사용했을 법한 평범한 그리스어로 써져 있다.

에픽테토스의 글에는 노예화된 로마인의 고통이 베어 있다. 일설에 의하면 그는 질병 혹은 노예화된 시절에 맞은 결과로 인해 불구가 되었다. 그는 자유인이 된 뒤에도 짚과 돗자리를 유일한 가구로 삼을 정도로 금욕적인 생활을 했다. 노예화는 에픽테토스의 가르침에 깊은 영향을 끼쳐서, 그는 속박된 상태에서도 지속될 수 있는 내면의 자유야말로 진정한 자유라고 말했다. 그는 극도의 괴로움에 시달리는 스토아주의자는 아니었지만, 육체적 고통과 고난을 길잡이로 삼았다.

그의 글이 대중적으로 인기를 끄는 이유 중 하나는, 전반적으로 과장법이 간간이 섞여 있으면서 쉽게 인용할 수 있는 문구들이기 때문이다. 비록 그가 대중적인 사람이기는 했지만 그의 견해는 초기 스토아학파의 체계적 교리와 주장에 기반하고 있다. 에픽테토스는 물질만능주의에 물들어 있거나 돌이킬 수 없는 불행을 걱정하는 청중(주로 청년들)을 각성시키기 위해, 충격과 공포 전략을 활용했다. 이는 훈육 프로그램의 기반을 마련하기 위해 청중의 흥을 돋우고 자극하기 위한 것이었다. 실제로 그의 가르침은 최악의 경우에 어떻게 행동할 것인지에 대한 정신 훈련 시험으로 가득 차 있다. 어려운 사건을 가정하고 그에 반응하는 것은 실제 삶을 대비하는 리허설 역할을 한다. 일종의 가상 훈련인 셈이다. 시험은 고됐고, 그의 사랑도 엄했다. 여기서 그는 스승인 루푸스로부터 받은 가르침을 전수한다. 에픽테토스는 이렇게 말했다. "부드러운 치즈는 갈고리로 집을 수 없기 때문에, 우리는 부드러운 젊은이들의 관심을 끌기 힘들다. 하지만 천부적 능력을 타고난 사람들은 당신이 돌려보내려고 해도 더욱 확고히 이성을 지킨다." 루푸스는 그들 대부분을 쫓아내려고 했지만, 천부적 재능을 타고난 사람들은 쉽사리 나가지 않았다. 제자들을 훈육할 때는 치즈를 만들때처럼 단단함을 시험해야 한다!

역사의 아이러니로 로마 황제 **마르쿠스 아우렐리우스**(서기 121-180년)는, 깨달음을 얻기 위해 노예화된 로마인인 에픽테토스에게로 눈을 돌렸다. 그가 "스스로 성찰하기 위해" 그리스어로 쓴 『명상록』은 본질적으로 일기였으며, 결코 사람들을 가르치거나 널리 알리기 위해 쓴 것이 아니었다. 그것은 마르쿠스가 게르만 정복 시기(서기 170-174년)에 다뉴브 강가에 진을 치고, 긴 하루 동안의 전투를 마치고 나서 급히 써 내려간 명상들이다. 이는 권력과 지위를 상실할 가능성에 대처하는 법, 금은보화의 유혹에 넘어가지 않는 법, 단순함 속에서 만족을 얻는 법을 자비롭게 되새기게 하는 일종의 성무일과서聖務日課書breviary 같은 것이다. 그는 낮에 부대가 줄지어 서 있을 때는 거대한 황금 조각상을 사용했을 것이다. 하지만 밤이 되면 그는 이 모든 것이 덧없음을 스스로 상기해야 했다. 권력과 금욕의 모순을 부드럽게 다루는 것은 그의 관심사가 아니었다. 그건 세네카 스타일이다. 마르쿠스는 권력자임에도 불구하고 그것이 가져다주는 헤라클레이토스적 변화와 보편적 이성을 공유함으로써, 인간들끼리 그리고 신과 연결되어 있는 우리의 유대감을 인식한 겸손한 탄원인이었다.

대중화된 현대 스토아주의에서 마르쿠스는 이상화된 강인한 남성적 힘과 자립을 보여 주는 이상적 모델이며, 그의 기념비적인 기마상은 많은 스토아주의 웹사이트와 책의 전면을 장식하고 있다. 하지만 마르쿠스는 외로운 기수가 아니었고, 우리가 그렇게 생각하는 것을 원하지도 않았을 것이다. 전쟁터에서 그가 묘사한 이미지들은, 앞의 수업에서도 언급했다시피 사회적 유대감의 필요성과 고립의 유해성을 강조한다. 우리는 타인 없이는 완전하지 못하며, 전체를 이루는 독립된 부분이다. 팬데믹의 여파로 인해, 전세계적 상호 연결성에 대한 그의 견해는 우리가 상상할 수 있었던 것보다 더 큰 의의를 지니게 되었다. 상호 의존에 대한 그의 견해는 인간과 세상이 그 속성상 전체와 동맹의 일부라는 스토아 교리를 반영한다. 우리는 인간과 우리의 더 나은 자아(혹은 신)를 포괄하는 공동체의 일원이다. 우리는 협업을 통해 성취를 이룬다.

알렉산드리아의 필론(기원전 15년-서기 50년)은 스토아학파에서 자주 언급되는 인물은 아니다. 하지만 그의 저작은 유대 사회의 헬레니즘화에 대한 중요한 부분을 나타내고 있다. 그는 특히 그리스 스토아학파의 가르침에 따라 구약성경을 해석하려고 했다. 필론은 창세기에서 거의 현자의 수준에 가까운 사라가, 신으로부터 90세의 고령에 아이를 갖게 될 것이라는 얘기를 들었을 때 웃음을 터뜨린 이유를 설명하기 위해 겹겹이 쌓인 감정 경험에 대한 스토아적 가르침을 활용한다. 만약 웃음이 감정조절의 문제였다면 거의 현자에 가까운 그녀는 이를 좀 더 잘 통제할 수 있어야 했다. 하지만 필론은 그녀가 혼자 있을 때 웃었기 때문에 어느 정도는 이를 실천했다고 말한다. 그것은 일종의 어이없는 웃음이었다. 하지만 그녀는 이를 알아차리고 난 뒤 "기쁨과 신성한 웃음으로 가득 찰" 준비가 되었다. 아브라함 역시 사라의 무덤에 가서 슬피 우는 와중에, 자신이 걷잡을 수 없이 비탄에 잠기는 것을 알아차렸다. 그는 그냥 울고 싶었지만, 울기도 전에 **스스로를 억제했다.** 필론은 이렇게 창세기에 대한 스토아학파의 해석을 통해 감정을 다스리고 조절하는 법에 대한 교훈을 제시한다. 본격적으로 평범한 감정을 느끼기 전에 먼저 사전 감정pre-emotion을 싹 틔울 수 있다. 평범한 감정을 통해서도 현자(혹은 성경적 아내나 남편)에게 이로움을 주는, 교양 있고, 선하고, 덕이 있는 감정 상태에 이를 수 있다.

필론은 아리스토텔레스의 『니코마코스 윤리학Nicomachean Ethics』 같은 다른 고대 문헌도 언급한다. 필론은 아리스토텔레스가 이 책에서 인간의 사회적 속성을 언급한 것을 다음과 같이 자세히 옮긴다. "자연은 인간을 외로운 짐승이 아닌, 함께 모여 풀을 뜯어먹는 동물처럼 매우 사회적 존재로 만들었다. 따라서 사람은 자신만을 위해서가 아니라, 아버지, 어머니, 형제, 아내, 아이들, 친척, 친구, 동료 시민, 부족, 나라, 종족, 그 외 모든 사람들을 위해 살아가야 한다…" 필론은 이 구절의 마지막에서 사회적 연결의 경계가 폴리스 너머의 인류 전체로 확장된다는 스토아적 언급을 남겼다.

스토아학파는 기독교 사상에 큰 영향을 끼쳤다. 필론처럼 초기 기독교인들 역시 감정을 다스리고 유혹에서 벗어나는 방법의 일환으로 스토아적 사전 감정 개념에 관심을 가졌다. 그들은 우여곡절과 개념적 혼란을 거치면서 스토아적 사전 감정을 죄악으로 간주하게 되었고, "나쁜 생각"이 몸의 감정적 각성, 눈물과 신경질적 떨림, 수축과 팽창을 동반한다는 개념을 발전시켰다. 그들은 이런 식으로 중간 정도의 죄를 허용했다. 기독교가 들어오면서, 타락한 천사나 악마가 유혹을 위해 육체적 동요를 유발할 수 있다는 개념도 도입된다.

많은 시간이 지난 뒤, 독일의 인본주의자이자 신학자인 **에라스무스**Erasmus(1466-1536)는 에픽테토스의 『엥케이리디온』을 재해석하여 새로운 편람인 『기독교 군인의 엥케이리디온Enchiridion of a Christian Knight』을 집필한다. 에라스무스는 16세기 초에 터키와의 싸움에 나서는 기사가 읽을 책을 써 달라는 요청에 맞춰 평이한 수준으로 책을 썼다. 이 책은 전쟁터에 들고 나갈 수 있는 수첩으로서, "가르치기보다는 촉구하는 내용"을 더 많이 담고 있고, "심각한 서한"보다는 "삶의 방식"을 확실히 보여주는 "짤막한 말들"을 많이 담고 있다. 복음을 전파하는 것은 기사들이 벌이는 전쟁의 "원인" 혹은 목적이다. 에라스무스는 병사들이 기사도 정신에 따라 전쟁 "행위"를 하도록 가르치려고 했다. 그는 이러한 기사도의 가르침을 간결하고 호소력 있게 전달한다면, 병사들이 더 잘 흡수할 수 있으리라 여겼다. 그가 쓴 수첩은 짧지만 에픽테토스와 같은 강렬한 내용은 없다. 그럼에도 여전히 이 책은, 현명한 전사는 갑작스러운 사전 감정이나 "첫 느낌"

에 휘둘리지 않는다는 관점을 견지한다. 이는 "완벽하게 현명한 사람"은 "첫 느낌"에 영향을 받더라도, 평범한 사람처럼 이에 따라 행동하지 않고 그저 알아차리기만 한다는 스토아 교리와 상당 부분 일치하는 것이다. 이러한 현자의 예는 모든 전사 계급의 표준이 되었다. 에라스무스 시대의 기사도 규범이나 정의로운 전쟁 이론에 나오는 감정 절제는, 현대 전쟁을 수행하는 데 있어서도 변함없이 따라야 하는 핵심 내용이다. 이후의 수업에서 나오겠지만, 이는 치안을 유지하는 데 있어서도 중요한 부분이다.

스토아주의가 유럽의 도덕과 정치 사상에 끼친 영향은 너무 폭넓고 심오해서 여기서 다 요약할 수 없다. 스스로를 지식인으로 여긴 자들은 스토아학파, 그 중에서도 특히 로마 스토아학파의 저작을 읽고 또 읽고, 인용하고 또 인용했다. 기독교의 자연법 전통과 16-17세기에 걸친 그로티우스Grotius와 푸펜도르프Pufendorf의 현대적 대중 저서는 모두 스토아주의에 큰 빚을 지고 있다.

17세기 중반 몽테뉴Montaigne는 많은 고대 학자들, 그 중에서도 특히 스토아학파의 영향을 받아, 독자들이 역경과 극심한 가난을 견디고 "고통과 맞서는 데" 필요한 덕목을 개발하도록 권했다. 그는 "사물에 가치를 부여하는 것은 사물 자체가 아닌 그에 대한 우리의 의견"이라고 하며 스토아학파에 적극 동조하였다. 몽테뉴는 다채로운 작가였고, 스토아 사상에 대한 옹호 역시 그의 다양한 관심사 중의 하나였다. 그는 스토아학파의 견해에 따라, 악의 종류는 다양해 봤자 "결국은 다 똑같다."라고 주장한다. 하지만 그는 술을 금지하지 말아야 한다고 주장한다. 글쎄, 어쩌면 스토아 철학은 "어떤 와인도 무미건조하게 마시는" 독일인을 위한 것일지도 모른다. 하지만 세련된 입맛을 가진 프랑스인이라면 굳이 와인을 포기해야 할까? 그는 술에 취하는 것이 비록 악행이라 할지라도, "공공 사회에 더 직접적으로 해를 끼치는 대부분의 것들보다 덜 악의적이고 덜 해롭기 때문에" 악행에서 제외할 수 있다고 정리했다. 몽테뉴의 스토아주의가 무엇이든 간에, 적어도 무조건적인 금욕주의는 아니다.

르네 데카르트 René Descartes(1596-1650)는 보헤미아의 엘리자베스 공주에게 보내는 서신에서, 스토아적 현인의 행복한 삶의 초상을 설명하기 위해 세네카를 인용한다. 그는 공주가 "열정이나 욕구에 의해 흐트러지지 않은 상태로, 이성이 권하는 것은 무엇이든 실행할 수 있는 단호하고 변함없는 결의"를 지닐 것을 권한다. 행복을 방해하는 것은 "욕망, 후회, 회한"이다. 하지만 데카르트는 스토아 교리를 현대적 원리에 적용하여, "자연적 이성"뿐만 아니라 신앙과 기독교가 어떻게 이 새로운 현대적 설명에 들어가야 하는지 보여 준다. 그는 또한 현대의 의심과 오류가능주의에 대해 "우리의 이성에 오류가 없을 필요는 없다."라는 확신을 가졌다. "최선의 판단"으로 결정한 것이라면 그것으로 충분하다. 여기서 스토아주의는 무오류의 지혜를 대체하며, 유일신적 교리와 인간적 오류가능주의를 포괄하는 모델을 통해 근대성을 향해 나아간다.

임마누엘 칸트(1724-1804)는 의심할 여지 없이 가장 독창적이고 혁신적인 방법으로 도덕 법칙에 대한 스토아적 핵심 사상을 우리의 이성과 분리할 수 없는 것으로 발전시킨 철학자다. 칸트는 인간의 이성이 우리의 도덕적 기반을 이루는 자연의 밀고 당기기나 신성한 지침과 무관하게 자율적이라는 관점을 제시했는데, 이는 당시로서는 혁명적 주장이었다. 모든 사람이 공통적으로 지니는 보편적 이성이라는 개념은 단연 스토아 사상의 핵심이다. 모든 사람은 보편적 인간성을 지니고 있기 때문에 존중받아야 한다는, "목적의 나라"로 귀결되는 칸트의 유명한 개념은 세계주의적 도덕·정치 질서 안에서 함께 인간성을 나눠야 한다는 스토아 사상을 직접적으로 계승한 것이다.

많은 현대인들과 마찬가지로, 칸트 역시 감정이 지나치고 억제하기 힘들면(혹은 칸트의 표현을 빌려 "병리적이면"), 신뢰할 수 없는 도덕적 동기부여 요인으로 이어질 수 있다는 스토아적 관점을 차용한다. 이 때문에 감정이 아닌 의무에 따라 실천하는 것을 칸트의 대표적 주제로 보기도 한다. 하지만 이것은 감정의 역할에 대한 칸트의 관점을 지나치게 단순화한 것이다. 그는 감정이 공감을 통해 타인의 욕구를 충족시키는 것이든, 타인을 보살피는 인간적 친절함의 면모를 보여주는 것이든 간에, 감정은 사람이 "의무감만으로는 할 수 없는 것을 할 수 있도록" 도와준다고 말한다. 감정은 "덕을 이롭게 하기 위해 입는 옷"과 같기 때문에, 우리는 감정을 의무의 협력자로 만들어야 할 도덕적 의무가 있다. 칸트는 어떤 감정은 다른 감정보다 이성에 더 섬세하게 반응한다고 말한다. 이러한 감정을 "실용적 감정"이라고 하는데, 이는 스토아학파가 충만한 덕으로 함양한 "선한 감정"이라고 부르는 것과 놀랍도록 유사하다.

칸트는 한 번도 모든 감정이 인지적이라는 스토아학파의 관점을 수용한 적이 없었다. 그는 이를 거부했다. 그는 욕망과 감정을 이성으로부터 멀리하는 현대인들 중 한 명이었을 뿐이다. 감정에 대한 스토아적 관점은 역사적으로 소외되어 왔다. 바로 이 때문에 감정이 어떻게 지적인 속성을 지니고 있고 또 지적일 수 있을지에 대한 통찰을 얻기 위해 스토아의 문헌에 눈을 돌려야 한다.

스토아학파의 유산은 칸트와 이성적 계몽주의에서 끝나지 않는다. **첫 번째 수업**에서 얘기했던 에머슨과, 그 이전으로 거슬러 올라가면 미국을 건국한 아버지들로 이어진다. 제퍼슨은 로마 스토아학파의 저술들을 탐독했다. 워싱턴도 마찬가지였다. 그들은 단지 읽기만 한 것이 아니라 그것을 자기 것으로 흡수했다. 당시에도 고대 스토아주의의 덕이 영향력을 발휘하고 있었고, 지금도 그렇다.

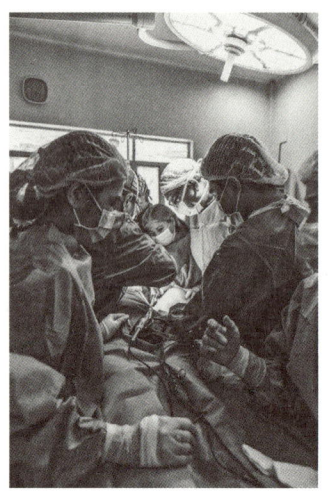

환자를 치료하는 의사와 간호사

아르트 판 오스텐(아르뮈덴 소방서장), 네덜란드

세 번째 수업

평온을 찾아서

팬데믹 시대의 스토아주의

지금 나는 팬데믹의 기세가 한창인 와중에 글을 쓰고 있다. 우리는 포위됐다. 이것이 언제 끝날 지는 예측하기 어렵다. 하지만 한 가지 확실한 것이 있다면, 바로 지금이 스토아주의의 온전한 가능성을 시험할 때라는 것이다. 코로나19는 우리를 보이지 않는 적과 싸우는 전세계적 전쟁으로 내몰았다. 나는 비전투요원으로 30년 동안 전쟁에 대한 글을 써 왔다. 하지만 지금의 전쟁에서는 우리 모두가 적과 싸우고 있다. 우리는 견유학파와 스토아학파의 예언대로 전세계적 공동체를 이루어 함께 전쟁을 치르고 있다. 우리는 보호와 사회적 행동, 계몽적 리더십과 명확한 메시지, 금융시장, 공급망, 그리고 결정적으로 공평하게 배분할 수 있는 효과적이고 안전한 백신의 검증·치료·개발을 서두르기 위해 큰 그림 안에서 각자의 퍼즐 조각을 맞추고 있다. 우리의 노력이 결실을 이루기 위해서는 매일매일 바이러스에 대한 노출, 외로움에서 벗어나는 법, 의료진을 비롯한 일선 근무자들의 취약성, 병원의 수용 한계, 생명구조 장치의 가용성을 걱정하며 불안을 낮출 수 있는 방법을 찾아야 한다. 우리는 전에 없던 방식으로 죽음을 마주하고 있다. 지금은 스토아주의자가 아니라면 적어도 스토아적 도구라도 현명하게 사용해야 할 때다.

우리는 미리 대비해 놓은 것을 할 수 있다. 미국 국립보건원의 감염병 대응 수장이자 의사인 앤서니 파우치Anthony Fauci는, 대비는 전략적이어야 한다고 말했다. 평범한 브루클린 억양을 지닌 의사소통의 달인인 파우치는 마치 에픽테토스와 같았다. 그는 대중에게 어떤 내용으로 다가가야 할지 알았다.

"여러분이 전염병에 대처할 때는 늘 사람들이 말하는 은유를 떠올리는 것이 좋습니다. 웨인 그레츠키는 퍽이 있는 곳으로 가는 게 아니라 퍽이 있을 곳으로 가야 한다고 했죠. 우리도 비록 지금은 여기 있지만, 감염이 있을 곳에 가 있을 겁니다."

이는 곧 우리가 이미 미래를 경험해 본 것처럼 행동할 필요가 있음을 의미한다. 우리는 이미 일어난 일에 반응하기만 해서는 안 되고 능동적이어야 한다. 우리는 미래를 예상해야 한다.

"사전 리허설", "예상", "미리 앞서 경험해 보는" 방법 같이 미래의 악이 마치 지금 와 있는 것처럼 생생하게 상상하는 것이야말로 스토아적 불안 완화법의 핵심이다. 당신은 맞서 싸울 적을 미리 알아야 한다. 허를 찔리면 안 된다. 이 도구를 코로나19 시나리오에 적용하면 이렇다. 미래의 상황을 시뮬레이션하고, 팬데믹의 궤적을 파악한 뒤, 경고에 주의를 기울이는 것이다. 트럼프 행정부의 보건복지부는 실제로 '크림슨 전염병'이라는 코드명으로 2019년 1월부터 8월까지 시뮬레이션을 진행했다. 하지만 경고는 없었다. 스토아적 용어로 말하자면, 높은 수준으로 사전 리허설을 했지만 권력자들은 이를 진지하게 여기지 않았다. 그 결과 우리는 개인과 시스템 수준에서 모두 제대로 대비하지 못했다.

팬데믹은 엄청난 위기다. 그 규모를 예측하거나, 지속적이고 효과적인 국제 공조를 조율하기가 쉽지 않다. 그럼에도 불구하고 팬데믹이 가르쳐 준 한 가지 교훈은, 생존은 우리 모두가 연동된 프로젝트라는 것이다. 지금도 여전히, 특히 온라인 상에서 스토아주의가 인기를 얻는 이유는 그것이 자급자족에 필요한 교훈의 보물창고이기 때문이다. 여기 에픽테토스가 했던 유명한 조언이 있다.

"그렇다, 나는 지금 콧물이 난다. 그런데 너희의 손은 어디에 쓰는 것이냐? 너희의 코를 닦기 위해서가 아니냐?"

에픽테토스가 말하는 요점은 불평하지 말라는 것이다. 어떤 이는 이것이 다른 사람이 해 주기를 기다리지 말고 스스로 해야 한다는, 자립을 강조하는 말이라고 해석한다. 이처럼 많은 사람들이 스토아적 테마를 다양한 방식으로 일반화해서 받아들인다.

하지만 어떻게 보더라도 사람의 자급자족은 관계적일 수밖에 없다. 우리는 종종 인정하고 싶지 않거나 늘 제대로 존중하지 않았던 사람의 지원에 전적으로 의존해야 할 때가 있다. 상호연결성 개념은 자립의 개념만큼이나 스토아주의의 뿌리 깊은 주제다. 마르쿠스 아우렐리우스는 이렇게 말했다.

"공통의 협력적 유대감으로 뭉친 이성적 존재들은, 하나의 유기체에 달려 있는 여러 신체 기관과 같다. 만약 당신이 "나는 관계적 존재를 구성하고 있는 시스템의 한 부분이다."라고 스스로에게 말한다면 여기에 담긴 생각이 더 잘 전해질 것이다."

캘리포니아 주지사인 개빈 뉴섬은 일찍이 모든 주민에게 자택 대피령을 내리면서, 마르쿠스의 정서뿐만 아니라 말까지 인용했다.

"우리 나라처럼 거대한 국가는 많은 부분으로 이루어져 있지만, 결국 우리는 한 몸입니다. 우리는 서로 관계를 맺고 있고, 서로에게 의존하고 있습니다."

이어서 그는 우리가 사회에 도덕적 의무를 지니고 있다고 말했다. 이 장의 수업은 불안을 해소하기 위한 스토아적 기술을 다루는 것이다. 하지만 우리가 상호의존적임을 주장하는 스토아적 관점은, 배경이든 전경이든 항상 그림 안에 있을 것이다. 마르쿠스는 세계도시에 대한 제논의 이미지를 전하며, 우리가 "공통의 끈"에 의해 "함께 묶여" 있다고 말한다. 현재와 미래를 마주하기 위한 준비는, 우리 자신은 물론이고 다른 이들의 의지, 조화, 해박함, 협력적 노력에 달려 있다.

보다 안정된 행복

앞의 논의에도 불구하고, 스토아주의를 덕이 아닌 외부적 요인으로 취약해질 수 있다는 사회적 연결성에 대한 개념과 똑같이 보기는 힘들다. 스토아주의는 안정적이고 신뢰할 수 있는 선한 인격을 통해 안정된 행복을 얻을 수 있다고 말한다. 이는 스토아학파의 위대한 지적 선구자인 아리스토텔레스의 목표이기도 하다. 하지만 아리스토텔레스는 선한 성품만으로는 행복을 얻을 수 없다고 주장했다. 세상에서 덕을 발휘하기 위한 자원, 기회, 수단, 친구도 필요하다. 그렇지 않으면 아리스토텔레스의 표현대로 행복은 그저 남은 평생을 "누워서 잠만 자는 것"과 "극심한 고통과 불행 속에서 지내는 것"과 다를 바 없을 것이다. 행복은 덕을 실천하는 것인데, 그 실천과 약속이 자녀가 자신보다 오래 살고 정치가 안정되는 것처럼 당신의 통제 밖에 있다면, 그때는 아리스토텔레스 스스로도 인정하는 것처럼 "당신은 가장 위대하고 훌륭한 것을 운에 맡기는" 것이며, 이는 "불완전한 대책"일 것이다. 그럼에도 불구하고 상식을 부정한 채 당신이 고문대 위에서도 행복할 수 있다거나, 트로이 전쟁에서 프리아모스가 그랬다고 전해지는 것처럼 13명의 자녀를 잃고도 행복이 괴로움으로 바뀌지 않을 수 있다고 말하는 것은 너무 지나치다. 그래서 아리스토텔레스도 확실한 입장을 정하지 못한 것 같다. 행복은 내적인 것과 외적인 것 모두를 포함한다. 하지만 그것들이 있어야 당신의 삶이 좋아질 수 있다면, 당신은 통제 불가능한 조건을 통해 행복을 얻으려 하는 것이기에 결코 성공할 수 없다. 아리스토텔레스는 이 문제를 공식적으로 해결할 수 없다고 생각했을 것이다. "우리는 인식에 따라 결정한다." 우리는 "세부적인 것을 구분하고" 사안별로 문제를 다룬다. 우리는 상황이 얼마나 "일반적인지" 판단한다. 그는 우리가 "수학자의 증명"에서나 필요한 수준의 정확성을 윤리학 이론에서 찾는 것이 "어리석은" 짓이라고 주장했다.

하지만 그것이 스토아학파가 더 정밀하고 명확한 표지자를 추구하는 것을 막지는 못했다. 적어도 그들은 온전히 덕을 쌓은 사람들을 위한 행복과 평온을 확보하고, 진보로 이어지는 길을 인도하고자 했다. 필요하면 새로운 개념과 용어도 도입했다. 평온함이 최종 목표라면 투박한 시스템은 걸림돌이 아니었다.

스토아학파는 외재적 선은 덕과는 완전히 다른 분류에 속한다는 주장으로 나아간다. 사실 그것은 진정한 선이 아니다. 여기서 스토아학파는 오직 행복에 필요한 것은 덕뿐이라고 얘기했던 소크라테스를 소환한다. 스토아학파는 건강, 안정적이고 충분한 수입, 좋은 친구와 가족, 개화된 정치 제도와 공동체, 사회적 자존감과 존중감을 느끼는 것이 행복은 아니라고 가르친다. 물론 그들도 상식적으로 볼 때 평범한 인간인 우리가 그런 것들에 끌리는 것은 자연스러운 일이라고 말한다. 그것들은 "선호된다." 그것들과 반대되는 것은 자연스레 꺼려진다. 반대되는 것들은 "선호되지 않는다." 하지만 스토아학파는 "선호되지 않는" 것의 존재가 행복에 지장을 주지는 않는다고 주장한다. 그것은 단순한 외재적 요인이 아니다. 그것은 "무관한 것"이다. 그것들은 행복에 긍정적이든 부정적이든 어떤 영향도 주지 않는다. 앞으로 보게 되겠지만, 그것들이 여전히 우리 삶에 실질적인 영향력을 발휘한다는 것이 문제다. 그것들을 현명하게 선택하거나 거부하는 것은 덕의 일부다.

이러한 관점은 지금 못지 않게 고대에도 도전적이었다. 하지만 기억해야 할 중요한 것은, '무관한 것(혹은 아디아포라adiaphora)'이라는 용어가 곧 '무관심indifference'을 뜻하지는 않는다는 것이다. 우리는 태어날 때부터 이런 선이나 악에 무관심하지 않으며, 그렇게 굳어져서도 안 된다. 그럼에도 불구하고, 스토아적 삶을 배우기 위해서는 근본적 가치를 보정해야 한다. 우리는 특히 선이나 악을 너무 가지고 싶어서 안달하거나 극도로 혐오하는 식으로 다가가거나 피하지 말아야 한다. 이는 머리뿐만 아니라 행동으로도 배워야 한다. 그래서 스토아학파는 우리가 폭넓게 내재적 및 외재적 선이라고 부를 만한 것을 평가하는 색다른 시스템을 지니고 있다. 그들은 독특한 유형의 접근 및 회피 행동을 제시한다. 바로 집착이나 소유욕 없이 추구하고, 무서워서 회피하거나 불안해서 두려워하는 것 없이 거부하는 것이다. 이러한 새로운 태도를 함양하는 법을 배우는 것이 바로 스토아적 훈련의 일부다. 새로운 가치의 틀을 안정화하기 위해 노력하는 것 자체가 스토아적 삶의 방식인 것이다. 그래서 마치 현자가 성인처럼 과대평가될 수도 있지만, 그가 현재의 위치에 있는 이유는 자신의 통제 밖에 있는 것을 최소화하는 전략을 활용하기 때문이다. 이것은 모든 스토아학파가 우리에게 권하는 전략이기도 하다.

"우리가 의지대로 할 수 있는 것이 있고…": 느낌에 대한 동의

우리가 지금도 여전히 삶에 연연하고, 자녀가 우리보다 먼저 세상을 떠날까 봐 두려워하고, 제2차 세계 대전 전사자 숫자보다 더 많은 미국인의 목숨을 앗아간 팬데믹과 사망자 통계를 걱정하는 것에 대해 뭐라고 말해야 할까? 만약 우리가 스토아적 자기통제로 단련돼 있다면, 우리는 무엇을 통제할 수 있을까? 우리는 무엇을 내려놓을 수 있을까?

스토아적 자기통제는 우리의 심리적 역량과 우리 밖에 있는 것을 구분하는 것에서 시작한다. 에픽테토스의 유명한 『엥케이리디온』은 이렇게 시작한다.

"이 세상에는 우리가 의지대로 할 수 있는 것이 있고, 그럴 수 없는 일이 있다. 우리가 의지대로 할 수 있는 것에는 판단, 동기부여, 욕망, 혐오 등이 있다. 즉, 우리가 하는 모든 것이다. 우리의 의지대로 할 수 없는 것에는 건강, 재산, 평판, 사회적 지위 등이 있다. 즉, 우리가 직접 하고 있지 않은 모든 것이다."

많은 이들이 경계가 그어진 바로 그곳에서 주저없이 항의할 것이다. 비록 우리가 질병, 빈곤, 불명예, 직업이나 경력의 상실을 완전히 피할 수는 없을지라도, 어느 정도는 건강, 물질적 수단, 기타 여러 가지 것들을 지킬 수 있다. 에픽테토스도 그것은 인정한다. 하지만 그는 언젠가는 우리의 갑옷과 노력이, 심지어 우리 중 가장 특권을 누리는 사람들의 노력조차도 자연이나 인간에 의한 불행을 이기지 못할 것이라고 주장한다. 에픽테토스의 핵심 주장은 바로 우리는 모두 어떤 식으로든 운명의 인질이라는 것이다.

좋다. 우리는 그의 말을 받아들일 수 있다. 하지만 우리는 여전히 외부의 것과 내부의 것을 나누는 명확한 경계가 없다고 반대할 수 있다. 우리 안에 있는 것은 취약하다. 우리는 외상성 뇌손상이나 자연적 노화로 인해 판단력이 흐려질 수도 있고, 좋아하지 않는 것을 갈망할 수 있으며, 원치 않는 정신질환으로 인해 병적인 두려움을 지닐 수 있다. 또한 인식론적 편견도 있을 수 있다. 우리가 가진 암묵적 편견에 따라서 색안경을 끼고 바라볼 수 있고, '우리의 행동'보다는 우리가 지닌 특권적 관점과 평가에 따라 판단을 내릴 수도 있다. 물론 이것은 현대적 관점으로 정신과 지식을 바라본 것이다. 이와 대조적으로 스토아적 관점은 의지를 전적으로 강조한다. 그리고 그들은 우리의 의지력이 광범위한 영역에서 힘을 북돋아 줄 수 있다고 주장한다. 우리는 선택과 노력을 통해 시선을 내부로 돌려, 고집스러운 주의 패턴이 있는지 관찰할 수 있다. 현대 스토아 렌즈를 통해서 보면, 인지적이거나 인식론적 편향도 여기에 포함될 수 있다. 그 예는 뒤에서 다루기로 한다.

스토아적 관점에서 통제의 핵심은 우리가 느낌에 동의하는 것, 즉 우리가 내외부적 감각으로부터 입력된 사물의 모습을 받아들이는 방식에 달려 있다. 동의란 우리가 입력된 것에 대해 "그래!" 또는 "아냐."라고 말하는 과정이다. 그것은 판단, 동기, 욕망, 혐오를 1차적으로 통제하는 순간이다. 그래서 우리는 모욕적인 느낌이 고통을 주는 악이고, 병은 두려워해야 할 위협이며, 부는 욕망하고 가져야 할 선이라는 데 동의할 수 있다. 이것들은 모두 더 좋거나 안 좋아 보이는 것을 판단하고 평가한 것이다. 화나 두려움 같은 감정을 평가하는 데 있어서 이는 '큰 역할'을 한다. 그것은 우리를 감정에 빠지게 하고 ('충동'을 통해) 행동으로 이끈다. 그것은 동기를 부여한다. 호르메hormē는 '호르몬hormone'과 같은 어원을 지니고 있다. 호르몬처럼 호르메 역시 행동을 촉구하며, 이는 마음의 중재를 통해서 작용한다.

세네카는 이렇게 설명한다.

"화는 의심할 여지 없이 잘못된 느낌에 따라 움직이게 한다. 그런데 이 과정에서 어떤 정신의 개입도 없이 곧바로 화에 따른 느낌을 따라가는 것일까? 그렇지 않다면, 우리가 움직이는 데 관여하는 마음이 있는가? 나는 화라는 감정만으로는 아무것도 할 수 없으며, 오직 마음이 동의할 때만 일이 진행된다고 본다."

따라서 감정은 일종의 자발적인 행동인 것이다. 우리는 동의를 바탕으로 한 암묵적으로 틀에 맞춰 명제를 바라보고, 이를 통해 얻은 의견이나 판단에 따라 행동한다.

에픽테토스는 행위자에는 책임이 따른다고 주장한다.

"사람을 괴롭히는 것은 사물 자체가 아니라 그에 대해 사람이 지니고 있는 의견이다. 따라서 우리가 좌절하거나 어려움에 처하거나 고통스러울 때는 우리 자신, 즉 우리의 의견을 제외한 다른 사람에게 책임을 물을 필요가 없다."

이러한 생각은 직관적이다. 우리는 가장 기본적인 인식 수준에서 늘 하던 대로 해석한다. 이를테면 우리는 동전의 2차원적 앞면만 보고 있어도 그것이 3차원적 입체를 지니고 있음을 알 수 있다. 우리는 세상을 정리하고, 조성하고, 구성하고, 분류할 수 있는 온갖 렌즈를 지니고 있는데, 이는 선한 것과 악한 것의 구분과 그것이 우리의 행복에 끼치는 영향에 대해서도 마찬가지다. 우리는 언제나 철학자들이 '인식론적 관점'이라고 일컫는 방식으로 바라보고 판단한다.

앞서 말했듯이 우리가 늘 자유롭게 그런 관점을 취할 수 있는 것은 아니다. 우리의 관점은 '은밀한 설득자'라고도 불리는, 선거 여론을 오염시키는 광고 대행사나 '소셜미디어 봇'에 의해 주입된 것일 수 있다. 강간당한 여성이 회복 불능의 수치심을 느끼는 것 또한 다른 이의 의견을 내면화한 결과로 볼 수 있다. 가부장제에 의해 주입된 수치심이 마음 깊숙이 박혀 있는 것이다. 어린 복사服事altar boy는 소아성애자 사제로부터 계속 추행을 당해도, 사제의 신성한 예복과 일요일 가족 식탁 앞에서 보이는 그의 친근한 모습 때문에 자신의 두려움을 입 밖에 꺼내지 못한다. 내면 세계는 사회화된 구성물로, 항상 자유나 평화를 위한 계몽적 장소가 될 수는 없다. 하지만 외부적 영향력에 의해 달리 선택할 수 있는 것이 없을 때는 안식을 취할 수 있는 장소가 될 수 있다. 그 어린 복사 소년은 심리적 해리를 통해서라도 마음에서 안전함을 찾을 것이다. 우리는 구속되거나 포로로 잡혀 있을 때도 의지를 한계까지 밀어붙일 수 있다.

노예화되고 속박된 사람도 여전히 내면의 자유를 누릴 수 있다는 것이 바로 에픽테토스의 관점이다. 이러한 관점은 미국 해군 고위 전쟁 포로 제임스 스톡데일이 7년 6개월 동안(그중 2년 6개월을 북베트남의 '하노이 힐튼'의 독방에 감금된 채로 지냈다) 포로 생활을 하는 데 영감을 주었다. 에픽테토스의 『편람』은 그의 구원이었다. 나는 스톡데일과 여러 번 만나면서 그가 당한 고문에 대해 얘기를 나눴다. 내가 볼 때 그는 모든 것이 박탈된 극한 상황에서 스토아적 삶을 체현했다. 에픽테토스는 선거권이 없었다. 만약 그가 자유를 지니고 있었다면 그것은 내면에서 나온 것이 분명했다. 그것이 그의 정치적 현실이었고, 최소한 그의 생애 초기를 규정한 조건이었다. 그의 스토아주의는 그에 대한 응답이다. 그는 다른 스토아학파와는 다른 상황에 놓여 있었다. 세네카는 꽤 훌륭한 공무원이었다. 그는 네로의 '각료'로서 선거권과 정치 권력을 지녔으며 가장 엘리트적인 내부자에 속해 있었다. 하지만 그가 항상 대중의 호감을 얻었던 것은 아니었다. 그가 클라우디우스 치하에서 8년 동안이나 코르시카 섬으로 추방됐던 것을 떠올려 보라. 또한 네로 치하에서 그는 자진 사퇴의 대가를 잘 알고 있었다. 제국의 업무를 그만두기 위해서는 단지 공익에 봉사하는 이론 연구를 시행하는 것이 아닌, (공적 및 사적인) 명분이 있어야 했다.

세네카가 많은 글에서 언급했던 은퇴에 대한 우려는, 악하거나 부패한 정치 리더십 때문에 공무원이 은퇴를 선택하거나 강요당하는 우리 시대의 지침이 된다. 세네카는 『여가에 대하여On Leisure』에서, 자신의 견해를 제논의 정통 스토아주의와 대조한다. 에피쿠로스학파는 "현자는 위급한 경우를 제외하고는 공무에 관여하지 않는 법이다."라고 말한 반면, 제논은 "현자는 별다른 일이 없으면 공무에 종사하기 마련이다."라고 말했다. 세네카는 "국가가 지나치게 부패"하거나 "완전히 악에 지배됐을" 때처럼 특별한 경우에만 공무에서 면제될 수 있다고 부언했다. 세네카를 공직에서 사퇴하게 만든 네로가 이 경우에 해당한다. 네로는 세네카가 공직에서 물러난 지 얼마 안 가서 자살을 명했다.

세네카는 개인적 통제와 인내를 둘러싸고 있는 시스템의 제약에 대해 명확한 시각을 제시한다. 그는 같은 책에서, "문제는 일을 행하는 사람이 아니라, 일 자체에 있다."고 강조한다. 우리는 지역적으로나 세계적으로나 공동체 안에 살고 있다. 우리는 힘 닿는 데까지 지방 정부에서 일한다. 느낌에 동의하는 것만으로는 자유를 누리는 데 한계가 있다. 우리는 꽤 멀리까지 한계를 밀어붙일 수 있지만, 이 경우에도 역시 조언, 암묵적 편견, 지적 호기심과 반항심의 제약을 받는다. 우리는 치매나 신경정신과적 질환 없이도 정신적 통제에 한계를 느낄 수 있다. 그럼에도 불구하고, 스토아학파는 우리의 힘을 더 북돋아 줄 수 있는 유망한 수단을 지니고 있다. 우리가 내부든 외부든 경계를 확장하기 위해서는 스토아적 충고와 규율이 필요하다.

이제 느낌에 대한 동의를 출발점으로 삼아, 자기통제를 위한 다른 구체적인 스토아적 기술과 우리가 그것을 삶에서 가장 잘 구현할 수 있는 방법을 살펴보자.

신체 훈련과 정신 수양

　최근에 나는 수영을 너무 열심히 한 나머지 회전근개가 파열되어서 물리치료를 받게 되었다. 담당 치료자인 크리스는 아령을 가지고 어깨를 30도 외전시키는 지루한 작업을 하는 동안, 내게 직업을 물었다. 나는 "철학을 하고 있고, 스토아주의에 대한 책을 쓰고 있어요."라고 대답했다. 그러자 그가 반색을 했다. 그는 내 말에 관심 있는 것처럼 보였다. 크리스는 나뿐만 아니라 전문적인 운동선수들을 열심히 훈련시키는 다부지고 체격좋은 사내다. 그는 내게 스토아주의에 관심이 있다고 하며, 팀 페리스의 팟캐스트도 듣고 라이언 홀리데이Ryan Holiday의 책도 읽었다고 말했다. 그는 출퇴근 길에 마르쿠스 아우렐리우스의 『명상록』도 들어 보려고 했지만 확 끌리지는 않았다고 했다.
　"중간중간 끊기는 내용이 너무 많죠?"
　"맞아요."
　이 때문에 그는 다시 스토아주의에 대한 팟캐스트로 돌아갔다. 그는 정말 스토아 철학에 관심을 가졌다. 내가 그 이유를 묻자, 고된 훈련과 규율 때문이라는 대답이 돌아왔다. 그가 가르치고 지도하는 것이 바로 부상에 맞서 강인함을 만들거나 되찾는 것이기 때문이었다. 그가 보기에 강인함과 안정감을 경기장으로 가져오는 것은 완벽하게 말이 되는 것이었다. 그는 내가 '다 자란' 몸을 반복적으로 혹사해서 자연스럽게 어깨가 '마모'된 것이라고 말했다. 우리는 심리적으로 매일 '마모'된다. 몸 못지않게 마음도, 부상의 충격을 완화하고 트라우마를 치유할 수 있는 건강한 운동을 필요로 한다. 크리스와 나는 이심전심이었던 것이다.

에픽테토스는 전체적인 정신 수양을 설명하기 위해 신체 훈련을 예로 들어 설명한다.

"어떤 방식이든 욕망이나 혐오를 목표로 한다면, 운동 선수가 몸을 훈련하는 데 사용하는 방법을 정신 수양에도 유용하게 활용할 수 있을 것이다."

이어서 그는 팬덤을 만드는 것이 튼튼한 몸이나 심리적 강인함의 핵심은 아니라고 경고한다.

"단지 겉으로 드러나는 성과만 추구하는 사람은, 외부를 지향하고 무언가 다른 것을 쫓으며 관중들이 '정말 대단한 사람이야!'라고 소리 치는 것을 듣고 싶어 한다."

훈련은 남에게 칭찬받기 위해서가 아니라 스스로 수양하기 위해 하는 것이다. 훈련은 인격 형성에 도움이 되며, 포부를 이루기 위한 노력과 근면을 의미한다.

안 좋은 것을 사전 리허설하기

평온을 찾기 위한 스토아적 연습 중 널리 알려진 것 중 하나는 바로 미래의 악이나 안 좋은 것을 사전 리허설하는 것이다. 방심하지 않고 앞에 놓인 함정을 예측하며 허를 찔리지 않도록 말이다. 이 훈련은 고대 그리스에서 기원한 것이다. 키케로는 에우리피데스Euripides에 동의하며 그의 말을 인용한다.

이것은 내가 어떤 현명한 사람으로부터 배운 것이다. 오랫동안 나는 미래에 다가올 끔찍한 결과, 이를테면 매정하게 추방당하나, 중병에 시달리거나, 궁극적으로는 죽는 것에 대해 곰곰이 생각했다. 그리고 이를 사전에 자주 리허설함으로써, 행여나 그중 실제로 나타나는 것이 있더라도 무방비 상태로 갑작스러운 고통에 빠지지 않을 수 있었다.

세네카는 이어서, 에우리피데스가 소크라테스 이전 철학자인 아낙사고라스Anaxagoras를 본받아 자기 아들이 죽었을 때에도 "나는 내 아이가 죽을 줄 알았다."라고 말했다고 했다. 스토아학파는 이러한 가르침을 사전 명상 연습으로 활용한다. 주요 사건 사고와 비극에 충격받지 않기 위해, 미래의 잠재적 재앙을 반복적으로 리허설하는 훈련을 개발한 것이다.

나는 스토아 윤리학 강의에서 아낙사고라스의 이 말을 언급했을 때 거의 모든 학생들이 경악했던 것으로 기억한다. 그들은 하나같이 믿을 수 없다는 표정이었다. 그들은 아낙사고라스가 피도 눈물도 없다고 말했다. 학생들은 그런 내용을 담고 있는 스토아주의를 받아들여야 한다는 것을 믿을 수 없었다. 그들은 마치 내가 그들의 부모가 그들을 사랑하지 않거나, 언제든 그들을 버릴 수도 있다고 말하는 것처럼 받아들였다. 대개 나는 스토아적 메시지를 전달할 때 이런 반응을 많이 경험한다. 그래서 나는 스토아학파, 특히 에픽테토스는 충격과 공포 전략을 활용했다는 사실부터 얘기한다. 그의 방법은 확실히 성공적이었다. 나는 여전히 우리가 죽음으로부터 도망칠 수 없다는 이 메시지의 요점이 매우 인간적이라고 주장한다. 하지만 이러한 사실로부터 도망가는 것을 멈추려면 노력이 필요하다. 잠재적인 상실을 매일 리허설하고 기꺼이 생각해야 한다. 이를 통해 스토아학파는 우리가 갑작스러운 상실의 "생생함"을 어느 정도 완화할 수 있다고 주장한다. 여기서 중요한 것은 '생생함'이라는 말의 그리스어가 의미하는 것이다. 프로스파토스Prosphatos는 시간적으로 가까운 것이 아닌, 갓 도축된 고기에서 풍기는 '날것'의 느낌을 담은 표현이다. 우리가 상실에 따른 원초적이고 날것의 공격을 무력화해야 한다면, 미리 거기에 노출돼야 한다. 단지 "난 내 아들이 죽을 걸 항상 알고 있었다." 같은 말을 읊조리기만 한다고 되는 것은 아니다. '미리 경험해 보기' 위해서는 상상에 빠져들어야 할뿐만 아니라 어느 정도의 사랑과 유머도 필요하다.

내 어머니(베아트리체 셔먼)는 90세 중반에 요양원에 계셨는데, 나는 종종 우리가 죽음에 대해 어떻게 말하면 좋을지 생각했다. 비록 어머니는 건강하셨지만 난 어머니가 살 날이 얼마 안 남았음을 알았고, 어머니가 어떻게든 죽음에 대한 얘기를 안 하시려는 것도 잘 알고 있었다. 어머니는 워낙 말이 없으신 분이었다. 어머니가 읽은 책에 대해 물어볼 때(어머니는 1주일에 소설을 서너 권씩 읽으셨다) "괜찮았어."라는 말을 들었다면 정말 운이 좋은 것이었다. "괜찮았어."는 어머니의 표준 대답이었다. 어머니의 삶도 괜찮았다. 어머니는 불평가는 아니셨지만, 죽음을 부정하고 계셨다. 그래서 나는 언젠가는 죽음에 대한 농담을 해야겠다고 마음먹었다. 나는 어머니와 얘기를 나누면서 기회가 될 때마다 어머니가 계신 요양원과 그곳의 간병인 및 친구분들이 얼마나 마음에 드시는지 물어보고는 했다.

"엄마, 혹시 우리가 영원히 요양원 서비스를 받는 플랜에 가입한 건 아니죠? 그런 게 있으면 진짜 비쌀 거예요!"

그럼 어머니는 살며시 웃으셨다. 어머니는 매우 아름답게, 살짝 웃기만 하셨다. 물론 어머니는 한 번도 "난 항상 내가 죽을 거라는 걸 알고 있어."라고 말씀하시지 않았다. 하지만 거기에 대해서 생각은 하셨다. 어머니는 죽음에 대해 말씀하시지 못했다. 그건 어머니의 스타일이 아니었다. 하지만 나는 반복된 사전 리허설과 불멸에 대한 농담 덕분에, 나와 어머니가 더 편한 시간을 가질 수 있었다고 생각한다. 우리는 죽음을 함께했고, 죽음을 두려워하지 않는 것을 함께 나누었다.

어느날 나는 요양원의 '댄스 플로어'에서, 다른 '커플들'과 더불어 어머니와 함께 춤을 췄다. 어머니는 나와 함께 춤을 추시고 나서 불과 3일 뒤에 돌아가셨다. 어머니는 그 전 주에 기침을 많이 하셨고, 우리 둘 다 끝이 다 가오고 있음을 알았다. 항생제도 소용없었다. 간호사들은 어머니를 주의 깊게 관찰했다. 우리는 어머니 방에서 함께 마지막 날을 보내며 죽음을 마주했다. 영원한 요양 계획에 대한 우리의 엉뚱한 농담은, 어머니에게는 세상을 떠나고 나에게는 작별인사를 할 수 있는 기회를 마련해 주었다. 그것은 엄마가 늘 하시던 말씀대로 "괜찮았다."

앞서 얘기한 것처럼, 사전 리허설은 미리 둔감해지기 위한 사전 노출의 일종이다. 만약 그 일이 일어나지 않는다면 이득을 본 것이다. 죽음의 경우에는 오직 그 시점만 관건이 된다.

사전 리허설의 개념은 현대적이고 임상적인 의의가 있다. 어떤 이는 사건을 경험한 이후에 탈감작desensitization 작업을 하는 노출 기법에 더 익숙할지도 모른다. 임상가들은 한동안 이를 바탕으로 외상후 스트레스장애를 완화하는 근거기반 지속노출prolonged exposure 치료를 성공적으로 적용해 왔다. 지속노출 치료는 (스토아주의에 그 뿌리를 두고 있는) 인지행동치료의 한 형태로, 환자로 하여금 현재 안전함을 느끼는 곳에서 (실제 혹은 가상으로) 외상을 되새길 만한 상황이나 사건을 떠올리게 하는 것이다.

회피가 아닌 반복적인 접근을 통해, 두려움 반응은 강화되기보다는 오히려 탈조건화 된다. 이를 언제 터질지 모르는 폭발물의 지속적인 위협에 노출된 군인의 경우에 대입해 보자. 그 군인은 위협에 재빨리 대응해야 살아남을 수 있다. 하지만 두려움이 과잉반응하여 나타날 수 있다. 전쟁터에서 과다경계hypervigilence는 적응적 기능을 한다. 하지만 전쟁이 끝나고 집에 돌아와서도 계속 그 상태로 있다면, 천둥 소리는 총소리로 들리고, 인도에 볼록 튀어나온 곳은 폭탄이 새로 묻힌 장소가 되며, 잔디밭에 있는 검은 비닐봉지는 폭발물을 숨긴 것이 된다. 스트레스에 대해 얘기하고, 이를 가상 환경에서 바라보고, 믿을 수 있고 안전한 환경에서 그런 기억들을 다시 떠올리고 처리함으로써 회피 반응과 과다경계 반응 모두를 탈조건화할 수 있다. 그렇게 점차 시간이 지나면 잔디밭에 있는 '중립적인' 쓰레기 봉투나 근처 인도에 볼록 튀어나온 것은 그 부정적 의미를 잃게 된다.

더 최근의 연구들은 치료 전 노출을 시험하고 있다. '주의 편향'(혹은 스토아적으로 얘기하면 우리가 느낌에 동의하는 패턴)은 위협 자극과 중립 자극에 얼마나 초점을 기울이는지에 따라 균형이 맞춰진다. 이는 주의를 전환하는 법을 배움으로써, 위협적인 자극뿐만 아니라 중립적인 자극으로도 주의를 기울일 수 있는 영구적이고 인지적인 자원을 개발할 수 있게 하는 것이다. 연구 결과에서는 이런 식으로 위협 자극과 비위협 자극 사이에서 초점을 전환하는 것을 선제적으로 훈련시킴으로써, 외상후 스트레스장애에서 특징적으로 나타나는 불안한 과다경계를 줄일 수 있는 것으로 나타났다. 이와 관련된 연구로, 이스라엘 방위군에서 잠재적으로 트라우마 사건을 경험할 가능성이 높은 부대의 전투 병사를 '주의 편향 수정 훈련'에 참여시킨 적이 있었다. 이들은 '잠재적으로 트라우마가 될 수 있는 사건을 인지적으로 처리할 수 있는 능력을 증진'하기 위한 컴퓨터 프로그램 기반 훈련을 받았다. 이는 스트레스 단서에 대한 반응을 적응적이고 민첩하게 하는 원리를 응용한 것이다. 즉 전투시 갑작스레 겪을 수 있는 위협적인 상황에서의 반응성을 높이되, 그런 반응을 일회성으로 만듦으로써 안전한 환경에서는 나타나지 않도록 하는 것이다.

우리는 이것 역시 스토아적으로 해석할 수 있다. 즉 위협적인 느낌에 동의하지 않도록 사전에 훈련하고, 침착함과 안전함의 느낌에 동의하는 대안적 패턴을 제시하는 것이다. 물론 적절하고 적절하지 않은 것에 대한 스토아적 기준이, 우리 대부분이 적절하거나 적응적으로 되는 데 영향을 끼치지는 않을 것이다. 악마는 디테일에 있다. 우리가 '무관한 것'에 대한 교리를 어떻게 해석하고 무엇을 현명한 선택으로 여기는지가 중요하다. 하지만 우리가 속한 환경에서 우리가 중요시하는 것에 대해 예방적 노출과 훈련을 해야 한다는 스토아 사상은 대체로 선견지명이 있다.

스토아학파는 더 나아가 사전 리허설이 2차적 고통, 키케로의 표현에 따르면 우리의 허를 찌르는 고통의 복합적인 영향을 감소시키고, 일어날 수도 있는 일을 "예방할 수 있다."라고 말한다. 물론 '사후 확신 편향hindsight bias'은 이미 사건이 벌어진 뒤에 이를 예측하는 우리의 능력을 과대평가하는 마술적 사고일 수도 있다. "해야만 했다."거나 "할 수 있었다."는 실속 없이 책임만 회피하는 방법일 수도 있다. 이는 내가 이라크나 아프가니스탄에서 돌아온 군인들과 작업하며 배운 것처럼, 그들이 애도나 생존자 죄책감에 대처하는 방법이기도 하다. 우리는 이해할 수 없는 것을 이해하기 위해 도덕적 책임을 지는 경향이 있다. 많은 군인들이 단지 운이 좋았을 뿐이었던 것을 자신의 도덕적 책임으로 돌린다. 행동의 주체, 희생자, 방관자로서 실질적이거나 명백한 도덕적 위반을 범할 때 경험하는 도덕적 부상은, 극도로 심한 도덕적 고통을 초래할 수 있다. 양심은 잔뜩 긴장된 채 번뇌한다. 하지만 도덕적 양심이 항상 불안에 떨 필요는 없다. 대비를 위한 많은 방법들은 비합리적이거나 잔뜩 긴장된 것과는 거리가 멀다. 그것은 선한 사람이 자신과 다른 이들을 돌보기 위한 것이다. 이는 개인적·사회적 차원에서의 대비를 진지하게 고려하는 스토아학파의 개념과 일치한다.

그럼에도 불구하고, 스토아적 사전 리허설이 반은 채워져 있고 반은 비어 있는 유리잔에만 초점을 맞춘다면 불안을 유도하는 레시피처럼 보일 수도 있다. 미래의 고통을 줄이기 위해서는 현재의 고통을 늘리는 대가를 치러야 한다. 최악의 경우를 곰곰이 생각하고, 나쁜 소식에 어떻게 반응할지 상상하고, 고난과 상실을 경험해야 한다. 전쟁이 일어나기 전에 미리 전투 태세를 갖춰야 하는 것이다. 다시 말하지만, 미래를 생각하는 데는 좋은 방법과 나쁜 방법이 있다. 전략적 사고, 위험 분석, 장기 계획, 조직적이고 협력적인 노력은 모두 파괴적 두려움과 우울함이 겹겹이 쌓이는 것을 완화할 수 있는 방법이다. 그것들이 꼭 걱정을 사서 하는 것은 아니며, 오히려 현실적으로 문제에 대비할 수 있는 방법이 될 수 있다.

기업들은 자연재해나 의료 재난을 예상하며, 관계 당국이 이를 관리한다. 하지만 심각한 개인적 손실을 예측하는 것은 이와 다르다. 모든 사람은 심리·사회·정치·역사적 측면에서 각기 다른 회복탄력성을 지니고 있다.

에픽테토스는 우리가 판돈을 조금씩 늘림으로써 개인적 손실에 대비하는 훈련을 할 수 있다고 말한다. 사소한 불편부터 시작해서 점차 더 큰 문제에 대한 리허설로 확장해 가는 것이다.

"당신이 끌리거나 좋아하는 것은 무엇이든, 아무리 사소한 것이라도 그게 어떻게 느껴지는지 꼭 스스로에게 얘기하라."

그는 항아리의 예를 든다.

"만약 당신이 항아리를 좋아하면, '난 항아리가 좋아.'라고 말하라. 그러고 나면 당신은 항아리가 깨져도 속상하지 않을 것이다."

암묵적이든 명시적이든 말만 들어서는 그 뜻을 선뜻 이해하기 어렵다. 다음의 예를 통해 위의 말에서 생략된 부분을 채워 보자. 우리는 자신에게 사전 경고를 한다. 최근에 나는 남편에게 이렇게 말했다.

"나는 세로 무늬가 있는 이 청자색 리처드 배터햄 항아리가 정말 좋아. 누가 이걸 깨트리면 진짜 화날 것 같아."

내가 말하지는 않았지만, 이 말을 통해 우리는 둘 다 '조심해야겠군.'이라는 생각을 하게 된다. 그리고 이는 다시 반은 암묵적이고 반은 명시적으로, 만약 이 항아리가 깨진다고 해서 세상이 끝나는지에 대한 대화로 이어질지도 모른다.

"이건 쓰려고 만든 거야."

"지금 여기에 빵을 담아 놓고 있는 건 이걸 잘 활용하고 있는 거야."

"우리는 이걸 정말 조심히 다뤄야 해."

"그런데 사용하지도 못할 거면 왜 갖고 있지?"

"깨지면 깨지는 거지 뭐."

어쩌면 이런 것이 바로 에픽테토스가 우리에게 기대한 리허설인지도 모른다. 그의 공식은 모두 너무 간략하다. 하지만 우리는 그의 강의를 실시간으로 듣고 있지 않으며, 다른 추종자들과 함께 돌아다니고, 분석하고, 해석해야 한다. 우리는 약 2천 년이 지난 지금 그걸 하고 있다. 우리는 진정 중요한 것의 가치를 재정립하는 동시에, 상실에 대한 리허설도 되새기고자 노력하고 있다. 이는 만약 우리가 스토아주의자라면 어떻게 할지 테스트하는 것이다.

에픽테토스는 항아리에 이어서 실천 범위를 넓힌다.

"목욕탕에 가면 거기서 벌어질 일들을 상상하라. 목욕탕 안에 있는 사람이 물을 튀길 수도 있고, 당신을 밀칠 수도 있고, 말을 함부로 할 수도 있고, 어쩌면 당신의 물건을 훔칠 수도 있을 것이다."

당신이 예상할 수 있는 일을 스스로 되새겨라. 이 사례는 또다시 내 정곡을 찌른다. 나는 종종 겨울과 여름에 하루 일과가 끝난 뒤 Y에 가서 야외 수영을 하고, 겨울에는 수영 후 온탕이나 사우나에 들어가 온기를 보충한다. 그런데 수영 연습을 하러 온 10대들로 인해 라커룸이 떠들썩하고 붐빌 때가 종종 있다. '걔네들이 오늘 올까? 오늘이 연습 날일까? 내가 딱 그 시간에 왔나?' 그곳에서 10대들을 마주치는 것은 힘든 하루를 보낸 내가 바라는 일이 아니다. 하지만 만약 내가 지금 에픽테토스의 설교를 듣고 있다면, 그는 이렇게 말하고 있을 것이다.

"'만약 처음부터' 내가 스스로 '난 목욕을 하고 싶지만, 동시에 내 의지와 자연이 조화를 이루게 하고 싶어.'라고 말한다면, 즉 내가 실제 현실에서 일어나는 상황에 맞추고 있다면, '지금 일어나는 일에 대해 화날' 가능성은 줄어들 것이다."

이는 말이 된다. 나는 미리 내게 말했다. 나는 방어막을 갖췄다. 혹시라도 내가 처음에 원했던 것과 달리 10대 소녀들이 고성을 지르며 깔깔대고 떠들더라도, 나는 라커룸에 대한 기대치를 더 잘 조정할 수 있을 것이다.

에픽테토스는 사소한 것부터 시작해서 삶에서 가장 절실한 것으로 마무리한다. 이제 익숙한 이야기가 나온다.

"당신이 아기나 아내에게 뽀뽀할 때, 당신이 그저 한 사람에게 뽀뽀하고 있다고 스스로에게 말하라. 그럼 그들 중 한 명이 죽더라도 크게 상심하지 않을 것이다."

잠깐! 깨진 항아리에서 곧바로 사랑하는 사람의 상실로 이어지는 것은 (그 사이 어디쯤 탈의실로 제멋대로 몰려든 애들이 있겠지만) 너무 급격한 진행이다. 당신이 사전 리허설을 통해 죽음의 불가피함에 대한 관점을 얻을 수는 있지만, 이를 통해 슬픔을 피하려고 생각하는 것은 스토아적으로나 심리적으로나 아주 안 좋은 방식에 속한다.

이런 관점을 인간적으로 바라볼 수 있는 방법이 있을까? 스토아적인 정신적 대비는, 우리가 일이 전개될 방향에 대해 더 폭넓고 전지적 관점을 지님으로써, 우리가 어려운 시험을 마주하게 될 것임을 미리 알고 이를 향해 나아갈 수 있게 해 준다. 이는 우리가 매우 불쾌하게 여기는 미래에 대한 시나리오와 그에 대한 몇몇 조건적 반응(만약 이 일이 나야 했다면, 나는 … 했을 것이다)을 미리 생각하는 것이다. 에픽테토스는 이렇게 말한다.

"'신이 내게 선택권을 주었기 때문에, 나는 미래가 불확실한 상황에서는 항상 자연에 일치하는 것을 더 잘 얻기 위해 더 잘 적응하려고 한다.'라고 얘기한 크리시포스의 말이 맞다… 만약 내가 병에 걸릴 운명임을 알았다면, 나는 '병에 걸리려는 충동을 느꼈을 것이다.' 또한 만약 내 발이 마음을 지니고 있다면, '흙탕물에 담그고 싶은 충동이 들 것이다.'"

이것은 우리가 지금은 '덜 선호하는 무관한 것'이, 맥락에 따라서는 선호되고 선택될 수 있음을 보여준다.

"우리가 어떤 일이 일어날지 미리 알 수 없다면, 본성에 따른 선택을 유지하는 것이 낫다."

물론 우리가 자연의 섭리와 그것이 언제 밝혀질 지 온전히 모르는 상태에서 무엇이 '자연에 충실한' 것인지 알 수는 없다. 우리는 최선을 바라면서도, 최악의 상황에 적응하고 대비하는 훈련을 할 수 있다.

팬데믹이 그 대표적인 예다. 전문적인 역학·정책팀, 경제학자와 의학 연구자들의 자문에 따라 대비 과정을 밟고, 대중이 상상하기 힘든 것을 상상할 수 있게 가르친다. 그 뒤 개인적·감정적 희생에 대비한다. 불안, 두려움, 거대한 슬픔과 애도, 외로움, 혼란스러움, 앞이 깜깜한 재난을 헤쳐 나가는 자세를 익힌다. 그리고 위안과 지지의 원천을 파악한다. 우리가 심리적 고통을 안 느낄 수 있는 방법은 없다. 우리는 그런 것을 추구하지 않는다. 완전한 보호를 약속하는 어떤 방호복도 거짓이며 부질없는 것이다. 그래도 우리는 여전히 개인적·제도적 차원에서 고통을 최소화하고 다스릴 수 있는 스토아적 교훈을 배울 수 있다. 그 핵심은 바로 멀고 상상조차 하기 어려운 고난을 현실적이고 가깝게 여기게 하는 사전 리허설 앱이다. 어려운 상황에서 최선의 대응을 하는 모습을 상상해 보라. 우리가 나아갈 방향은 어디인가? 이러한 질문을 통해 앱의 계정을 인간화하고 우리 시대에 맞게 업데이트할 수 있다.

감정적 고통을 완화할 수 있는 다른 스토아적 기법을 살펴보자.

대비책과 여지

    스토아학파는 사전 리허설과 더불어, 우리가 원하는 대로 일이 풀리지 않을 가능성에 대비한 정신적 준비의 일환으로 우리의 계획과 의도의 틀을 설정하라고 가르친다. 그들이 조언하는 기법은 다음과 같다. 당신의 의도, 혹은 스토아학파의 표현에 따르면 "막아야 할 일이 하나도 일어나지 않기를 바라는" 것과 같은 '선호하는 무관한 것'을 파악하라. 이는 암묵적으로 마음에 여지를 남기는 것이다. 우리는 이 전략을 판돈을 보호하는 전략으로 생각할 수 있다. 일이 잘 안 풀릴 수도 있다. 당신이 바라는 것을 항상 불확실한 것으로 여겨라.

    여기서 소개하는 세네카의 정신 훈련 기법에 따라서, 스스로에게 이렇게 말해 보라.

    "나는 방해될 만한 것만 **없다면** 항해를 시작할 것이다."

    "나는 방해만 **안 받는다면** 집정관(로마 시대 통치자)이 될 것이다."

    "방해만 **안 받는다면** 내 사업은 성공할 것이다."

에픽테토스 또한 무관한 것에 대한 태도를 다스리는 효과적인 방법을 상기하면서 비슷한 생각을 전파한다. 우리는 현자가 아니기 때문에, "우리가 원하는 것은 우리에게 달려 있다"는 말은 지금 당신에게 맞지 않는다. 그러니, "편한 마음으로 그냥 약간의 충동과 혐오의 여지만 남겨 둬라." 에픽테토스의 요점은 스토아적 관용구에 압축적으로 담겨 있다. 그가 말하고자 하는 핵심은, 현자가 아닌 우리는 아직 유일하고 진정한 선인 덕을 향한 섬세하고 고결한 욕망을 안정적으로 지닐 수 없다는 것이다. 하지만 무관한 것을 향한 충동(혹은 혐오)은 조절할 수 있다. 우리는 이러한 충동을 "가볍게" 여김으로써, 집착과 긴장, 간절한 바람으로 인한 고통과 절박하게 피하고 싶은 마음으로 인한 불안을 피할 수 있다. 공중목욕탕에서 조심스레 목욕하는 사람은 그곳이 시끄러울 수도 있다는 생각의 여지를 남길 수 있다. 당신의 기대치를 조정하라. 당신이 찾는 것이 꼭 애초에 당신이 바라던 것이 아닐 수도 있다. 기원전 1세기 후반 스토아 학자인 아리우스 디디무스Arius Didymus는 고대 스토아학파와 비슷한 말을 남겼다.

"또한 그들은… 그의 욕망이나 충동에 반하는 어떤 말도 하지 않는다. 그는 매사에 여지를 남기기 때문에 예상치 못한 불행을 겪지 않는다."

하지만 이 조언이 정확히 말하고자 하는 것은 무엇인가? 우리는 실패를 방지하기 위해 항상 충동을 검증해야 하는가? 어떻게 보면, 충동은 마치 교통사고가 났을 때 차 안에서 펴지는 에어백처럼 쿠션이 되어 준다. 충동을 제대로 공식화할 수만 있다면, 시의적절하게 심리적 면역을 강화하여 우리 자신을 확실히 보호할 수 있다. 이러한 생각은 논리적으로는 아니더라도 심리적으로는 너무 좋아 보인다.

여지를 남기는 더 좋은 방법은 금융 거래 모델에서 찾아볼 수 있다. 우리 대부분은 금융 시장에서의 투자에 대한 슬로건을 잘 알고 있다. "지난 성과가 미래의 결과를 담보하지는 않는다." 이는 과거에 투자를 잘했다고 해서 앞으로도 잘할 수 있다고 자만하지 말라는 경고다. 시장의 온도는 변한다. 우리는 적응적이어야 한다. 과거에 잘하지 못했던 것이 오히려 미래의 기회가 될 수도 있다. 우리는 금융 시장의 결정권자가 아니기 때문에, 자산 수익률 목표를 맞추기 위해 기민하게 움직이며 수시로 균형을 재조정할 준비가 되어 있어야 한다.

이는 정신적인 여지를 남기라는 핵심 스토아 사상을 현실에서 유용하게 활용한 경우다. 물론 스토아학파는 자산관리사가 아니었다(오히려 그들은 견유학파의 전통에 따라 돈에 회의적이었다. 디오게네스에서 시작된 "동전을 망가뜨려라."라는 견유학파의 모토를 떠올려 보라). 금융 시장의 예에서 핵심은, 세상에 대한 정보와 그에 대한 우리의 최선의 분석은 항상 변화한다는 것이다. 우리는 충동을 변화시켜 세상에 대한 최신 정보에 반응해야 한다. 이제 세네카의 예로 돌아가 보자. 나는 보트를 타러 갈 것이다. 하지만 폭풍이 다가오는 것을 알면 계획(실행할 동기나 충동)을 변경할 것이다. 나는 로마 집정관 선거에 나설 계획을 세웠다. 하지만 당선 가능성이 거의 없다면 계획(과 이를 향한 충동)을 바꿀 것이다. 다 그런 식이다. 현자는 새로운 정보에 대한 반응이 빠르다. 매우 이상적인 조건에서 현자의 충동은 현재에 대한 객관적 인식과 일치한다. 현자는 (자신이 바라는) 미래의 상황에 동조하지 않는다. 그는 새로 업데이트된 신념에 따라 끊임없이 충동을 업데이트한다. 현자는 과거에 기대했던 것이나 과거의 모습에 얽매이지 않는다. 현자는 항상 인지적으로 민첩하며, 인지적 변화에 맞춰 늘 동기를 변화시킨다.

세네카는 이렇게 정신적 여지를 남기는 것의 근본 사상을 해설한다. 이는 앞서 언급한 이상화된 추론을 담고 있으면서도, 몇 가지 중요하게 추가된 내용이 있다.

"이것이 바로 우리가 현명한 사람에게는 그의 기대와 어긋나는 일이 하나도 안 일어난다고 말하는 이유다. 그는 사고가 아닌 인간적 실수로부터 해방된 자다… 우리는 우리가 세운 계획에 너무 집착하지 말고 유연해져야 한다…"

그는 마지막 요점을 강조한다.

"변할 수 없는 것과 참을 수 없는 것은… 평온의 적이다."

첫 번째로 주목할 부분은, 현자는 '사고'나 불행은 겪을지언정 인간적 실수는 저지르지 않는다는 것이다. 이는 현자가 자신의 외부에 있는 객관적 사실을 따르고 인식하기 때문이다. 이런 면에서 보면 "그의 기대와 반대되는" 상황이란 존재하지 않는다. 현자는 실망이나 실패를 막기 위해 모든 충동을 완화하지 않는다. 오히려 현자는 충동을 계속 변화시켜 현재의 상황에 맞게 유지한다. 오류를 범할 수밖에 없는 우리 인간은 항상 운 좋게 사고를 예상할 수 있는 지식을 지니고 있을 수 없다. 하지만 세네카는 현자를 평범한 인간적 수준으로 약간 끌어내렸다. 현자도 원대한 계획과 욕망으로 힘들어할 수 있다. 그래서 우리는 현자도 현실적 고통을 초래할 정도로 감정적으로 많이 몰입할 수 있음을 안다. 하지만 성공을 담보로 하지 않는다면(즉 정신적 여지를 남긴다면), 상심은 "훨씬 가볍고" 적응적인 기능을 발휘하게 될 것이다. 이는 실수하기 쉽고 종종 현명함에 비해 더 많은 열정을 쏟는 우리 모두를 위한 팁이다.

전체적으로 이는 우리 시대에 시사하는 바가 큰 교훈집이다. 정신적 여지를 남기는 것의 근본적 핵심이 인지적 민첩성을 지니고, 사실을 있는 그대로 직시하고, 변화하는 정보 환경에 뒤쳐지지 않기 위해 노력하는 것이라고 할 때, 스토아 사상은 좌절감을 어떻게 극복할지보다는 새롭고 신뢰할 수 있는 정보에 맞춰 동기를 어떻게 변화시킬지를 다룬다. 인지적 노력을 기울이다 보면 예상치 못하게 좌절감을 극복할 수 있는 소득을 얻기도 한다. 확실히 우리가 말한 것처럼 스토아학파는 이 모델을 이상화한다. 현자는 결코 오류를 범하지 않는 행복한 식자다. 그는 오해의 소지가 있는 강한 느낌에 동의하지도 않고, 건강이나 깨끗한 발에 지나치게 매달리지도 않는다. 그는 지금 여기의 자연에서 불가피하게 질병이 생기고 발이 진흙투성이가 되는 일이 벌어지는 것을 받아들인다. 그래서 그는 우리와 달리, 의도나 의지가 개입되지 않는 무의식적인 느낌에 대한 걱정도 할 필요가 없어 보인다. 사전 리허설 연습의 도움을 받아 변화하는 세상에 대응한다는 생각은, 불안한 시기에 평온함만 찾으려고 하는 것에 대한 경고성 교훈이다.

궁수처럼

스토아학파는 궁수의 예를 통해서 불확실성에 적응할 수 있도록 조언한다. 활쏘기의 '목적'은 과녁을 맞추는 것이고, 이를 달성하기 위한 '목표'는 '온 힘을 다해 똑바로 쏘는' 것이다. 따라서 결과로서의 목적(선호하는 결과)과 과정으로서의 목표(노력하는 과정)라는 두 개의 가치가 존재한다. 선하고 도덕적으로 품위 있게 사는 삶을 보자. 삶에서 전체적인 탁월함이나 덕을 달성하는 중에도 특정한 행동과 관련한 '표적을 잃어버리는' 경우가 있다. 달리 말하면, 덕은 우리가 좋은 삶을 살기 위해 최대한 노력하는 과정과도 같다. 불의의 사고가 우리의 목표와 선호하는 결과를 얻지 못하게 할 수는 있어도, 덕이나 선의 전체 목적은 건드릴 수 없다. 무관한 것(혹은 선호하는 것)과 덕(혹은 선)이라는 두 개의 가치는 서로 별개다.

많은 이들은 이것이 스토아주의의 가혹한 면이라고 말한다. 우리는 우리의 선한 행동(의료인으로서 생명을 구하기, 화마 앞에서 무고한 생명을 지키기, 놀이터 사고에서 어린이 구하기)의 목표를 좌절시키는 사고나 불운 때문에 고통스러워하면 안 되는가? 비록 비극적 결과가 우리의 최선의 판단과 노력에 방해되지 않는다 하더라도, 이것은 스트레스가 될 뿐더러 많이 심한 경우에는 우리가 최선을 다했다는 자신감을 잃을 수도 있지 않을까? 그런 고통이 우리가 주변 세상에 관심을 가지고 관여하고 있다는 좋은 신호일 수는 없을까?

스토아적 직관을 시험하기 위해 다음의 사례를 생각해 보자. 나는 2019년 가을에 암스테르담의 정신트라우마센터Psychotrauma Center에서 임상가, 소방관, 경찰, 군인, 긴급구조대원, 인도주의적 구호 요원 등에서 나타나는 도덕적 부상에 대해 기조 연설을 했다.

이날 소방관 아르트 판 오스텐은 자신이 어느 크리스마스이브에 겪어야 했던 끔찍한 선택을 얘기했다. 그날 그는 가족과 함께 성탄 기념 식사를 하던 중에, 매우 돈독한 관계에 있는 인근의 작은 마을인 아르뮈덴에서 구조 작전을 지휘하라는 연락을 받았다. 현장에 가 보니 중국 음식점 위에 있는 아파트가 불타고 있었고, 그 안에 식당 주인의 자녀 4명이 갇혀 있었다. 부모는 건물 밖에 서서 충격에 휩싸인 채 위층 창문으로 불길이 치솟는 것을 지켜만 보고 있었다. 이미 현장에 출동한 3명의 소방관이 아이들을 구조하려고 시도했지만, 불길이 너무 세서 노력은 수포로 돌아갔다. 상황은 더 악화되기만 했다. 아르트는 상황을 파악하면서, 아이들을 어떻게 구하느냐가 아니라 과연 아이들을 구조해야 하는지에 대한 질문을 해야 한다는 것을 알았다. 소방관으로서 30년 경력을 지닌 그가 내린 판단은, 구조 임무는 실행 불가능하다는 것이었다. 소방관들이 투입된다면 아이들을 구조하지도 못하고 오히려 그들의 목숨만 위험해질 판이었다. 그는 무거운 마음으로 동료들에게, 그리고 아이들의 부모와 함께 있던 경찰에게 이 소식을 전하러 갔다.

그날 저녁 아르트가 집으로 돌아왔을 때, 아내는 이미 방송을 통해 임무가 취소된 것을 알고 있었다. 그들은 과거 언론에서 소방관들이 생명을 구하지 못했다며 심하게 비판했던 치명적인 화재 사건을 겪었던 적이 있었다. 아내는 그의 안전과 경력을 걱정했다. 그는 아내와 아이들에게, 화재가 난 집 아이들의 죽음은 자신이나 다른 누구의 잘못도 아니라고 안심시켰다. 소방관들은 그날 저녁 최선을 다했다.

그 후 며칠 동안 그는 자신과 팀원을 돌보며 정신적 충격으로 힘들어했다. 그는 당일 현장에 있었던 소방관들이 아닌, 조사를 담당하는 경찰이 시신을 수습하게 했다.

며칠 뒤 경찰은, 아이들이 소방관들이 도착하기 전에 이미 화염으로 질식해 숨졌다고 판단한 사후 보고서를 발표했다. 이는 약간의 위안을 가져다주었지만, 아르트는 아직도 그날의 화재를 잊지 못한다. 왜냐하면 그의 말대로 그는 의식적이고 의도적으로 생명을 구하는 것을 포기했기 때문이다. 그는 소방서에서 오랫동안 근무했지만 이 정도 규모의 비상 사태는 처음이었다. 그는 긴급구조대원들도 이런 유형의 비상사태에 대해 "정신적으로 완전히 대비하는 것은 거의 불가능"하며, "모든 이들이 각자의 상황에서 이번 화재 사건과 유사한 일들을 경험"하고 "심리적 도움을 구하는 데 있어서 어떤 수치심이나 낙인도 없어야 한다."라고 말했다.

나는 아르트가 그날 밤에 대해 얘기하는 것을 들으며 눈물을 흘렸다. 나는 이 소방관이 지닌 도덕적·직업적 리더십, 비상 상황에서 침착하고 신중하게 판단하는 능력, 심리적 감각, 자기 사람들에 대한 보호, 네 아이를 둔 가족에 대한 걱정, 자신의 가족에 대한 걱정, 작은 마을에서 자신이 어떻게 판단당할지에 대한 명확한 인식, 업무에서 사고, 운, 평판을 잘 분리하는 능력에 감탄했다.

이것이 바로 이 사례에서 얻을 수 있는 스토아적 교훈이다. 아르트는 매우 숙련되고 모범적인 전문 소방관이다. 그는 통찰력과 전문적 지성으로 팀을 이끈다. 그가 소방관으로서 선택하고 행하는 모든 행동이 원하는 결과로 이어지지는 않을 것이다. 이는 소방관이 매우 위험한 직업이며, 이 일에서 현명한 선택은 치명적 화재와 그 결과를 마주하며 내려야 함을 의미한다. 아무리 대비 훈련을 잘 했어도 재난에 완전히 단련될 수는 없다. 이것은 스토아적 교훈의 변주다. 구조 작업을 중지하라는 아르트의 판단은 시신들에 대한 사후 보고서를 통해 정당화됐고, 그것만으로도 어느 정도는 위안이 됐다.

하지만 더 소화하기 힘든 스토아적 관점은, 소방관들이 도착한 이후에 아이들이 죽은 것과 상관없이, 아이들의 목숨뿐만 아니라 그들 자신의 목숨을 앗아갈 수도 있는 임무로부터 소방관을 보호하는 현명한 마음의 선택을 내린 데 대해 마음의 평화를 가져야 한다는 것이다. 스토아학파는 덕을 훌륭한 의사가 되는 데 필요한 기술과 같다고 본다. 훌륭한 의사가 절대적으로 치유를 보장하는 사람은 아니다. 의지와 지능, 최고의 의학적 전문 지식과 장비는 단지 많은 것을 통제할 수 있을 뿐이다. 의료 종사자는 최선을 다하는 것에서 위안을 얻으며 살아간다. 훌륭한 소방관도 마찬가지다. 스토아학파와 선한 사람들 역시 그렇다. 선한 전문가가 늘 선한 사람인 것은 아니지만, 대개는 그렇다. 그리고 보편적으로 최선을 다하고자 하는 열망을 갖고 있다.

최일선에 있는 의료 종사자는 이 바탕 위에서 일한다. 보스턴 브리검 여성병원의 중환자 전문의 다니엘라 라마스도 마찬가지다. 그녀는 코로나19가 맹위를 떨치고 있던 2020년 3월 말에 환자의 남편과 통화를 했다.

나는 무슨 말을 해야 할지 몰랐어요.
우리는 중환자실에서 면회가 금지된 새로운 현실에 따라 가족에게 환자의 최근 상태를 알려주는 전화 통화를 하고 있었는데, 그가 잠시 말을 멈춘 뒤 질문을 했어요…

그의 아내는 며칠 전부터 인공호흡기를 달고 있었는데, 그는 이 장치가 부족할 수도 있음을 알았죠. 그는 의료진이 아내의 인공호흡기를 제거할 것인지에 대해 확실하게 알고 싶어 했어요.

우리는 모르겠다고 했지만 그는 계속 물었죠. 네, 그녀의 암은 많이 진행된 상태였어요. 하지만 그녀는 폐렴이 발생하기 전까지만 해도 병실에서 전화로 회의를 하고는 했어요. 그녀는 아주 똑똑하고 유쾌한 사람이었어요. 그는 내게 그들 부부에게는 계획이 있다고 말했어요. 가 보고 싶은 곳들이 있다고요.

그제서야 나는 환자의 남편이 무슨 말을 하고 있었는지 깨달았어요. 그는 내게 자기 아내가 구원받을 가치가 있음을 증명하려 했어요.

… 나는 전화를 끊고 환자를 확인하기 위해 웅성거리는 병동으로 갔어요… 그녀는 폐렴으로 인한 패혈증에 항암화학요법까지 더해지면서 더 이상 버티기 힘들 정도로 면역력이 떨어졌어요. 인공호흡기가 시간을 벌어주고는 있었지만, 그리 오래 버티지는 못할 것 같았어요.

그녀가 죽더라도, 나는 그녀의 남편에게 우리가 할 수 있는 것을 전부 했다고 말할 수 있어요. 나 스스로에게도 그렇게 말할 수 있고요.

이것은 현대 스토아주의자의 현명한 조언이다. 우리가 최선을 다할 때, 가장 우수한 탁월함과 그와 비슷한 수준의 헌신과 선함에서 비롯되는 마음의 평화가 찾아온다. 탁월하다고 해서 실패나 고통을 안 겪는 것은 아니다. 도덕적 고통으로부터 벗어나는 것을 보장해 주지도 않는다. 하지만 그것은 심리적 생명을 연장하는 심오한 근원이 될 수 있다.

앤서니 파우치 박사는 인터뷰 당시 79세였는데, 코로나19 팬데믹이 끝난 뒤 자신이 어떻게 기억되고 싶은지에 대한 질문에 이렇게 답했다.

"저는 단지 제가 맡은 일에 대해서, 제가 할 수 있는 최선을 다한 것으로 기억되기 바랄 뿐입니다."

훌륭한 의사는 스토아학파가 '삶의 예술'이라고 부르는 것의 모델이다. 그것은 명예롭게 살아가는 우리 대부분이 하고자 하는 것, 즉 주어진 역량으로 최선을 다함으로써 잘 사는 것이다.

작자 미상, <퀴리날레의 권투 선수>, 기원전 100-50년경. 동상, 마시모 궁전 국립 박물관 소장.

네 번째 수업

감정 다스리기

"환호성, 박수, 격렬한 호응…
그리고 환희의 눈물"

랜덤하우스 출판사의 앤디 워드는 매우 수요일 오후 우편함에 『뉴욕타임즈』 베스트셀러 목록이 도착할 때 사무실에서 일어나는 감정 반응을 이렇게 묘사한다. 긴장된 순간이다.

"봉투를 열면 일순간 조용해져요. 그 뒤 사무실이 떠나갈 듯이 환호성, 박수, 격렬한 호응이 울려 퍼지는 것을 듣게 되죠."

그는 이어서 말한다.

"환상적이죠. 하지만 책을 만들고 실제 세상에 나오게 한 저자에게 전화해서 그 사람의 책이 『뉴욕타임즈』 베스트셀러에 올랐다고 알려주는 것만큼 환상적이지는 않아요. 그 순간은 결코 잊혀지지 않고 아무리 떠올려도 질리지 않죠. 어떤 사람은 아무 말도 못하고, 어떤 사람은 울고, 어떤 사람은 '세상에 맙소사!'라고 외쳐요. 이 모든 반응은 전부 자연스러운 것들이에요."

하지만 그런 감정들이 스토아적으로도 적절할까? 워드와 베스트셀러 작가들의 짜릿함은 성공, 외부의 인정, 노력에 달려 있으며, 눈에 보이는 긍정적 결과로 결실을 맺었다. 이렇게 외부 요인에 의한 환희도 스토아적 기쁨에 해당할까? 어떤 작가가 수년 간의 노력을 기울인 책을 실패작으로 여기고, 사람들이 내용을 오해하며, 출판사에서 제대로 홍보도 안 했다고 생각하며 우울해한다면 어떨까? 이때 짜증나고 슬프고 화나는 것은 스토아적으로 적절한가? 만약 그렇지 않다면, 무릇 스토아주의자라면 이 모든 것에 상관없이 평정심을 가지고 계속 나아가야 할까? 그럼 사랑하는 사람이나 생계를 잃은 슬픔은 어떨까? 팬데믹의 한복판에서 모든 감정의 무게를 견뎌야 하는 일선의 병원 의료인들은 어떨까? 그들은 대규모 인명 손실을 목격하며 애도를 느끼고, 집에 돌아와 가족들을 감염시킬 수 있다는 두려움을 짊어지고 있다. 많은 이들이 병에 걸리면 월급을 받지 못할까 봐 두려워한다. 이런 감정들은 스토아주의자에게 적합한 것인가?

만약 스토아주의자에게 욕망, 두려움, 쾌락, 고통 같은 기본적인 감정 및 그에 속한 모든 감정들이 금지된다면, 사람의 얼굴에는 어떤 감정 반응이 남아 있을까? 다음 질문으로 시작해 보자.

"스토아주의자도 감정에 치우치는가?"

내 대답은 "그렇다."이다. 하지만 우리가 그들의 대답을 이해하기 위해서는 배경지식이 필요하다.

감정의 층

스토아학파는 사람의 감정 경험에는 뚜렷하게 구분되는 세 층이 있다고 주장한다. 가장 먼저, 기본적 혹은 필수적 감정이 있다. 여기에는 미래의 선과 악에 대한 욕망과 두려움, 과거나 현재의 선과 악에 대한 기쁨(쾌락)과 고통이 포함된다. 이러한 감정 및 그에 속한 다양한 느낌들은 우리 삶에서 감정 경험의 방대한 비중을 차지한다. 스토아학파는 아리스토텔레스보다도 훨씬 더 강력하게 1차 감정이 인지적이라는 관점을 고수한다. 1차 감정은 동기부여가 되는 믿음이나 생각이다. 내 경우를 예로 들어 보면, 나는 내가 쓴 책이 호평받기 바라는 욕망을 지니고 있다. 내가 회색곰을 위험하게 여기고 피하는 것은 두려움이다. 와인의 향을 음미할 가치가 있다고 여기는 것은 즐거움이다. 어머니의 죽음은 고통을 초래하는 심각한 상실이다. 더 미세하게 들여다보면, 믿음은 당신이 동의하는 느낌이다. 즉, 사물이 보이는 모습을 받아들이는 방법인 것이다. 동의는 암묵적으로 자발적인 것이며, 스토아학파는 감정이 자발적인 정신적 행위라고 주장한다. 감정은 우리 하기 나름이다. 세네카는 화에 대한 자신의 견해를 간략히 표명한다. 다음의 텍스트는 그 요점으로, 감정은 우리가 수동적으로 경험하는 것이 아니라, 능동적으로 행하는 것임을 분명히 한다.

화는 잘못된 느낌을 받아들임으로써 시작된다. 하지만 단지 화가 느낌에 의해서만 나타나고, 이 과정에 마음의 개입은 전혀 없을까? 그게 아니면, 화를 내기 위해서는 마음에서 어떤 동의라도 해야 하는 걸까? 우리는 화가 저절로 나는 것이 아니며, 오직 마음에서 그에 동의할 때만 나타난다고 본다. 부당한 일을 당했다는 느낌과 이를 응징하고자 하는 갈망을 받아들이기 위해, 남에게 피해를 끼치면 안 되며 그럴 경우 처벌받아야 한다는 두 가지 명제를 더하는 것은 그저 무의식적 충동의 결과가 아니다. 이는 간단한 과정처럼 보여도, 깨달음, 분개, 비난, 응징 같은 여러 구성 요소가 복합적으로 이루어져 있다. 어떤 일이 있었든, 마음의 동의 없이는 이러한 과정이 일어날 수 없다.

화는 우리에게 일어나는 사건이 아니다. 우리가 화를 선택하는 것이다. 이 복잡한 과정에는 고통과 욕망, 즉 부당한 일을 겪은 상처와 이를 응징하고자 하는 욕망이 혼합되어 있다. 고통이든 욕망이든 맹목적으로 드는 충동이 아니다. 이것들은 모두 불공평하고 부당하게 대우받은 것("이런 피해를 입지 말아야 했어.")과 적절한 반응으로 여겨지는 것("상대방은 벌을 받아야 해"), 이렇게 두 가지 암묵적 판단에 따라 선택된 동기다. 그래서 일찍이 키케로가 고통에 대한 크리시포스의 관점을 빌려 설명한 것처럼, 감정은 첫 번째로 나쁜 일이 일어나고 두 번째로 그에 대해 적절하거나 알맞은 행동 반응을 요하는 2단계로 이루어진다.

이것은 감정을 자세히 설명한 것인데, 그에 대한 스토아적 대증 처방은 더 간단하다. 화처럼 기본적이거나 평범한 감정은 기본적으로 비이성적이다. 이러한 감정은 진정 좋고 나쁨에 대한 **비정상적** 인식이자 **잘못된** 평가다. 대상과 관계된 모욕과 무례함, 위험과 위협, 사랑과 애도는 진정으로 좋거나 나쁜 것이 아니다. 우리 대부분은 자신의 본성에 따라, 무관한 것을 선호하거나 선호하지 않을 수 있다. 하지만 그저 선호하거나 '선택'한다고 해서 감정을 많이 느끼지는 않는다. 이는 심리적 동요와 과잉을 초래할 수도 있고 통제를 벗어날 수도 있는, 원하고 소유하며 두려워하고 애도하는 완고하면서도 평범한 감정적 태도다.

크리시포스는 한 번 뛰기 시작하면 쉽게 멈출 수 없는 달리기 선수의 비유를 들어 "충동의 과잉"을 멋지게 묘사한다. 세네카는 화가 나는 것은 벼랑 끝에 서 있는 것과 같다는 은유를 각색한다. 일단 떨어지기 시작하면 되돌릴 수 없다. 이는 마치 몸이 '자유낙하'하는 것과 같다. 떨어지는 데는 이유가 없다. 그럼에도 불구하고, 과도한 통제나 혹은 그 반대로 통제력의 상실 없이 감정을 경험할 수 있는 방법이 있다. 감정이 진정으로 좋거나 나쁜 것, 즉 덕과 악덕에 초점을 맞출 때 이런 일이 벌어진다. 스토아적 도덕적 이상인 현자는 이러한 '좋은' 감정을 육성한다.

이는 우리를 감정 경험의 두 번째 층으로 인도한다. 좋은 감정은 평범한 감정의 '건강한' 버전이다 그것은 덕을 추구하고 악덕을 피하는 데 초점이 맞춰진 감정이다. 스토아학파는 이러한 감정은 세상을 정확하게 평가한다고 가르친다. 이 감정은 **진정으로** 좋은 것과 나쁜 것을 포착한다. 그런 면에서 이는 도덕적 감정이기도 하다. 오직 현자만이 완벽하게 이러한 감정을 함양할 수 있다. 우리가 하는 일은 열망하는 것이다. 열망을 가지고 노력할 때 실질적 성과를 못 얻는 경우도 있지만, 스토아학파는 잘 단련된 도덕적 훈련을 통해 마음을 변화시킬 수 있다는 생각을 확고히 지니고 있다. 중요한 것은, 비록 불완전하더라도 좋은 감정을 함양하기 위해 열심히 노력하는 것이다.

좋은 감정을 함양했을 때의 모습은 다음과 같다. 현자는 외적인 것을 추구하는 끊임없는 욕망 대신, 덕과 덕행을 지향하는 '이성적 욕망'을 경험할 것이다. 물론 스토아적 도덕적 모범도 질병보다는 건강을, 외로움보다는 사랑을 선호할 것이다. 하지만 현자는 현명하고 신중하다. 그는 선호하는 것을 선택하더라도, 그것이 무관한 것이고 자신이 원하는 것을 얻지 못할 수도 있음을 알고 있다. 또한 현자는 외재적 선 대신 "이성적 기쁨"을, 세네카가 자세히 얘기한 것처럼 자신이나 덕이 있는 친구의 선한 성품, 행동, 덕을 통해 "희열"과 "마음의 행복"을 경험한다. 그래서 현자는 선하거나 정의로운 것을 위해 희생하는 데서 희열을 경험한다. 짐작하건대 현자역시 맛난 음식과 좋은 친구를 좋아할 것이다. 하지만 진정으로 좋고 덕이 있는 사람이 그렇듯이, 현자는 조금도 무절제한 기색 없이, 짜증이나 시기심 없는 깊고 너그러운 마음으로 그것들을 좋아할 것이다. 현자는 친구의 죽음이나 상실에 대한 두려움 대신, 악과 도덕적 타협을 경계하는 일종의 "이성적 경고"를 함양할 것이다. 현자는 지나치게 야심에 집착하거나 이기적인 이익만을 위해 다른 사람을 위험에 빠뜨리는 사람과 교류하지 않는다. 앞서 말한 대로 친구의 죽음이나 상실은 현자가 '선호하지 않을' 만한 것이지만, 여기에는 불안한 두려움이나 고통이 담겨 있지 않다.

세네카의 다른 말 또한 전반적으로 비슷하다.

"현명한 사람은 친근하고, 눈치 있고, 힘을 북돋으며, 그와 교제하면 선한 의지와 우정을 쌓을 수 있다. 그들은 오직 의인만이 아끼고, 환영하고, 친구가 될 수 있다고 말한다."

간단히 말해, 이것이 바로 최고의 우정과 도덕적·정치적 동료애를 이루는 상호 호혜적 태도다.

오늘날에는 스토아주의를 감정이 없는 철학으로 보는 대중적 시선도 존재한다. 하지만 고대 스토아학파는 이성적 패기와 욕망, 그리고 한편으로는 조심스러운 경계심을 가지는 사람이야말로 가장 훌륭한 자라고 주장했다. 우리는 친구를 소중히 여기고, 이들을 따듯하게 반기는 태도를 장려한다. 이것이 바로 정의로운 것이다. 막말로, 현자도 감정에 치우칠 때가 있다.

그럼에도 불구하고 우리는 왜 고통에 대한 이성적 감정의 집합체 안에 유사성이 없는지 궁금할 수 있다. 왜 짜증, 좌절, 수치심, 애도, 슬픔에는 좋거나 이성적인 형태가 없는 것일까?

이에 대한 정통 스토아적 대답은, 자기 자신이나 가까운 친구들의 악행만이 진정한 감정적 동요를 유발할 수 있다는 것이다. 당신 자신과 당신의 친구들이 완벽하게 정의롭다면, 그런 일은 벌어지지 않을 것이다. 하지만 우리 대부분은 그렇지 않다. 백 번 양보해서 그렇다 치자. 만약 선한 사람이 비슷한 성품의 친구들의 덕을 통해 기쁨을 찾을 수 있다면, 그런 친구들을 죽음이나 병으로 잃었을 때는 고통받지 않겠는가? 그로 인해 예의 강건한 정신적·신체적 능력을 잃지는 않을까? 만약 우리가 아무 위험도 없는 이성적 기쁨을 느낀다면, 그 진정한 가치는 무엇일까? 이러한 질문은 우리가 불안할 때 평정심을 유지할 수 있는 한 가지 방법일 뿐, 우리가 불안의 대상을 알지 못하거나 그것을 가짜 취급하는 것이 아니다. 우리는 이러한 질문에 대해 스토아주의자가 지니고 있는 답을 통해, 감정 경험의 맨 마지막 층인 사전 감정 경험으로 들어간다.

스토아학파는 우리가 역치 이하의 감정적 각성을 경험한다고 주장한다. 세네카에 따르면 이러한 감정 반응은 "몸이 찬 물에 닿을 때 떠는" 것이나 "손에 끈적한 것이 닿을 때" 흠칫 물러나는 것처럼, 몸의 자율신경계에 따라 환경에 반응하는 것에 가깝다. 평범한 감정 경험을 하기 위해서는 그것에 이끌릴지 말지 동의가 필요한 반면, 사전 감정 경험은 정신적 동의 없이

도 진행된다. 우리가 경험하는 흠칫함과 놀람, 떨림과 흔들림, 홍조와 땀은 우리의 의지 밖의 일이다. 그것들은 우리의 마음에서 승인하지 않아도 나타난다. "그것들은 허락 없이 왔다가 허락 없이 떠난다." 그럼에도 불구하고 우리는 그것들에 자극받고, 이를 일찌감치 통제하지 못하면 종종 감정의 롤러코스터를 타게 된다. 가장 현명한 사람조차도 속수무책으로 이런 사전 감정을 경험할 수 있다. 현자에서 사전 감정은 찰나의 순간에만 존재한다. 그것은 마음이 아닌 몸이 내는 소리다. 세네카는 이렇게 말한다.

"창백함, 흐르는 눈물, 성적 흥분, 깊은 한숨, 갑작스러운 눈 깜빡임 같은 것을 감정의 표현으로 생각하는 사람이 있다면… 그는 틀렸다."

위의 행동들은 자기도 모르게 행하는 것이지만, 생존에 필수적이다.

"그렇기 때문에 가장 용감한 사람도 갑옷을 입으며 창백해질 때가 있고, 가장 용맹한 병사의 무릎도 전투 신호가 울릴 때 후들거리며, 위대한 장군의 심장은 양측 진영이 격돌하기 전에 두근거리고, 가장 유창한 웅변가는 연설을 시작하면서 손가락을 떤다."

이러한 반응은, 적이 접근하고, 온 힘을 모으고, 군대를 곧바로 움직여야 할 시점을 빠르게 전달한다는 점에서는 적응적이다. 이는 또한 경험 많은 웅변가가 무대에서 두려움이 느껴지더라도 최고의 연설을 할 수 있도록 아드레날린을 분비한다.

하지만 필론이 얘기한 것처럼, 어떤 경우에는 사라가 100세 때 아이를 낳을 것이라는 말을 들었을 때 어이없게 웃었던 것처럼 우리를 배신할 때도 있다. 그것은 긴장된 웃음이었고, 그녀가 더 통제되고 평온한 기쁨을 느끼기 위해 "마음의 준비를" 하기도 전에 갑자기 새어 나간 감정의 산물이었다. 그럼에도 불구하고 여전히 그런 긴장감은 '신이 나를 돌봐 주신다 하더라도, 내가 안전하게 출산할 수 있을까?'라는 두려움의 중요한 신호일 수 있다. 세네카와 필론은 이러한 사전 감정이 신호로서 적응적 기능을 하며, 심지어 용기와 덕의 숭고한 모델에서도 중요한 일을 한다고 얘기한다.

"모든 역경을 이겨 내는 현명한 사람도 사전 감정을 느낀다."

이는 현자가 여전히 감정적 자극을 통해 중요한 정보(적의 진격, 극적인 출산, 선원들을 위험에 빠뜨릴 수 있는 폭풍우가 코 앞에 닥침)를 추적해야 하기 때문이다. 어떤 스토아 주석가는, 선장이 갑작스레 닥친 태풍에 하얗게 질린다고 해서 그의 덕을 비난할 필요가 없다고 말한다. 몸 안에서 전달되는 신호가 선원들의 목숨을 살릴 수 있다. 평정심을 되찾는 방법이 있더라도, 이는 그 다음 단계에서 할 일이다.

감정을 즉각적인 신체 반응, 평범한 감정 반응, 이상적인 도덕 감정 순으로 계층화하는 이러한 설명은, 스토아학파가 감정과 그에 대한 반응에 얼마나 많은 관심을 가졌는지 보여 준다. 그들은 다양한 측면에서 감정에 대한 통찰력을 지니고 있었다. 선도적 신경생물학자들은 감정 자극을 각기 다르게 처리하는 "낮은 길low-road"과 "높은 길high-road"을 구분한다(역주: 낮은 길은 원시적 뇌에서부터 존재해 온 시상과 편도에서 곧바로 자극을 처리하는 경로이며, 정확하지는 않더라도 생존을 위한 빠른 대처를 담당한다. 높은 길은 대뇌 피질 부위에서 자극을 처리하며, 다소 시간이 걸리더라도 정확한 판단과 반응을 담당한다). 현대 철학과 심리학에서는 감정을 신념이나 판단의 일종으로 여기는 인지이론이 대세를 이루고 있다. 우리가 감정을 치유하기 위한 스토아적 처방을 받아들이기에는 아직 이를지 몰라도, 감정이 작용하는 방식에 대한 그들의 설명은 매우 통찰력 있고 정교하다.

화

내 아버지는 성격이 급하셨다. 이따금씩 갑자기 폭발하신 뒤 서서히 가라앉으시곤 했다. 내가 10살 때쯤 아버지가 어머니와 말다툼하신 적이 있는데, 내용은 전혀 기억나지 않는다. 하지만 아버지가 부엌 벽에 붙어 있던 전화기의 수화기를 집어던지신 모습은 바로 어제 있었던 일처럼 생생히 뇌리에 남아 있다. 어찌나 세게 던지셨던지, 수화기 연결선이 뽑힐 정도였다(당시에는 무선전화기가 없던 시절이었다). 다행히 아무도 다치지 않았는데, 아버지는 재킷을 집어 들고 문을 박차고 나가신 뒤 세게 닫으셨다. 그 소리 때문에 나는(그리고 아마 동네 사람 모두가) 아버지가 집 밖으로 나가셨다는 것을 알았다. 우리는 몇 시간 동안 아버지를 못 봤다. 아버지가 집에 들어오셨을 때는 (나는 밤 늦게까지 아버지를 기다리느라 깨어 있었다) 화가 가라앉으신 상태였다. 하지만 나와 어머니는 그 다음주까지 내내 살얼음판을 걷는 기분이었고, 아버지에게 분노의 불길이 올라오는 징후가 있는지 주의 깊게 살펴봐야 했다.

화는 추악하다. 세네카는 『화에 대하여On Anger』의 첫 부분에서 수사적 기술을 아낌없이 보여준다.

> 눈은 이글거리고 번뜩이며, 피가 솟구쳐 끓어오르며, 온 얼굴이 발개지고, 입술은 파르르 떨리고, 이를 악물고, 머리카락이 곤두서고, 숨을 씩씩대고, 팔다리가 뻣뻣해지고, 신음과 고함소리를 내고, 말을 간간히 겨우 내뱉고, 손뼉을 지나치게 자주 치고, 발로 바닥을 쿵쾅거리며, 온몸을 격렬히 움직이고… 지나친 모멸감에 끔찍할 정도로 소름끼치는 얼굴을 하고 있다. 당신은 이 악덕을 혐오스럽다고 해야 할지 추하다고 해야 할지 판단하기 어려울 것이다.

세네카는 폭력에 열중하는 로마 관중들의 모습을 그린 것 같다. 이것은 관음증적이다. 하지만 이는 화라는 감정을 지나치게 강하게 느끼는 것에 대한 경고이기도 하다. 한 번 화에 사로잡히면 내려 놓기 힘들다. 그것은 몸과 영혼을 파괴한다.

"누구나 화가 자신에게 해를 끼치기 시작한다는 것을 깨달으면 분명 평정심을 찾기 바랄 것이다."

그는 응보로서 화를 묘사한다. 그리스-로마 신화에 응징으로서의 화가 잘 나와 있다. 호메로스는 전사의 분노를 통해 화를 묘사했다. 고대 전사들도 분노는 그냥 지나칠 수 없었다. 아킬레스가 자신이 사랑하는 파트로클로스를 죽인 헥토르를 벌하기 위해 얼굴을 바닥으로 엎어 놓은 헥토르의 시체를 파트로클로스의 무덤까지 질질 끌고 가는 장면을 보면, 호메로스가 묘사하는 것은 더 이상 화에 그치지 않는다. 그는 "마음속에 조금의 품위도 지니고 있지 않은 사람"은 "무의미한 진흙"에도 폭주한다는 도덕적 입장을 분명히 취한다.

세네카는 이런 유형의 화가 원초적 방어이며, 우리가 이를 잘 다스려야 한다고 주장한다. 세네카는 이를 "올가미에 걸린 동물이 몸부림칠수록 오히려 더 꽉 조여지는" 꼴이라고 말한다.

"이는 쥐와 개미 같은 가엾은 소인배들의 특징이다. 약한 자들은 당신이 손을 내밀면 자신에게 해를 끼치는 것으로 여겨 고개를 돌린다. 행여나 손이 닿으면 그것만으로도 기분이 상한다."

아동 정신분석가 멜라니 클라인Melanie Klein은 생생한 묘사를 통해, 이러한 공격성이 유아가 엄마의 젖가슴에서 젖이 안 나올 때 공격자를 벌주기 위해 "나쁜" 가슴을 "게걸스레 먹고 파내기" 위한 "환상 속 공격"에서 비롯된다고 했다. 세네카는 심리적·도덕적으로 약한 사람들은 사소한 자극에도 반응한다는 교훈을 전한다. 자기애적 상처, 지위의 격하, 경쟁에서 이기는 느낌은 모두 이러한 보복에 불을 지핀다. 이 핵심 주제는 오늘날 정치적 상황과 공명한다. 우리는 도널드 트럼프 대통령이 자기애적 상처에 대한 반응으로 앙갚음하는 모습을 계속해서 목격하고 있다. 스토아학파는 그런 상처가 왜곡된 가치와 관련 있다고 가르친다. 만약 우리가 올바른 성품에 가치를 두고 있다면 그런 상처를 경험하지 않을 것이다. 그것은 도덕적으로 비뚤어진 반응이다. 트럼프는 민주주의를 위태롭게 할 정도로 심각하게 위험하고 결함이 있는 반응을 보인다.

하지만 그렇다고 해서 세네카의 훈계를 모든 종류의 화를 금지하는 것으로 받아들이면 안 된다. 우리 대부분은 도덕적 분개, 원한, 절규를 느끼고 표현하는 데 중요한 가치를 두며, 그런 감정과 반응은 복수나 보복과 다른 것이다. 그것은 인간의 권리와 존엄을 위해 싸울 수 있는 동기를 부여한다. 그것은 대의명분에 대한 관심, 헌신, 끈기, 순응을 만들어 내는 열정이다. 또한 그것은 우리가 지원을 요청하고 응답을 이끌어 내야 할 때, 사람들에게 우리의 진심을 전달하고 이해를 구하는 데 매우 중요하다. 이런 반응적 태도 및 감정과 전혀 얽혀 있지 않은 정의나 선의는 상상하기 어려울 것이다. 도덕적 분노를 느끼지 않으면서 #미투MeToo 운동이나 그와 관련된 활동을 할 수 있는지 상상해 보라. 혹은 경찰이 2020년 미니애폴리스에서 조지 플로이드(역주: 2020년 5월 25일, 경찰관 데릭 쇼빈에게 체포되면서 7분 46초 동안 목이 눌린 채 살해된 아프리카계 미국 남성. 향년 46세)를, 루이빌에서 브레오나 테일러Breonna Taylor(역주: 2020년 3월 13일 자신의 집에 무단 침입한 7명의 경찰들에게 살해된 아프리카계 미국 여성. 향년 26세)를 잔혹하게 살해한 것에 대한 도덕적 공분 없이 '흑인의 목숨도 소중하다' 시위를 벌이는 것을 상상해 보라. 반세기도 더 전인 1955년에 당시 15세였던 존 루이스는 한 살 아래 소년 에밋 틸Emmett Till이 백인 깡패 두 명에게 린치를 당하는 것을 목격한 뒤, 스스로 "좋은 소란"이라고 명명한 활동을 시작하려는 동기를 가지게 됐다. 그날 그가 아무런 반감도 못 느꼈거나 억압에 대한 잔혹함이나 두려움을 느끼지 못했다면, 과연 인권운동 지도자가 될 수 있었을까?

 최근 철학자 마사 누스바움Martha Nussbaum은 정치적 정의의 영역에서 분노가 차지하는 비중에 대한 매우 중요한 문제를 훌륭하게 다뤘다. 그 핵심 중 하나는 스토아주의를 올바르게 이해하는 것이다. 현대인으로서 우리가 상대적 가치인 지위, 명예, 명성을 인간의 본질적 존엄성과 구분하지 않으면 잘못된 행동을 할 수 있다. 스토아주의는 명예, 계급, 평판처럼 궁극적으로 외부의 평가에 의존하는 것을 주시한다. 평판이나 명예를 '헐뜯는' 방식의 보복은 상대방의 우위를 떨어뜨림으로써 형세를 역전시킬 수 있지만, 이는 어디까지나 외부 요인에 의한 것이다. 상대방의 평판을 훼손한다고 해서 자신의 평판을 이루고 있는 업적, 성품, 진실됨이 향상되지는 않는다.

 누스바움이 제시하는 다음 사례를 보자.

"자신을 비판하는 학자를 헐뜯는 것이 자신에게 도움이 된다고 믿는 학자는 오직 명성과 지위만 중시할 뿐이다. 다른 사람의 명성을 훼손한다고 해서 자신의 업적이 더 우수해지거나 다른 학자가 제기했던 자신의 문제가 해결되지는 않는다."

보복을 한다고 해서 자신의 업적이 더 우수해지는 것은 아니다. 누스바움은 그렇게 생각하는 것은 마술적 사고이자 부활에 대한 환상이라고 말한다. 그럼에도 불구하고 누군가 '지위에 대한 관심'("이 모든 것은 나, 내 자존감, 내 지위를 위한 거야.")을 통해 번영을 구가하려고 한다면, 그런 보복을 통해 재균형을 이뤄서 다시 번영(혹은 에우다이모니아eudaimonia)을 이룰 수 있다고 생각하기 쉽다.

하지만 바로 이것이 스토아적 개입의 힘임을 주목해야 한다. 우리가 외적 우선순위에 따라 자신의 행동 외의 부분에만 관심을 가진다면, 이는 가치의 우선순위를 잘못 정하는 것이다.

하지만 현대 사회에는 인간다운 삶의 기반을 이루는 건강, 식량 안보, 경제 안보, 폭력으로부터의 안전, 우정과 같은 필수 요건들로 인식되는 내재적 선이 있다. 이것들의 부재가 인간의 존엄성을 위협한다면, 이는 우리가 잘못된 행동을 하는 자들에게 분노하는 정당한 이유가 될 수 있지 않을까? 특히 그 분노가 부당함을 바로잡기 위함이라면 말이다.

우리는 과거 시대의 일에 대해 편견을 갖지 않도록 해야 한다. 스토아학파는 인간의 존엄성과 결부된 필수적 요인에 가치를 부여했지만, 현대 정치사회 사상가들이 생각하는 방식과는 달랐다. 스토아적 관점에서 그것은 좋고 번영하는 삶을 사는 데 있어 '선호하는 무관한 것'일 뿐, 삶에서 절대적으로 좋은 구성 요소는 아니다. 그것은 좋은 삶의 기반이 되는 **재료**이며, 우리는 지혜를 통해 이를 선택한다. 우리가 말하는 '선택'은 통상적인 감정적 태도가 아닌, 끈적끈적하고 헛되고 충동적일 수 있는 감정 반응의 손아귀에서 벗어날 수 있게 해 주는 선호행동이다. 스토아주의에 따르면, 우리는 합리적이고 건설적으로 존엄성을 지키는 것을 목표로 선호행동을 선택함으로써 불의에 맞서려는 노력을 해야 한다. 특히 다른 사람에게 상처 줌으로써 상처 입은 자신의 자아를 회복하려는 헛된 바람에 반하는 행동을 해야 한다. 그런 식으로 균형을 재조정하려는 행위는, 간혹 재화와 지위가 한정적이거나 더 공평한 안배가 필요한 불공평한 사회 구조에서는 합리적인 것처럼 보일 수도 있겠지만, 궁극적으로는 비합리적이다. 이때 분노는 정의를 바로잡기 위한 추동력이 될 수도 있지만, 여전히 분노가 작동하는 방식과 이유는 왜곡된 서사에 맞춰지게 된다.

2020년 4월 브렛 크로지어Brett Crozier 해군 대령이 코로나19 피해를 입은 항공모함 시어도어 루스벨트함 함장에서 해임된 사례를 보자. 그는 5천 명에 이르는 승조원들 중에서 아픈 병사들을 감염된 배 밖으로 옮기지 못하게 한 해군 고위 지도부의 리더십 문제를 자세히 적은 뒤, 보안되지 않은 이메일로 보낸 것이 유출되어 해임됐다. "병이 계속 확산되는 속도가 빨라지고 있는" 와중에 이메일은 최후의 수단이었다. 항공모함은 작은 도시와 같다. 나는 개인적으로 1990년대 중반에 USS 아이젠하워함에서 며칠을 보낸 적이 있어서 이를 잘 안다. 그 안에는 사회적 거리두기나 안전한 격리 구역이 없다. 승조원들은 비좁은 3층 침대에서 자고, 팔꿈치를 맞대고 식사하며, 하루 종일 사다리를 오르내리고, 사생활이 보호되지 않는 화장실을 이용한다.

크로지어가 해임되면서 갑판에서 내려와 함선을 떠날 때, 자신들의 선장에게 환호하고 경례한 선원들에 대한 대대적인 보복 조치가 이어졌다. 해군 장관 대행 토마스 모들리Thomas Modly는 8천 마일을 날아와 승조원들이 크로지어에 대한 지지를 표명한 것을 맹렬히 비난했고, 선원들을 보호하기 위해 자신의 경력을 희생한 지휘관을 성격 이상자로 매도했다. 모들리는 함선의 확성기를 통해 전달된 막말 연설을 통해, 크로지어는 "이런 배의 지휘관을 맡기에는 너무 순진하거나 어리석었다."라고 말했다. 모들리는 트럼프 행정부의 이미지를 높이기 위해서는 크로지어의 대중적 이미지를 훼손해야 했기 때문에 그런 메시지를 낸 것이었다. 연설은 형편없었고 얼마 안 가 모들리는 사임했다. 선원들이 크로지어를 지지했던 이유는, 그가 상급자여서가 아니라 지휘계통을 떠나 해상 위급 상황에서 올바른 판단과 사심 없는 모습을 보였기 때문이었다. 선원들은 크로지어의 지위가 아닌 성품에 대해 경례한 것이었다. 모들리의 보복이 그런 것까지 손댈 수는 없었다. 모들리의 화는 스토아주의자가 못마땅하게 여기는 바로 그런 유형의 것이다.

세네카가 화를 내는 사람이 피폐해지지 않고 상대방을 비하하려는 부질없는 환상에 집착하지 않은 채 오직 선을 위해 화를 활용하는 것을 가능하다고 봤는지는 불분명하다. 세네카는 "덕의 원동력"으로서 응당 "분연히 일어날 수 있다."라고 얘기한 아리스토텔레스의 말을 소환한다. 아리스토텔레스는, "화를 없애면 정신 무장이 되지 않아서 어떤 노력을 기울여도 변변치 않고 쓸모없게 될 것이다."라고 말했다. 그는 또한 "화에게 역할을 부여하고… 전투, 공개적 행동, 그 외 무엇이든 열정을 가지고 해야 하는 모든 일에 활용할 수 있게 열정적 화를 소환하라."라고도 말했다. 아리스토텔레스가 진정 말하고자 한 것은, 우리가 화를 '스마트하게', 즉 올바른 때에 올바른 방식으로 올바른 대상에게 사용할 수 있다는 것이다. 이것이 바로 "중용을 지키는 것"이다. 하지만 세네카는 스마트한 화를 허구로 여겼다. "자극"은 곧 열정이 되고, 열정에는 격렬한 분노로 이어지는 피할 수 없는 미끄러운 경사가 있다. 세네카가 보기에는, "금주하며 취하지 않은" 상태를 모델로 하는 완전한 금욕만이 이 병을 억제할 수 있는 유일한 방법이다.

모든 화는 위험한 병리라는 세네카의 주장에도 불구하고, 스토아적 분류학 속에 병리적이지 않은 화를 위한 공간이 있을까? 우리는 사전 감정을 통해 여지를 마련할 수 있다. 선을 넘지 않는 일시적 화는, 더 나은 건설적 항의와 개선의 연료가 될 수 있다. 제도적 성차별의 경우를 생각해 보자. 베티라는 여성은 길거리에서 반복적으로 조롱당하고, 전공 분야 회의에서 성적으로 놀림당하며, 교수들은 그녀가 동료 남학생의 도움을 받아 발언한 것처럼 취급한다. 여성이라고는 그녀뿐인 학과에서 '아재들'의 성적 농담은 그저 일상적 유머의 일부일 뿐이다. 베티는 다양한 경험 속에서 여성혐오를 견뎌야 한다. 그녀는 다양한 상황에서 '걱정, 짜증, 정신적 고통, 속상함' 등으로 불리는 육체적·정신적 증상을 불쑥 경험한다. 그녀는 이런 상황을 모른 척 넘어갈 수도 있고, 가만히 있어도 학과 문화가 개선될 수도 있다. 여기서 #미투 운동을 보자.

만약 그런 경험이나 기억이 지속되다가 나중에 더 심각하고 큰 지장을 끼친다면? 그때는 스토아학파가 주장하듯이, 이것들이 오랫동안 이어져 온 뿌리 깊은 문제임을 인정하고 받아들여야 한다. 어떨 때는 매우 공개적으로 인정해야 할 수도 있다. 크리스틴 블레이시 포드Christine Blasey Ford 박사가 그런 경우다. 그녀는 연방 대법관으로 지명된 브렛 캐버노Brett Kavanaugh 판사가, 고등학교 파티에서 만취하여 당시 15세였던 그녀에게 했던 짓을 공개할 시민적 의무를 느꼈다. 그녀는 성폭행을 당할 때 그에게 깔려 질식해 죽을 것 같은 두려움을 느꼈다. 그녀는 성폭행을 당할 때 들었던 그의 요란한 웃음소리를 생생히 기억했다. 그녀는 상원 청문회에 출석해서, 자신은 아직도 그 소리만 들으면 외상적 두려움 반응이 나타난다고 증언했다. 심리학 연구자인 그녀는, 그날 자신이 경험했던 위협이 뇌의 해마hippocampus에 각인됐다고 설명했다. 해마는 뇌의 '긴급 두려움 경고 시스템'(스토아주의의 사전경험과 비슷)으로, 우리의 생존을 돕기도 하지만 외상후 스트레스 증상에 시달리게도 한다.

블레이시 포드는 상원에서 증언하는 것을 원치 않았다. 그녀는 트라우마를 재경험하고 정치적 비난이나 살해 위협에 시달리는 것을 감수하고 싶지 않았다.

"나는 이걸 피하려고 했어요… 하지만 지금 나는 고통과 보복에 대한 두려움보다 시민적 의무를 더 크게 느끼고 있습니다."

캐버노의 변호인은 그녀가 성폭행 가해 남성의 이름을 잘못 기억하고 있다는 주장을 제기한 뒤, 그녀에게 브렛 캐버노가 그녀를 성폭행했다는 것을 얼마나 확신하는지 직접적으로 물었다. 그녀는 "100%"라고 대답했다. 청문회는 매우 정치적으로 진행됐고, 몇몇 사람들은 당파적 노선을 따랐다. 하지만 나를 포함한 많은 이들은 그녀의 증언을 신뢰할 만하다고 여겼다. 그녀의 행동, 침착함, 공격적 질문에 대한 품위와 용기, 증언에 대해 처음 느꼈던 명백한 거부감은, 그녀가 캐버노를 깎아 내리거나 그가 대법관 자리에 오르지 못하게 하려는 복수심으로 그 자리에 나온 것이 아니라는 확신을 주었다. 그녀는 대법관으로 지명된 남자의 인격을 알리기 위해 자신의 경험을 공유해야 한다는 도덕명령에 따라서 행동했다. 브렛 캐버노의 증언은 그녀와 대조적이었다. 세네카가 분노의 추함에 대해 경고한 것을 연상시키듯, 그의 목소리는 크고 적대적이면서 공격적이었고, 얼굴은 때때로 일그러졌으며, 다양한 순간에 방어적으로 반문했다.

우리는 블레이시 포드의 두려움과 화의 초기 및 잔류 감정이 개인적이면서도 매우 공개적으로 그녀의 책무와 공의를 활성화했음을 짐작할 수 있다. 그녀는 개인적으로 큰 희생을 치르면서도 자기 목소리를 내서 대중에게 알리고 다른 여성들이 침묵을 깨도록 힘을 북돋았다.

스토아 사상을 폭넓게 적용하면, 화는 단순한 사전 분노뿐만 아니라 원칙적이고 건설적인 행동을 위한 추동력(임페투스impetus)이 될 수도 있다. 화와 같은 평범한 감정은 두 겹으로 되어 있음을 기억하자. 화는 (1) 부당한 대우를 받는지에 대한 판단과, (2) 그에 적합한 반응이란 무엇인지에 대한 판단을 거쳐 표출된다. 세네카는 많은 고대인들과 마찬가지로 관습적 규범은 응징으로 대응하는 것이라고 주장한다. 우리는 자발적인 판단에 따라 행동한다고 생각한다. 하지만 문화와 역사는 가혹하다. 스토아학파의 주장에 따르면 감정은 선택이며, 특히 행동은 더욱 그렇다.

여기서 핵심은, 스토아주의가 우리에게 사전 분노와 화의 충동을 비보복적인 방식으로 활용할 수 있는 과도기적 공간을 마련해 준다는 것이다. 넷플릭스 4부작 미니시리즈 『그리고 베를린에서Unorthodox』는 이를 생생히 보여 준다. 젊은 유대인 여성인 에스티는, 고향인 브루클린 윌리엄스버그의 사트마 하시디즘Satmar Hasidism과 남편을 떠나 베를린에서 새 삶을 시작한다. 이 시리즈는 사트마 공동체에서 자란 데보라 펠드먼이 쓴 회고록을 각색한 것이다. 초반에 주인공은 새로운 세상에 대해 잘 모르지만, 자신은 중매결혼과 자식을 낳기만 하는 여성의 역할에 안 맞는다는 혼란, 억압된 분노, 좌절을 느끼는 것을 볼 수 있다. 그녀는 넓은 시야를 갖지 못하고 항상 종속된 상태에 있었기 때문에, 그 고통이 정확히 무엇인지 규정하지 못한다. 간단한 단어나 개념으로 설명하기 어려운 에스티의 화는, 끊임없는 초조함, 경직된 표정, 오무린 입술, 멍한 시선으로 표출된다. 화는 몸의 동요로도 나타난다. 곧 그녀는 JFK 공항에서 베를린 테겔 공항으로 가는 항공권을 가지고 탈출한다. 부적합함에 대한 일반화된 분노가 탈출의 추동력이 된다. 그녀가 독일에서 우연히 마신 아메리카노 커피는, 개방적인 음악 학교와 하시디즘 공동체의 폐쇄적 음악 세계를 연결해 준다. 하시디즘 공동체에서는 여성이 악기를 연주하거나 노래를 부르는 것이 금지되어 있다. 그것은 정숙함을 위반하는 것이고, 남편을 욕보이는 것이다.

에스티가 새로운 세상에서 내딛는 모든 발걸음이 미지의 세계를 탐험하는 순간이 된다. 이를 촉진하는 것은 구세계로부터 자율성을 빼앗긴 느낌, 즉 바싹 조여지고 움푹 꺼진 '수축된' 느낌이다. 그녀는 자신이 받은 고통에 대해 단 한 번도 '부당함', '잘못됨', '박해'라는 말을 사용하지 않는다. 그녀는 자신이 신의 요청에 부응하지 못했다고 말한다. 하지만 그녀는 실패나 기준 미달에 대한 화를 원동력 삼아 새롭고 존엄한 삶을 찾아 나간다. 그녀는 의식적으로든 무의식적으로든 화에 적절히 대처하는 결정을 내린다. 그 대처는 바로 좋은 삶을 사는 법을 선택하는 것과 같다.

애도

스토아학파에 따르면, 애도는 고통의 또다른 형태다. 애도는 상당 부분 우리의 통제 밖에 있는 상실에 초점을 맞추고 있기 때문에 잘 다스려야 하는 감정이다. 애도는 우리가 운명의 인질임을 알려 준다. 사랑하는 사람과 대상, 집과 고향, 문화적 및 종교적 유산은 모두 우리가 선호하고 현명히 선택하는 '무관한 것'이다. 설령 우리가 그것들을 상실한다고 해서 완전히 무너지는 것은 아니다.

애도를 가라앉혀 다스린다는 개념은, 우리가 거센 팬데믹의 여파로 거대하고 헤아릴 수조차 없을 정도로 많은 상실을 경험할 때는 터무니없는 것처럼 느껴진다. 사랑하는 사람의 손을 잡거나 이마에 키스하지도 못하고, 병실에 함께 앉아 마지막 순간에 기도나 자장가를 부르지도 못한 채 작별 인사를 고하는 것을 **선택하고 싶은** 사람은 없다. 우리는 어쩔 수 없이 의학적 권고에 따른다. 우리가 맞다고 느끼는 방식으로 애도할 필요성을 느끼는 것은 너무나 타당하다.

하지만 스토아학파의 위로는 얼마나 급진적인가? 만약 애도가 금지되어야 한다면, '무관한 것'은 '무관심한 것'이 되어 버릴 것이다. 가족에 대한 사랑이든 일에 대한 즐거움과 기쁨이든, 선호는 긍정적인 감정에서 비롯된다. 이와 반대로, 선호하지 않으면 상실에서 비롯되는 고통을 안 느낄 수 있다. 우리는 감정이 배제된 선택을 할 수도 있고 안 할 수도 있다. 현명한 선택에는 인간성의 희생이 뒤따른다.

키케로와 세네카는 스토아학파의 전통적 설명에 이의를 제기한다. 키케로의 이의는 굉장히 개인적이다. 그는 기원전 45년 늦겨울에 딸 툴리아가 아이를 낳다가 죽자, 로마 외곽의 투스쿨룸 언덕에 있는 시골 영지로 내려갔다. 그곳에서 그는 책에 몰두하며 위안을 얻었고, 자신을 돌보기 위한 글을 쓰면서 지냈다. 그는 "부어오른 마음에 대해 할 수 있는 모든 치료법을 시험하고 있었다." 그는 이듬해 7월 중순부터 8월 중순 사이에 『투스쿨룸 대화』의 대부분을 집필했다. 이 책은 애도에 대한 스토아적 관점을 분석하고, 이를 좀 더 순화한 치료법을 담고 있다. 한 가지 중요한 것은, 키케로 자신은 스토아주의자가 아니었다는 것이다. 그는 스스로를 회의주의자로 여겼다. 그럼에도 그는 여전히 스토아 사상에 매력을 느끼고 다른 학파에 비판적인, 세심한 헬레니즘적 독자이자 텍스트 전달자였다. 그는 다음과 같은 절충적 철학과 치료법을 제시한다.

"혹자는 위로하는 사람은 고통받는 사람에게 일어난 일이 전혀 나쁘지 않음을 알려 줘야 할 책임이 있다고 말한다. 이는 애도가 꼭 필요하고, 정당하고, 적절한 것이라는 신념을 없애는 것이야말로 위로의 핵심이라는 클레안테스와 크리시포스의 의견과 같다."

키케로는 여기에 사람마다 효과적인 방법은 각기 다르다고 덧붙이며, 개입의 방법만큼이나 시점 또한 중요하다고 말한다. 그럼에도 그는 스토아학파의 2대 수장인 클레안테스의 방법을 좋게 보지 않는다. 그는 정통 스토아주의가 위로에서 가장 중요한 부분을 등한시한다고 말한다.

"클레안테스의 방법은 위로가 필요 없는 현명한 사람들을 대상으로 한 것이기 때문에, 나는 이를 중요하게 여기지 않는다. 만약 당신이 애도에 잠겨 있는 사람에게 수치스러운 행동 외에 나쁜 것은 없다고 말한다면, 당신은 애도가 아닌 무지를 없앤 것이다. 그리고 지금은 그런 교훈을 가르칠 적절한 때가 아니다."

쉽게 말해 현자는 무지하지 않고 애착이 없기 때문에 애도에 빠지지 않는다. 하지만 키케로를 비롯한 대부분의 평범한 사람들에게는, 사별을 겪었을 때 바로 현자의 가르침을 접하는 것이 딱히 도움이 되지 않는다.

더 효과적인 스토아적 개입도 있을까? 키케로는 "가장 신뢰할 수 있는 것은 크리시포스의 방법"이라고 말한다. 이는 엄청난 상실을 부정하지 않고, 그에 대한 우리의 반응을 변화시키는 기법이다. 즉, 적절한 행동을 취하기 위해 두 번째 단계에서의 판단에 초점을 맞추는 것이다. 하지만 이조차도 키케로처럼 극심한 상실의 고통을 겪고 있는 사람에게는 받아들이기 힘든 일이다. 키케로는 말한다.

"애도에 잠겨 있는 사람은 스스로 그래야만 한다고 판단하고 생각하기 때문에, 이들을 설득하기는 굉장히 어렵다."

세네카는 이 문제를 다룬다. 로마의 문학예술 형식과 일치하는 그의 위로는, 먼저 상실과 비통을 인정하고 나서 평정심을 회복하고 마음을 추스르는 방법으로 나아간다.

"당신의 친구 폴라쿠스가 세상을 떠나서 안타깝지만, 너무 지나치게 슬퍼하지는 않았으면 좋겠다."

그는 자신의 의도를 명확히 한다.

"나는 감히 당신에게 전혀 슬퍼하지 말라는 요청을 하지는 않을 것이다… 그런 굳은 마음은 오직 불행을 완전히 떨쳐 버린 사람만이 지닐 수 있으니까 말이다."

그런 사람은 아마 현자일 것이다. 하지만 아무리 현자라도 어느 정도의 고통은 느낄 것이다.

"아무리 현자라도 이런 일에 대해서는 따끔한 아픔을 느끼겠지만, 이는 어디까지나 따끔하기만 할 뿐이다. 우리가 나중에 다시 통제력을 되찾을 수 있다면, 어느 정도의 눈물은 흘려도 된다."

따끔한 아픔은 사전 감정, 즉 현자가 책임지지 않고 느낄 수 있는 지나간 감정의 흔적이다.

또 다른 편지에는 현명한 사람이 눈물을 더 잘 흘린다는 내용도 있다.

"현명한 사람은… 누군가 갑자기 죽었다는 소식을 듣거나… 우리가 곧 불 속에서 화장될 시체를 껴안고 있을 때조차도… 스스로 일어설 수 있다… 눈물은 본성에 따른 필요에 따라 우리 안에서 만들어진다."

눈물은 우리의 동의 없이 일어나는, '애도의 충격에서' 나타나는 자연스러운 신체 반응이다. 그것이 도덕적으로 모범이 되든 아니든, 눈물, 떨림, 숨 막힘은 모두 상실의 충격에 대한 무의식적 반응이다. 감정의 평온은 그 뒤에 찾아온다. 그리고 평온이 찾아온 순간에도 눈물을 흘릴 공간은 있다.

이 (예비) 눈물은… 자신도 모르게 흘러내린다. 우리가 떠나보낸 사람들의 기억을 떠올리고 우리의 슬픔 안에서 기분 좋은 요소(그들과의 즐거웠던 대화, 그들과의 유쾌했던 시간, 그들의 헌신적인 봉사)를 떠올릴 때, 우리는 그 안에 잠긴다.

바로 이때 눈에서 기쁨의 눈물이 흐른다. 우리는 눈물을 탐닉하고, 떠나보낸 사람들이 우리를 지배한다. 그래서 당신은 누군가 당신 옆에 서 있거나 함께 앉아 있다는 이유로 눈물을 참을 필요가 없다. 그들 때문에 울 필요도 없다. 당신이 울든 안 울든, 거짓된 눈물만큼 부끄러운 것은 없다. 눈물이 나면 그냥 저절로 흐르게 둬라.

그래서 우리가 피해야 하는 것은, 기억과 회상에 의해 공개적으로 흘리는 눈물이 아닌 억지 눈물이다. 우리가 반대해야 할 것은, 눈물을 쥐어짜서 자연의 기준이나 품위를 벗어나 흐르게 하는 것이다. 지나치고 가식적일 때 문제가 되는 것이다.

이러한 조언 중 일부는 우리가 일반적인 스토아적 견해라고 생각하는 것보다 더 합리적이고 온건한 것처럼 들린다. 혹자는 세네카를 위선적이라고 비판하는데, 사실 그는 아무리 좋게 봐도 일관성이 없어 보이는 복잡한 인물이다. 하지만 그의 위로에는 강한 사랑이 담겨 있다.

"사랑하는 사람이 죽으면, 사랑할 다른 사람을 찾아라. 새로운 친구를 사귀는 것이 우는 것보다 낫다."

경제적 수입뿐만 아니라 사람도 처분할 수 있고 친구도 바꾸면 그만인 이런 스토아주의는 받아들이기 힘들 것이다.

하지만 세네카는 결코 자신의 취약성을 숨기는 사람이 아니다.

"나는 당신에게 이 글을 쓰고 있다. 사랑하는 아니우스 세레누스를 떠나보내며 하염없이 눈물을 흘렸던 내가 말이다… 나는 한 번도 그가 나보다 먼저 죽는다는 생각을 한 적이 없기 때문에, 내가 애도에 잠긴 것을 알고 있다. 나는 그가 나보다 더 어렸다는 생각만 했다. 마치 태어난 순서가 우리의 운명을 결정하는 것처럼 말이다!"

'그는 나보다 훨씬 젊었다.'라는 생각이 반복되며 애도를 불러일으킨다. 젊음조차도 보호막이 될 수 없는 이러한 상실을 다루는 것은 평온을 가져다준다. 세네카는 우리와 마찬가지로 평온을 간절히 바라지만, 세레누스와의 관계에서처럼 우정도 바란다. 그래서 그는 우리 시대에 최적화된 스토아학자다.

그는 환자뿐만 아니라 스스로도 치료하는 정신치료자다. 그는 추방되고 자살을 강요받는 불행한 삶을 살았다. 그가 살았던 시대는 망명, 강요된 자살, 네로가 바이올린(어쩌면 수금竪琴lyre)을 켜는 동안 불타는 로마, 불타는 리옹, 끝없는 전쟁, 정치적 격변, 질병의 창궐 등 그야말로 재앙의 연속이었다. 친구들이 겪는 일을 그도 겪었다. 도처에 불안이 널려 있었다. 그래서 그가 우리에게 하는 말은 쉽게 와 닿는다. 그는 자신의 편지가 후대에 계속 전해지는 것을 영광스러운 일로 생각했다. 바로 지금, 불안한 시대를 살고 있는 치료자가 평정심을 위한 위로를 담아 보낸 편지는 매우 시의적절하다.

현대 정신치료자는 자신의 애도나 신경증을 환자에게 드러내지 않는 것을 신조로 한다. 치료자는 그런 것들을 속으로 삼킨다. 만약 당신이 정신분석가라면 환자에게 당신의 치료나 개인사를 드러내지 않으면서 그를 해석할 것이다. 하지만 당신이 매일 시체가 산더미처럼 쌓이는 팬데믹 시대에 살고 있다면, 환자들이 느끼는 것(애도, 알 수 없는 미래에 대한 두려움, 서로 얼굴을 맞대지 못하는 고립과 격리)이 곧 당신이 느끼는 것이 된다. 프로이트는 환자가 전이를 통해 치료자가 아닌 자신의 갈등과 감정을 바라볼 수 있도록, 치료자가 '빈 화면'이 돼야 하며 자신을 드러내는 것을 '절제'할 것을 권했다. 하지만 모두가 함께 고통을 겪고 있을 때는 선을 지키는 것이 더 어려워진다.

세네카는 **도덕** 상담가다. 그는 그저 듣기만 하는 사람이 아니라 말하는 사람이다. 그는 편지에서 자신을 드러낸다.

"나도 병이 있다."

"이 글을 쓰고 있는 사람은 의사가 아니라 환자다."

의사도 치유가 필요하다. 그는 철학적으로 상실의 본질과 그에 대한 대응 방식을 다루는 치료를 선호한다. 하지만 여기서 핵심은, 그의 위로는 결코 애도를 전적으로 없애려는 것이 아니라는 것이다. 그의 위로는 애도를 없애기보다는, 그에 잘 대처하기 위한 것이다.

상실을 기리는 애도는 애착이 있을 때만 가능하다. 사람에 대한 애착은 아마도 우리가 지닌 취약성의 가장 확실한 증거일 것이다. 하지만 이는 우리의 회복탄력성의 열쇠이기도 하다. 만약 스토아적 회복탄력성이 단단한 지구력과 끈기에 뿌리를 두고 있다면, 그 끈기를 이어 붙이는 사회적 유대감은 무엇일까? 이것이 바로 다음 수업의 주제다.

에우필레토스의 화가, <테라코타 판아테네 상 암포라>, 기원전 530. 테라코타, 뉴욕 메트로폴리탄 미술관 소장

잠볼로냐, <켄타우로스를 때려잡는 헤라클레스>, 1599. 대리석. 플로렌스의 로지아 델라 시뇨리아 소장

다섯 번째 수업

스토아적 끈기와 회복탄력성

한 무리의 댄스

그녀의 아버지는 주님의 말씀을 소리 내어 읽었다.

"그가 악을 거부하고 선을 택할 줄 알 때 버터와 꿀을 먹으리라."

다음날 아침 냉장고에서 우유와 치즈가 사라졌다. 버터는 악이고 꿀은 선이었다. 지하실에 꿀 통이 가득 찼다. 학교도 악이었다. 아버지는 정부 방침을 거스르며 딸을 학교에 보내지 않았다. 그녀가 학교에 다니지 않았기 때문에 소녀들은 그녀가 글을 읽을 수 없다고 생각했다. 소녀들은 그녀에게 말을 걸지 않았다.

그녀의 아버지는 폭력적이었다. 그는 화가 많고, 처벌적이었으며, 잘못된 믿음에 오염됐다는 이유로 민간요법마저도 금지했다.

그녀는 이 모든 것들 속에서 살아남았다. 그녀는 끈기 있고 진취적이었다. 아버지의 어머니인 할머니는 가치 전복적이었고, 그녀가 학교를 다닐 수 있는 곳으로 안전하게 데려다줄 준비가 되어 있다.

"아빠가 할머니께 저를 데려오라고 하지 않을까요?"

"네 아빠는 나한테 그런 빌어먹을 일을 시킬 수 없단다."

할머니는 그녀 편이었다. 때로는 엄마도 같은 편이 되어 주었다. 엄마는 아무도 모르게 그녀를 댄스 교실에 데려갔다.

서로의 동작을 맞추는 댄스는 또 다른 우군을 안겨 주었다. 댄스는 몸으로 대화하고, 서로를 반영하고 흉내 내며, 똑같은 동작을 하면서 서로를 이해한다. 내가 사람들에게 연결하기도 하고, 그들이 내게 연결하기도 한다. 문자적 의미를 모르더라도 하나의 집단, 즉 군무단corps de ballet의 일원이 되는 것이다.

"댄스를 배우는 것은 소속감을 배우는 것처럼 느껴졌다. 나는 동작을 외움으로써 단원들의 마음속에 발을 들여놓을 수 있었다. 그들이 런지를 할 때 나도 같이 런지를 했고, 그들과 타이밍을 맞춰 팔을 위로 뻗었다. 이따금씩 뒤엉켜 빙글빙글 돌고 있는 우리의 모습이 거울에 비춰질 때면, 그중 내가 어디에 있는지 바로 알아차리지 못할 때가 있었다… 우리는 한 무리로 함께 움직이고 있었다."

그녀가 실제로는 거위였어도 그 순간만큼은 백조였다.

이 이야기는 타라 웨스트오버의 생생한 회고록인 『배움의 발견Educated』에 나오는 것이다. 그녀는 아버지의 반대에도 불구하고 '배움'을 접한다. 그녀는 어떤 자원이든 회복탄력성을 기르는 데 활용하고, 댄스에서 결정체를 이루는 많은 중요한 자원들과 함께 유대감을 형성한다.

이것이 바로 스토아적 끈기의 핵심 요소다. 하지만 현대 스토아주의자들은 이를 등한시한다. 대신 고된 자립을 강조한다. 에픽테토스의 어록 중에는 다음과 같은 말이 있다.

"무엇이든 좋은 것을 원한다면, 스스로 그것을 얻어라."

많은 사람들이 자율성과 독립성, 자기수양, "하면 된다." 식의 그리스-로마 전통에 뿌리를 둔 굳건한 개인주의에 매력을 느낀다.

하지만 앞에서 본 것처럼, 마르쿠스가 떠올린 이미지는 이와 매우 다르다. 우리는 서로가 없이는 그저 절단되고, 조각나고, 단절된 신체 부위일 뿐으로서, 제대로 혹은 전혀 기능할 수 없다.

세계를 내 집 삼아 늘 타인과 연결되어 있다는 생각은 뿌리 깊고 지속적인 스토아적 주제다. 고대든 현대든 스토아주의는, 고난과 역경에 굴하지 않고 이를 극복하기 위해 내면의 힘뿐만 아니라 사회적 지지도 중요하게 여긴다.

회복탄력성

회복탄력성resilience은 되돌아오거나 다시 튀오름을 의미하는 라틴어 re-silere에서 기원한 것이다. 재료과학적 관점에서 보면, 물질이 변형될 때 에너지를 흡수한 뒤 다시 그 에너지를 방출할 수 있는 능력이다. 말랑말랑한 고무공을 찌푸렸다가 놓으면 다시 원래 모양을 회복하는 것처럼 말이다. 회복탄력성은 탄성이다. 현대 심리학 저술에서 회복탄력성은, 고난과 역경에도 불구하고 그에 적응하는 전략을 찾고 대처하는 능력을 의미한다. 회복탄력성은 무적보다는 적응력에 가깝다. 유연성과 더불어, 고난과 도전에 직면하여 성장하고 회복할 수 있는 능력인 것이다.

역경에 대처하는 것은 스토아주의가 인기를 끄는 핵심 요인이다. 우리가 살펴본 것처럼, 역경에 대처하는 몇몇 스토아적 기법은 그럴 듯해 보인다. 기술을 효과적으로 잘 사용하면서도 결과에 연연하지 않는 것도 그렇고, 변화하는 사실에 맞춰 기대치를 조정하는 '정신적 여지'를 남기는 것도 그렇다. 하지만 허를 찔리지 않기 위해 부정적인 결과를 예상하는 기법이 완벽한 대비책은 아니다. 이는 위험을 낮추는 보호 요인일 뿐, 근본적으로 없애지는 못한다. 스토아주의는 급성 혹은 만성 스트레스가 회복탄력성을 길러 주지는 않음을 강조한다. 회복탄력성은 우리가 사건에 의미를 부여하는 방식을 통해 기를 수 있다. 즉, 우리의 태도와 판단이 중요하다. 스토아적으로 불안을 감소시키는 방법은 모두, 우리가 스스로 통제 가능한 것으로 주의를 돌리는 법을 배울 수 있다는 것을 기본 전제로 한다.

하지만 이런 유형의 기술을 개발하기 위해서는 혼자가 아닌 여럿이 함께 노력해야 한다. 고대 스토아학파는 제자들과의 관계 및 동료애를 통해 개인적 성장에 필요한 자원을 함양하는 학교였다. 훌륭한 성품을 본받고 기를 수 있는 로마 스토아 모델에서는, 직접 만나거나 편지와 위로를 통해 지속적인 우정을 나누는 것이 가장 중요했다. 오늘날 적응력의 개념에는 사람들의 도움을 열린 마음으로 받아들이고, 사회적 지지망을 통해 그들에게 적극적으로 다가가는 것도 포함된다. 이는 매우 중요한 사회적 요건이다. 공감적 양육자와의 강한 유대감은 아이들의 회복탄력성을 예측할 수 있는 지표다. 전생애에 걸친 가족 간의 긍정적 상호작용과 공동체 안에서의 두텁고 강한 유대감은, 우리가 삶의 역경을 마주할 수 있는 회복탄력성을 키울 수 있는 핵심 자원이다. 우리는 대면이 힘들면 가상 플랫폼에서 커뮤니티를 재현한다. 핫라인, 트라우마 센터, 자살예방 전화, 물질남용 집단치료, 생존자 네트워크는 모두 사회적 지지의 필요성을 보여준다. 물론 다른 사람들에게 기꺼이 마음을 열려는 의지를 가지기 위해서는, 그들과 그들이 속한 조직에 대한 신뢰가 필요하다. 그들은 당신의 이익을 최우선으로 여기는가? 그들은 이윤을 추구하는가? 그들은 거짓된 이념을 따르고 있는가? 치료자들은 잘 훈련받은 사람들인가? 당신이 도움을 받기까지의 행정 절차가 너무 많고 복잡한가? 이 외에도 많이 있을 것이다.

다른 사람에게 감정적 지지를 제공하기 위한 손을 내밀기 위해서는,

당신이 느끼는 것과 그것을 표현할 수 있는 말이나 다른 수단에 대한 자기확신이 있어야 한다. 신뢰와 공감은 다른 사람이 아닌 자신에게도 가져야 한다.

하지만 두려움을 마주하고 불안을 감소시키는 사회적·공감적 지지에 대한 개념은 딱히 스토아적인 것처럼 보이지는 않는다. 안 그런가? 어떻게 사회적인 것이 스토아적 회복탄력성을 의미할 수 있을까?

긴밀한 관계

다시 마르쿠스 아우렐리우스와 그의 전시 명상에서부터 시작해 보자. 두 번째 수업에서 우리는 마르쿠스가 사회적 상호의존성을 생생히 묘사하는 방식을 살펴봤다. 그는 사회적 지지의 기본부터 쌓는다. 정신과 이성은 모두가 지니고 있는 것이며, 공유는 구체적이어야 한다. 이는 남을 의식하지 않고 무의식적으로 행하는 협동적 행동, 동기화와 동조, 상호 이익으로 나타난다.

"제철에 포도를 한 번 더 생산해야 하는 포도나무처럼, 말은 달리고, 사냥개는 뒤쫓고, 벌은 꿀을 만들고, 사람은 선행을 하지만, 자신의 행위를 굳이 의식하지 않은 채 다음 행동으로 넘어간다."

신량힘은 디 니지 않게 또 다른 선량함으로 이어진다. 우리는 그저 공동체적 삶의 일부로 선행을 베푼다.

"이성을 가진 존재는 각자 개별적인 실체를 지니고 있으면서도, 하나의 유기체를 구성하기 위해 서로 협력적인 관계로 이루어져 있다."

이는 "나는 이성적 존재들로 구성된 시스템의 일원이다."라는 말로 더 잘 표현할 수 있다. 우리는 협력적 노력을 통해 존재하는 통일된 전체의 일원으로 함께한다.

이성, 즉 로고스는 스토아적 관점에서 세계의 접착제와 같다. 이는 어떤 형태로든 우리의 감정을 비롯한 정신적 요소이기도 하다. 이성을 함께 나누는 것은 전쟁터의 병사나 무대를 공유하는 군무단처럼, 언어, 논쟁, 감정 표현, 몸 동작의 공명을 통해 타인과 연결되는 것이다. 마르쿠스는 수시로 움직임을 일치시키며 우리를 한데 묶는 것을 이성의 모습으로 묘사한다. 우리는 "서로 긴밀히 연결된 움직임" 속에 놓여 있고, 의식적으로나 무의식적으로 "함께 활동하고" 있다. 그는 심지어 스파이조차도 함께 일하는 회사의 동료 근무자라고 말한다. 상호 노력과 조정 방법은 넓고도 깊으며, 이에 따라 강인함과 끈기를 발휘할 수 있다.

마르쿠스의 언급은 모두 사회적 연결에 대한 것이다. 이는 마치 사회적 연결과 감정에 별다른 역할이 없는 것처럼 간주하는 사회적 거리두기를 연상시키기도 한다. 하지만 이성이 우리를 하나로 묶을 수는 있어도, 흥미와 열정을 불러일으키지는 않는다.

마르쿠스의 다른 회상을 보면, 그는 전혀 무미건조하지 않았다. 그는 친구들과 그들의 선행과 귀감이 되는 행동을 통해 기쁨을 느끼고 인격을 수양했다. 그는 사기를 북돋아야 할 때 그 귀감 사례를 구체적으로 시각화할 것을 다짐했다.

"자신을 격려하고 싶으면 언제든 주변 사람들의 훌륭한 점을 생각하라. 어떤 이는 활력이 넘치고, 어떤 이는 겸손하며, 어떤 이는 관대하다… 이들의 성품에 드러난 각양각색의 덕만큼 기운 나는 것은 없다."

특히 그는 이렇게 덧붙인다.

"그러니 그들과 가까이 지내라."

이 말들은 그의 『엥케이리디온』(혹은 편람)의 일부다. 그가 양아버지 안토니우스를 묘사하는 내용은, 그가 안토니우스와의 관계를 통해 자기회의나 도덕적 망설임의 순간에 자신에 대한 신뢰와 희망을 가질 수 있음을 암시한다.

"나는 안토니우스의 가르침을 따라야 한다… 그는 어떤 상황에서도 침착함을 잃지 않고, 독실하고, 평화로운 표정을 짓고, 친절했으며, 명예를 쫓지 않았다."

이 간략한 묘사는, 마르쿠스가 자신이 본받는 가치 있는 성품을 지닌 사람들을 나열하는 『명상록』의 유명한 서두와 궤를 같이한다. 여기서 그는 예의와 도덕과 관련된 긴 특징들을 언급한다.

"할아버지로부터는 훌륭한 인격과 온화한 성품을 배웠다… 어머니로부터는 경건함과 관대함을 배웠다… 그림 가정교사인 디오그네투스로부터는 빈둥대지 않고 사기꾼을 피하는 법을 배웠다… 멘토인 루스티쿠스로부터는 집에서 외출복을 입으며 뽐내지 않거나, 전문 지식도 없이 '사물에 대해 떠드는' 얄팍한 사상가들에게 소중한 시간을 낭비하지 않는 법을 배웠다… 문법학자 알렉산데르로부터는 사람들이 어처구니없는 실수를 범하거나 지나치게 부적절하거나 거친 표현을 사용했을 때 오류를 관대하게 바로잡는 법을 배웠다."

그는 올바른 대답이란 "잘못을 지적하는 것"이 아니라, 올바른 표현 방법의 모범을 보이는 것이라고 가르쳤다. 이는 일종의 '행복 리마인더'로서 상호 신뢰의 기반을 마련한다. 이는 한 개인의 선의가 강력한 사회적 유대를 구축하고 유지하는 데 자연스레 활용되는 한 예다.

마르쿠스가 감사의 마음을 전하는 목록은 마치 이 책 뒤에 있는 '감사의 글' 같다. 우리는 우리가 지적으로나 개인적으로 발전하는 데 기여한 사람들을 안다. 하지만 마르쿠스는 공개적으로 고마움이나 감사를 표하지 않았다. 『명상록』은 그가 전장에서 소강 상태에 있을 때 사랑하는 친구와 가족을 후원자로 여기며 황제인 '자신에게' 쓴 글임을 기억하라. 말하자면 그는 전쟁 막사 안에서 관계를 쌓은 것이다. 다음날 전투를 준비해야 하는 황제조차도, 회복탄력성은 항상 진행 중인 과정이다. 여기에 활용할 수 있는 자원은 외부에 있다.

세계 속의 집에 존재하기: 연결됨

스토아주의에서 사회적 연결은 또 다른 모습을 보인다. 이는 소위 '세계 속의 집에 존재하기'라는 개념을 통해 이루어진다. 그리스 스토아학파는 기술적 용어인 오이케이오시스oikeiōsis를 사용하는데, 이는 영어로 "소속감affiliation", "친숙화familiarization", "전용appropriation", "애정 어림endearment" 등으로 다양하게 번역되고 있다. 오이케이오시스의 가장 흔한 뜻은 소속감으로, 세계 속의 나로 존재하는 것이다. 동물은 오이케이오시스를 통해 환경에 적응하며 자기보존을 꾀한다. 스토아학파는 오이케이오시스라는 개념을 통해, 본성상 선인 친숙한 것과 본성상 악(즉 외재적 요인이나 '무관한 것')인 '낯선' 것에 대해 알려 주고자 한다. 물리적 존재로서 우리는 자기보존을 꾀해야 한다. 이성적 존재로서 우리는 이성에 따르는 고결한 삶을 통해서 이성을 발전시키는 데 전념해야 한다. 이성에 대한 이러한 자연적 친화성은 우리를 타인과 연결해 준다. 마르쿠스가 묘사한 것처럼, 자연의 규범적 힘은 우리가 이성적이고 합리적인 존재들과 함께 공동체를 이루며 살아가게 하는 것이다. 이성은 우리를 한데 묶고 사회적 세계를 건설하는 것을 도와주는 공동선이다.

우리가 타고난 사회적 존재라는 생각은 아리스토텔레스에서 비롯된 것이다. 아리스토텔레스는 심지어 도시마저도 사회 계약이 아닌 자연에 따른 작용과 파트너십(가족부터 정치적으로 구성된 도시에 이르기까지)을 통해 성장한다는 관점을 취한다. 스토아주의는 발전상을 심화하고 넓히는 것을 목표로 한다. 생존을 위한 원초적 충동부터 살펴보자. 우리는 자라면서 우리의 진정한 본성(그리고 자기감과 자연법)이 우리의 이성을 완성하는 데 있음을 알게 된다. 이성은 우리를 다른 사람에게로 이끌며, 모든 사람에게 부과되는 협력적 행동과 의무(혹은 '적합한 행동')의 토대가 된다. 발전 이야기는 복잡하기는 해도, 이를 통해 핵심 주제를 파악할 수 있다.

여기서 중요한 것은, 1차적인 초점을 이성에 맞추더라도 이는 **나의** 이성이 아닌 **공유된** 이성이라는 것이다. 세계 속의 집 안에 존재한다는 것은 가장 근본적인 방식으로 이성을 공유하는 것이다. **나의** 자기보존을 위해서는 자기감부터 느껴야 할 것이다. 하지만 시간이 흐르면서 보편적 이성을 이해하는 가치 또한 변화한다. 키케로는 이것이 친구의 소개를 받아 다른 좋은 친구를 사귀는 것과 같다고 얘기한다.

"소개해 준 사람보다 소개받아 알게 된 사람의 가치를 더 높이 평가하게 된다."

따라서 이는 완벽한 이성의 상태를 보여 준다. 우리는 이성이 알아서 발달하는 단계에 도달할 때 마침내 세계 속의 집에 존재하게 된다. 이는 우리가 가치의 순위를 올바르게 매기고, 그 가치가 우리처럼 이성의 규범에 따르는 비슷한 가치 체계를 공유하는 사람들에 의해 지속됨을 의미한다.

다시 말하지만, 이 개념은 아리스토텔레스에서 기원한 것이다. 아리스토텔레스는 진정한 자기는 외재적 선을 소유하는 것이 아니라, 이성의 우수함을 개발하는 데서 드러난다고 주장한다. 그는 자기를 사랑하는 것은 이성에 대한 자기애적 애착이 아니라고 주장한다. 이성의 권위는 그것이 가장 잘 기능하는 것, 즉 "공동선"을 추구하기 위해 "가장 훌륭한 행동을 목표로 하는 덕행"에서 나온다. 스토아학파는 공동선을 폴리스에서 세계로 확장한다. 현명한 사람은, 모든 이가 함께 누리는 것을 제외한 오직 자기만의 것이란 없음을 안다. 자기 자신이 되는 것은 인간성을 공유하는 것이다.

하지만 이런 방식으로 세계 속의 집에 존재하는 것은 추상적이다. 공통의 이성을 통한 공통의 목표는, 우리를 서로 연결하는 구체적이고 감정적인 유대에 대한 통찰 없이는 고상한 말에 지나지 않는다.

하지만 스토아학파는 감정과 감정적 애착을 이성의 표현으로 만듦으로써, 이성을 지상 과제로 삼는다. 더 중요한 것은, 이성이나 인식은 단지 감정의 재료일 뿐이라는 것이다. 바로 앞 수업에서 살펴봤듯이, 감정은 흥과 동기로 가득 찬 "충전된" 믿음이다. 심지어 현자의 깔끔한 "좋은" 감정들도 때로는 상승과 하강의 지그재그를 그린다. 그것들은 모든 감정 경험의 특징인 팽창과 수축, 밀고 당김, 높고 낮음으로 가득 채워져 있다. 신체적 꺼림칙함은 현명한 자에게도 동기를 부여한다. 가장 신성한 사람은 감정을 통해 회복탄력성과 인간적 유대감이 가능한 사회 구조의 발판을 마련한다.

현명하지는 못해도 도덕적 진보를 이루기 위해 헌신하는 세네카 같은 실천 스토아주의자에게도, 이성의 공유는 감정으로 가득 찬 경험이다. 이는 편지를 통한 우정의 나눔으로 나타난다 『유리서간집Letters on Ethics』에 이것이 잘 나와 있다. 여기에는 세네카가 편지를 보내면서 느끼는 흥분, 답장을 기다릴 때의 간절함, 애도에 대한 위로, 고통, 사소한 일상에 대한 보고, 꾸준함과 지혜에 대한 열망이 담겨 있다. 이를 통해 힘든 시기에 자신과 상대방을 지탱하는 세네카의 연대의식과 공감을 엿볼 수 있다.

세네카는 정치에서 은퇴한 뒤 생의 마지막 몇 년 동안 죽음과 네로의 적개심을 염두에 두며 이 편지들을 썼다. 편지마다 불안과 평온에 대한 갈구가 녹아 있다. 세네카는 외적인 것에서 내적인 삶으로 철수한다. 하지만 거기에는 친구가 함께한다.

"내가 친구들에게 헌신할 때는, 나 자신에게서도 물러나지 않는다."

역사로부터의 교훈 역시 우리를 지지해 주는 시스템의 일부다. 세네카는 굳이 현재의 삶 속에서만 친구를 찾을 필요는 없다고 주장한다. 역사의 위인들로부터 영감을 얻을 수도 있다. 소크라테스는 자신의 철학적 원칙에 대한 확고함을 죽음으로 증명했다. 카토는 정치적 야망 대신 덕의 길을 걸었다. 스키피오와 킨키나투스는 모범적인 군사 리더십을 보여 줬다. 곧 보게 되겠지만, 반신demigod 헤라클레스는 더 복잡한 모습을 보인다. 예외적이게도 그는 영광을 추구하는 힘든 투쟁 속에서 유해하고 불안정한 혼합물을 만들어 낸다.

세네카는 현자가 500년에 한 번 나타나는 불사조 같은 빈도로 출현한다고 말한다. 그렇게 희귀한 현자는 너무 범접할 수 없는 존재여서 본받기 힘들다. 하지만 감정을 드러내며 구체적이고 역사적 실체가 있는 현자의 삶은, 현실에서 경건함을 구현할 수 있다. 이는 회복탄력성에 대한 스토아적 에너지를 발산하는 방식이다. 이제 역경에 직면하는 법을 가르쳐 줄 수 있는 신화적 모델을 포함한 모범적인 예를 다뤄 보자.

세네카와 동시대 사람인 필론은 『구약성서』에 대한 헬레니즘적 논평을 통해 이 일을 한다. 사라가 아이를 낳게 될 것이라는 얘기를 들은 뒤 혼자 어이없이 웃었던 순간을 다시 한번 상상해 보라. 어떻게 하면 100살이 다 된 나이에 임신 가능성이 불신과 두려움에서 기쁨으로 바뀔 수 있을까? 스토아적 여성 가장인 사라는, 자신을 '이리저리 흔드는' 감정의 고삐를 늦추며 내면의 고요함과 기쁨을 가져다주는 평온을 느낄 수 있음을 보여 준다. 여기에 기술에 대한 조언은 없다. 이것은 가장 가능성이 낮고 위험해 보이는 출산에 대한 불안이, 점차 더 높은 권위에 대한 신뢰와 침착함으로 바뀔 수 있다는 희망을 보여 준다. 이것이 바로 성경의 스토아적 교훈이다.

실존 인물, 이야기 속 인물, 동시대 사람들과의 우정은 스토아적 끈기를 형성하는 데 필요한 사회적 요소다. 세네카는 나이 어린 친구인 가이우스 루킬리우스에게 편지를 썼다. 이 편지들은 솔직한 도덕적 조언으로서, 라뽀rapport를 쌓으면서 본연의 역할에 충실한다. 루킬리우스가 보낸 답장은 확인되지 않았다. 이것은 문학예술의 한 형태다. 하지만 여전히 루킬리우스의 존재는 질문과 답변, 상호 친구들로부터의 소식, 편지를 주고받는 것을 고대하는 부분에 드러나 있다.

"매번 편지가 올 때마다… 나는 그대와 함께 있다."

세네카는 후대를 염두에 둔다. 그는 다른 사람들의 "선의 근원"이 되었다고 칭찬받아 마땅하다. 만약 이 편지들에 영광이 담겨 있다면, 그 일부는 스토아주의자가 관계를 통해 가르치는 방법과 계속 그렇게 해 나갈 수 있는 방법에 대한 기록에 담겨 있을 것이다.

가상의 관계

"정말 뿌듯하고 기쁘다. 나는 매번 그대의 편지 속 내용에서 그대가 스스로를 얼마나 능가했는지 볼 때마다, 세월을 잊고 젊음의 열기를 다시 느낀다."

세네카는 이상화된 가상의 관계를 통해 가르치는 코치다.

"우리는 사랑하는 사람이 없는 동안에도 기쁨을 느낀다."

우리는 타고난 자질을 지닌 도덕 가정교사가 어린 학생들의 성격 발달에 초점을 맞춰 가르치면서 아주 큰 기쁨을 느끼는 모습을 상상할 수 있다.

"아이들의 존재와 아이들과의 대화는 삶의 기쁨과 같다."

이는 특히 "당신이 원하는 사람을 볼 때뿐만 아니라, 당신이 원하는 대로 그 사람을 볼 수 있을 때" 더욱 그렇다.

이 모든 것은 피그말리온Pygmalion처럼 보일 수도 있다. 그는 자신이 원하는 대로 학생을 만들 수 있는 도덕적 멘토였지만, 멘티 입장에서는 선택의 여지나 내면의 자유가 거의 없었다. 이러한 외부로부터의 강요는 스토아적으로 보이지 않는다.

확실히, 선함은 명시적인 교육 목표다. 스토아 코치는 학생들이 선함을 배우기 바라고 이는 충분히 그럴 만하다. 하지만 선함을 개발하고 나타내는 방법은 다양하게 생각해 볼 수 있다.

키케로는 초기 스토아 철학자 파나이티오스에 대한 기록을 통해 이를 자세히 기술했다. 우리는 삶에서 네 가지 역할 혹은 페르소나를 가지고 있다. 첫 번째는 보편적이고 이성적인 본성으로, 모든 사람에게 공통적인 페르소나다. 두 번째는 개별적인 기질 혹은 특성이다. 세 번째는 "우연이나 환경"에 의해 형성된 모습이다. 그리고 마지막 네 번째는, 우리가 성인이 되면서 "우리가 생각하는 자신의 관점"에서 "어떤 사람이나 존재가 되고 싶은지, 어떤 삶을 원하는지" 선택하는 것이다. 기회와 환경에 의해 극도로 자유가 제한되는 상황에서, 우리가 삶에서 의미 있는 선택을 할 수 있는 방법은 불분명하다. 어쩌면 우리가 할 수 있는 것이 없을지도 모른다. 만약 우리가 할 수 있는 게 있다면, 선함에는 다양한 모습이 있음을 깨닫는 것이다. 우리는 종종 선함에 필요한 성격, 능력, 타고난 재능을 발휘하여 번영하는 삶을 선택한다. 우리 중 일부는 기질에 맞는 일을 하며 현재의 모습이 된다. 이를테면 시비 거는 것을 좋아하는 사람은 고소 고발인이 되고, 재미있는 사람은 코미디언이 되며, 돌보는 것을 좋아하는 사람은 간호사가 되는 것처럼 말이다. 삶에서 올바른 역할을 하기 위해서는 자신의 본성을 알아야 한다. 에픽테토스는 "우리는 연극 배우다."라고 말했다. 이는 스토아주의의 핵심 주제다. 키케로는 이를 더 자세히 설명한다. 그는 우리가 연극을 살하기 위해서는 알맞은 배역을 골라야 하듯이, 자신의 특성과 기질에 "최적화된" 직업을 선택해야 한다고 말한다. 그는 당신이 "다른 누군가의 본성을 모방하거나 자신의 본성을 무시해야 한다는" 압박에서 벗어나야 한다고 주장한다. 만약 우리가 운이 좋다면 우리의 선택에 도움을 줄 수 있는 스승을 만날 수 있을 것이다. 특히 외부적 조언을 가장 필요로 하는 사춘기 후반에는 더욱 그렇다.

세네카의 메모는 종종 관계에서 스승 역할을 한다. 다른 이들의 희망과 그들을 대신하는 열망은 기쁨을 불러일으킨다. 우리는 관계 안에서 스승, 부모, 소중한 친구, 파트너로 살아간다. 다른 글에서 세네카는 선물을 주고 감사를 표하는 감정 교류가 얄팍한 예의범절 이상임을 상세히 설명한다. 그의 『서간집』에 나오는 사례를 보면, 가르침은 스승의 성장과 즐거움으로 돌아온다. 우리가 먼저 다른 이들에게 희망을 가지면, 그들이 악과 어울리고 있더라도 이내 바른 길로 가거나 슬럼프에서 벗어날 것이다. 우리는 나름의 방식으로 스스로를 가르친다. 세네카는 죽음이 가까워졌을 때조차도 후배에게 보내는 편지에서 "가르침에 힘써라."라고 말했다. 좋은 스승은 학생들과 함께하며 모범을 보인다. 그들은 그곳에 있으면서 최소한 그것이 어때야 하는지에 대한 공감을 보여 줄 수 있다. 스승 또한 여전히 배우고 성장한다. 공감적 관계는 효과적인 교육에 매우 중요하다. 최근의 정치 사례를 보자. 2019년 2월 마이클 코언Michael Cohen은 탈세와 선거법 위반으로 고발된 도널드 J. 트럼프 대통령과 그의 측근들을 조사하는 하원 감독개혁위원회에 소환됐다. 코언은 트럼프의 개인 변호사였고 10년 넘게 '해결사' 노릇을 했다. 그는 탈세와 거짓말로 연방법원에서 유죄 판결을 받은 직후 증언을 위해 의회에 소환됐다.

당시 하원 감독개혁위원회 위원장은 볼티모어 중진 하원의원인 엘리자 커밍스Elijah Cummings였다. 커밍스는 아프리카계 미국인으로 소작농의 아들이었다. 그의 연설은 설득력 있고 열정적이었다. 커밍스가 과거 자신의 상사를 위해 총알을 맞겠다는 유명한 말을 했다가 이제는 진실된 증언을 하고 있다고 주장하는 코언에게 다가가는 모습이 TV 화면에 잡힌다.

"코언 씨, 당신은 많은 실수를 저질렀고 그것을 인정했습니다. 당신은 비록 실수를 했지만 이제는 다른 삶을 살고 싶다고 말씀하시고 있군요."

커밍스는 수많은 상대방 변호사들을 곤란에 빠뜨렸던 과거 변호사로서의 실력을 발휘한다.

"그리고 당신도 알다시피, 만약 우리가… 우리나라가 실수를 한 사람들에게 자신의 삶을 바꿀 수 있는 기회를 주지 않는다면, 많은 사람들이 힘들어질 겁니다."

여기서 우리는 형사재판의 피고측 변호사로부터 갱생의 가능성에 대한 교훈을 배운다. 그는 사람들이 유죄 판결을 받은 뒤 어떻게 세상으로 나올 수 있었는지 봐 왔다. 그는 사람들이 삶을 변화시키는 것을 지켜봐 왔다. 그는 이렇게 막대한 범죄를 저지른 사람에게도 외상후 성장의 가능성이 있음을 암시한다.

그러고 나서 커밍스는, 비록 코언은 잡혔지만 트럼프 행정부에서 그와 비슷하거나 더한 짓도 한 사람들은 법망을 빠져나간 이 모든 상황이 어떻게 보면 불공평함을 인정한다. 그는 마치 키케로처럼, 이 상황을 외상후 성장의 기회로 보고 새로운 길을 모색할 수 있는 기회라고 얘기한다.

"전 아이들에게 나쁜 일이 일어나면, 왜 이런 일이 자신에게 일어났는지 물어보지 말고 왜 자신으로 인해 이런 일이 일어났는지 물어보라고 말합니다."

그는 코언이 왜 이런 운명에 처했는지는 모르지만, 코언이 이 상황을 통해 자신이 더 나아지고 우리 나라의 민주주의가 나아지는 역할을 할 수 있기 바란다고 말했다. 또다시 스토아학파의 시간이다. 에픽테토스는, "삶은 무심하지만, 우리가 이를 활용하는 방법은 그렇지 않다."라고 말했다. 당신의 운명에 맡겨진 것을 등한시하지 마라. 커밍스의 도덕적 논조는 종교적이며 사람 일반을 대상으로 한다. 당신은 다른 사람들 대신 제물로 바쳐졌다. 다른 사람들도 당신만큼 죄를 지었지만, 당신이 죄를 지은 것 또한 의심의 여지가 없다. 당신은 성전의 제물이다.

이것은 냉혹할 정도로 실용적이다. 설령 잘못을 저지르고 처벌받을 만한 사람이라도, 선을 이루기 위한 카드로 사용될 수 있는 것이다. 그는 여전히 이 연극에서 모두를 대신한 희생양이다.

하지만 이후 커밍스의 논조가 달라진다. 똑같은 도덕적 견해라도 부모가 부모에게 말하면 매우 개인적인 의미로 받아들여진다. 여기서 놀라운 감정이입이 벌어진다.

"제가 얼마전에 본 매우 마음 아픈 사진에 대해 말씀드릴게요. 그 사진은 정말 보고 있기 힘들었어요. 당신은 법정을 나서고 있었어요. 그리고 치아교정기를 낀 당신 딸이 있었죠. 전 두 딸의 아버지로서 그 사진을 보고 너무 마음이 아팠습니다. 전 그게 당신에게 어떻게 느껴질지 확실히 알 수 있습니다."

코언은 고개를 떨구고 충혈된 채 울기 시작했다. 여기서 커밍스는 감사, 연민 어린 걱정, 희망 찬 포부를 표현한다.

"우선 당신에게 감사드린다는 말씀을 드리고 싶습니다. 이게 힘든 일이란 걸 알아요. 당신이 많은 사항들에 직면해 있다는 것도 압니다. 가족을 걱정하는 것도 알고요."

그는 또 다른 연결고리를 놓는다. 이번에는 코언을 감옥에 있는 그의 미래와 연결한다. 지금 흑인이 백인에게 구속을 말하고 있다. 이는 코언이 경찰에 신고하고 제보자가 된 것에 대한 대가이며, 본질적으로는 코언이 재판에서 했던 행위와 지금 이 청문회에서 하고 있는 일의 대가이기도 하다.

"감옥에 가는 것이 힘든 일이라는 걸 압니다. '쥐새끼'라고 불리는 것이 고통스러운 것도 알고요. 제 얘기를 좀 해 드리죠. 제 고향은 볼티모어입니다. 전 볼티모어 도심지에서 자랐어요. 그래서 쥐새끼가 가장 나쁜 말이라는 걸 압니다. 그 말을 듣는 사람은 밀고자라는 뜻이니까요. 그건 누군가를 지칭하는 가장 나쁜 말 중 하나에요. 그래서 대통령도 당신을 '쥐새끼'라고 불렀죠. 하지만 우리는 그보다 낫습니다. 정말입니다."

이것은 도덕적 진보와 선택, 그리고 이를 통한 회복탄력성에 대한 주목할 만한 시민 수업이다. 지금 우리와 밀접하게 관련 있는 것은, 감정이 이러한 도덕적 교훈의 매개체라는 것이다. 커밍스는 몰락한 한 남자와 교감하고 있다. 나는 당신의 부끄러움을 느낀다. 당신의 도덕적 타락을 이렇게 공개적으로 인정하면서 느끼는 회한을 이해한다. 아이들에게 당신의 민낯을 드러내는 것이 어떤 기분일지 안다. 감옥에서 생활하는 것과 '쥐새끼'라고 불리는 것이 어떤 것인지 안다. 하지만 당신과 우리는 모두 한 나라의 시민으로서, 더 가치 있는 목표에 투자하고 이를 실현하기 위해 노력하기 바란다. 커밍스는 "우리는 이보다 더 낫습니다."라고 반복해서 말한다. 우리는 현재와 미래를 위해 함께하고 있다. 커밍스는 "우리 아이들은 우리가 결코 보지 못할 미래에 대한 메시지입니다."라고 말하고 나서 몇 달 뒤 죽었다(역주: 2019년 10월 17일 지병의 합병증으로 사망했다. 향년 68세).

하지만 이것이 스토아적 상담 방식일까? 교사가 자신의 고통을 드러냄으로써 도덕적 정직성을 추구하는 방식이 스토아적 설교가 될 수 있을까?

비록 둘 다 공공 장소에서 훈계적으로 말했지만, 아프리카계 미국 하원의원의 스타일과 의견은 로마 시대 연설가와 매우 분명한 차이가 있다. 하지만 여전히 현실에서는 고난과 고뇌로 인해 스토아 윤리가 필요하다. 에픽테토스는 정치적 노예화를 새롭게 인지하는 새로운 유형의 자유를 가르친다. 세네카는 와인을 입에 달고 살면서도 금욕을 위해 고군분투한다. 그는 으리으리한 부를 지니고 있으면서도 재산을 포기하려고 애쓴다. 그는 의사이자 환자다. 마르쿠스는 개선 퍼레이드를 자제하면서도 공개적인 황실 행사는 화려하게 만끽한다. 그는 권력과 영광을 최소화하지만 결국 제국을 다스리는 황제다. 스토아주의는 우리가 열망하는 것과 현재 우리의 모습 간의 커다란 간격에서 태어났다. 자신이 씨름하는 것을 공유하지 않은 채 영감을 불어넣는 스승은 거의 없다. 스토아학파도 마찬가지다. 당신이 황제든 세네카 같은 각료든, 매사에 평온과 평정, 겸손과 자기절제가 필요하기에 스토아주의가 매력적인 것이다.

스토아적 공감

공감은 회복탄력성의 기반인 사회적 유대감을 형성하는 데 핵심 요소다. 개인이 집단과 이렇게 멀리 떨어져 있을 때는, 이런 유형의 사회적 자본을 쌓는 방법은 스토아학파가 도전해야 할 절박한 문제다. 잘 알려지지 않은 2세기 로마 스토아 철학자 히에로클레스는, 일련의 동심원 간의 거리를 좁히는 은유를 통해 이 난제를 해결한다. 가장 한가운데에는 당신, 즉 당신의 마음과 몸과 생존에 필요한 것이 있다. 그 다음 원에는 직계 가족이 있고, 이어서 친척, 더 먼 친척, 이웃, 집단 구성원, 동료 시민 등으로 이어지며 궁극적으로는 전 인류로 원이 확장된다. 우리는 상상력과 관계 맺기 연습을 통해 가장 바깥쪽에 있는 원들을 더 가까이 끌어당김으로써 그것들과 연결된다.

"우리는 계속해서 바깥쪽 원에 있는 것들을 우리가 속한 원 안으로 옮겨 담는다… 세 번째 원에 있는 사람들을 두 번째 원에 있는 사람처럼 존중하는 것이 우리의 의무다…"

계속 그렇게 이어진다. 당신이 소속된 집단 밖에 있는 사람들까지 당신의 공동체의 일부로 여기기 위해서는 엄청난 노력이 필요하다.

히에로클레스는 원들 간의 간격을 좁히기 위해 플라톤의 『국가』에서 나온 방법을 모방한다. 만약 우리가 특정한 연령대의 사람들을 '사촌'이나 '형제', '삼촌과 이모', '아버지와 어머니'라고 부른다면, 친족 관계를 더 가까이 경험할 수 있을 것이다. 아리스토텔레스는 결코 플라톤의 책략이 먹힐 것이라고 생각하지 않았다. 자신이 아는 모든 여성을 '우리 엄마'라고 부르고 모든 남자애들을 '우리 아들'이라고 부르면 모든 관계가 희석될 것이다.

한 대만계 미국 학생도 그 말에 동의했다. 그녀는 수업 세미나에서 이 구절이 나오자, 자신이 대만을 방문했을 때 어머니가 가족의 긴밀한 유대감을 느낄 수 있도록 먼 친척들을 플라톤의 구절과 똑같이 형제, 자매, 이모, 삼촌 등으로 부르게 시켰다고 말했다. 그녀는 자신이 대만 문화의 이방인이고, 문화적 차이와 거리감으로 인해 가족의 강한 유대감이라는 느낌을 껄끄럽게 여기는 것을 알고 있었음에도 불구하고 그것을 매우 어색하게 느꼈다. 그녀가 보기에 가족이 되기 위해서는 단순한 호칭 이상의 것이 필요했다.

히에로클레스가 하려는 것은 가족을 만드는 것이 아니라, 스토아적 지구촌에 부합하려는 것이었다. 어떻게 하면 함께 살지 않거나 모르는 사람의 이익까지도 고려할 수 있을까? 어떻게 하면 그들이 이익을 얻을 때 우리가 이익을 얻는다고 느끼거나, 편협한 자기만의 이익보다 우리 모두의 복지가 더 중요하다고 느낄 수 있을까? 어떻게 하면 존중을 구체화할 수 있을까? 히에로클레스는 낯선 것을 이질적으로 여기지 않기 위해서는 엄청나게 노력하고, 끊임없이 신경 써야 한다고 주장한다. 18세기 후반 계몽주의 사상가들은 이러한 스토아주의를 더 다듬었다. 흄은 (비록 그는 오늘날 우리가 공감empathy이라고 부르는 것을 "연민sympathy"이라고 불렀지만) 공감이 간접적인 깨달음이라고 했다. 그것은 마치 우리가 코드로 연결되어 있는 것과 같아서, 한쪽에서 줄을 당기면 반대쪽에서도 이를 느낄 수 있는 것이다. 우리는 마치 전염되는 것처럼 상대방의 감각을 느낀다.

"공감보다 더 광범위한 사회적 관심은 없다."

흄의 동시대인이자 동료인 애덤 스미스는, 우리가 다른 사람의 삶이 어떤지 떠올리며 '상상 속 장소'를 교환한다는 발상을 통해 공감에 대한 더 인지적 관점을 발달시킨다. 우리는 단지 그들의 입장에서 생각하는 데 그치지 않고, 그들의 입장에서 그들 자체가 **될 수 있도록** 노력해야 한다. 상상력은 풍부히 발휘할 수 있다.

"우리는 다른 사람이 느끼는 것을 직접 경험할 수 없다⋯ 단지 상상력을 발휘하여 그 사람이 무엇을 느끼는지에 대한 감을 잡을 수 있을 뿐이다⋯ 우리는 다른 사람의 입장이 되는 상상을 통해 그 모든 고통을 견디는 것을 상상하며, 마치 그의 몸에 있는 것처럼 그 안에 들어가고, 어느 정도는 그와 똑같은 사람이 된다." 그렇게 우리는 다른 사람의 감정에 "박자를 맞춘다."

이들 사상가들은 세상을 자신이 투사한 모습대로 보지 않는 동시에 세상과 연결되는 것을 도덕적 난제로 여겼다. 이를 위해서는 공감과 상상력이 필요하지만, 우리의 이기심과 편견에 대해서도 생각해 봐야 한다. 그래서 도덕적 관점을 계몽주의적으로 건설하는 데 공정한 평가자나 관찰자라는 개념이 매우 중요하게 된다. 스토아학파는 아직 이 지점에 이르지는 못했다. 히에로클레스는 멀리 있는 타인을 자신의 궤도 안으로 가져오는 방법을 설명한다. 우리가 세상을 덜 이질적인 곳으로 만들 때, 비로소 우리는 세계 속의 집에 존재할 수 있다. 하지만 세계와 그 안에 있는 자원을 공유하기 위해서는 자신보다 더 큰 본거지가 필요하다. 미국의 건국의 아버지들 다수는 스토아학파의 애독자였다. 그들은 지역이나 무리에 따라 나뉘지 않고, 집단적 소속감을 유지하는 사회를 이루어야 한다는 계몽주의적 주제를 공유했다.

다른 유형의 힘을 바라는 헤라클레스와 아버지의 청원

지금까지 우리는, 개인의 회복탄력성에 중요한 역할을 하는 소속감과 공감에 대한 스토아적 개념을 간략히 다뤘다. 우리는 멀리 떨어진 사람들과도 소속감과 유대감을 지닐 때 비로소 세계 속의 집에 존재할 수 있다. 스토아적으로 볼 때, 사회적 자아는 아무리 힘들어도 우리가 속한 원 밖에 있는 사람들에게 관심을 갖고 또 그들로부터 보살핌을 받는 전세계적 자아를 말한다. 흔히 거리와 차이가 걸림돌이 되지만, 불굴의 힘에 대한 잘못된 믿음 또한 장애물이다. 스토아적 회복탄력성은 종종 초인적인 것처럼 보인다. 모든 적과 두려움을 물리치는 힘, 불굴의 정신, 강인한 육체로 불가능한 일을 해내는 이미지가 떠오른다. 헤라클레스는 위험에 위험을 무릅쓰면서도 끝내 무사히 살아남는 영웅이다. 그는 무적이다. 그는 두려운 이미지를 받아들이지 않고 행동하는 사람이다. 어떤 이들은 그의 모습이야말로 스토아적 불굴의 정신을 묘사하는 것으로 본다.

하지만 헤라클레스는 비극적 인물이다. 적어도 세네카의 희곡 『헤라클레스의 분노Hercules Rages』에서는 그렇다. 세네카는 이 비극이 주노Juno(역주: 그리스 식 이름으로는 헤라Hera)가 주입한 광기로 인한 헤라클레스의 슈퍼히어로 액션 중독과 매우 큰 관련이 있는 것처럼 설명한다. 주노는 주피터의 사생아들 중 가장 출중해 보이는 헤라클레스를 질투한다. 그녀는 헤라클레스가 12과업을 완수하자 복수를 위한 최후의 일격을 가한다. 이것은 유례없는 방식으로 헤라클레스를 시험한다. 세네카는 이 희곡에서, 헤라클레스의 회복탄력성은 그가 지닌 전형적인 힘과는 무관한 매우 다른 유형임을 보여 준다.

상황은 이렇다. 헤라클레스는 12과업의 마지막으로 하데스의 경비견 케르베로스를 포획하는 일을 마친 뒤 지하 세계에서 나갈 준비를 한다. 그는 아버지 암피트리온, 아내 메가라, 자식들을 간절히 보고 싶어 한다. 이들은 헤라클레스가 없는 동안 메가라의 아버지인 크레온을 죽이고 그의 왕국을 빼앗은 폭군 리코스 치하에서 고통을 겪고 있었다.

주노는 이들이 재결합할 것이라는 생각에 분노한다.

"그의 거대한 야망을 꺾으리! … 더 이상 괴물은 없다… 그가 자신과 싸우게 하고… 헤라클레스의 마음을 포획할 것이다."

주노는 헤라클레스를 비뚤어지게 하고, 그의 임페투스가 자신을 향하도록 한다.

이때 헤라클레스는 이 세계의 한계를 넘어선 상태였다. 그는 모든 과업을 완수한 영광에 취해 있다.

"내가 지하 세계를 지배하기 바랐다면 얼마든지 그랬을 수도 있다… 나는 죽음을 경멸하고 여기로 돌아왔다."

이제 그는 한가한 나머지 손이 근질근질하다. 그는 자신의 행동에 취했다.

"나에게는 더 많은 과업이 남아 있다. 아버지여, 아내여, 지금은 당신들을 품에 안을 수 없습니다."

그는 리코스를 물리친 뒤, 도시를 다시 축성하고 다스리기 위해 제단에서 예배를 드린다. 그의 가족은 그동안 계속 기다려야만 했다. 가족과 재결합하면서 포옹하고, 애정을 표현하고, 감정에 충실히 접촉하는 것은 미뤄졌다. 그는 끝내야 할 일이 있다. 그는 축성을 돕겠다는 아버지의 제안을 거절한다.

"아닙니다, 제가 스스로 하겠습니다."

계획은 늘어만 간다. 아드레날린이 솟구친다. 그는 돌아왔지만 그의 가족은 여전히 그가 집에 오기만을 기다리고 있다.

그러다 그는 미친다. 자멸이 시작된다. 그동안 기다렸던 가족은 이제 그의 사냥감이 된다. 주노는 헤라클레스가 평정을 되찾지 못할 것이라고 확신했다. 그녀는 그의 마음을 포획했다. 그는 아내 메가라가 보는 앞에서 먼저 자기 자식을 죽인 뒤, 아내의 머리를 후려친다.

암피트리온은 더 이상 그런 광경을 볼 수 없도록 자신이 다음 희생자가 되게 해달라고 애원한다. 하지만 헤라클레스는 신경 쓰지 않는다. 이때 주노가 저주를 푼다. 헤라클레스는 이제 잠잠해진다. 그는 자신이 저지른 재앙을 모른 채 잠이 든 뒤 깨어나 '유령들'을 본다. 이때까지도 그는 자신이 살인자라는 것을 모른다.

그의 아버지가 흉악한 소식을 전한다. 온화하고 영혼이 충만한 그의 아버지는, 전혀 납득할 수 없는 비극적 순간에 아들을 안고, 어루만지고, 껴안는다.

"너는 슬퍼해야 한다. 죄책감은 너의 계모가 느껴야 한다. 불행은 네 잘못이 아니다."

암피트리온은 이 희곡에서 자애로운 스토아 치료자의 역할을 맡는다.

"사고를 범죄라고 말하는 사람이 있는가?"

헤라클레스는 사고도 충분히 심각하다면 중범죄라고 항변하지만, 아버지는 자비로운 태도로 일관한다. 그는 판단하지 않는다. 불운과 사고, 복수심에 불타는 신이 내뿜는 격노는 우리의 책임이 아니다.

"너가 한 악한 행동에 대해 스스로를 용서해야 한다… 자신에게 자비와 공감을 보여라… 나는 네 거울이 되기 위해 여기에 있다…"

암피트리온의 간청이 묵살되는 것처럼 보일 때, 헤라클레스의 동료이자 절친한 친구인 테세우스가 공감적 동료 상담가로 개입한다. 그는 헤라클레스가 지닌 불굴의 용기를 활용하는 묘안을 낸다. 그는 헤라클레스가 올바른 방향으로 눈을 돌리게 한다. 헤라클레스의 분노를 억누르고 트레이드마크인 용기를 고취함으로써, 그가 존속 살인자라는 치욕과 자살 충동에 맞서 싸우도록 한다.

"너의 아버지의 기도가 효과를 보겠지만, 나도 눈물로 너의 마음을 움직이고 싶다… 네가 평소에 지니고 있는 힘으로 어려움을 극복해라… 너의 영웅적 용기를 발휘해서 자책에서 벗어나라…"

지금은 제정신이 아닌 상태에서 사랑하는 사람들을 죽인 도덕적·정신적 트라우마라는 위험에 맞서기 위해 온 정신을 기울여야 한다.

세네카는 이 희곡에서, 헤라클레스의 용기조차도 사회적 유대감에 바탕을 두고 있음을 보여 준다. 육체적 힘으로는 부족하다. 자립은 불충분하다. 헤라클레스의 용기는 그 스스로는 지니고 있지 않은 자비로움을 필요로 한다. 이를 위해 모델로 삼을 사람들이 필요하다. 그는 그들에게 의지해 자비로움의 방법을 배워야 한다.

그래서 헤라클레스의 마지막 과업인 신뢰와 사랑을 받아들이고 그에 보답하는 것은 그에게 가장 힘든 일이다. 여기서 상호 유대가 힘이 된다. 암피트리온은 헤라클레스에게 자살하지 말아 달라고 간청한다.

"이렇게 애원하마, 제발 나이 든 나를 혼자 남겨 놓지 말거라… 네가 폐

허가 된 이 집의 유일한 버팀목이고 내 고통에 대한 유일한 빛이다… 내가 너를 보고 만지는 기쁨을 느낄 수 있게 해 다오. 제발 부탁이다."

관계, 아버지와 아들, 포옹, 손길, 사랑과 보살핌의 상보성은 두 사람 모두 삶을 이어 나갈 수 있는 용기의 단초가 된다. 이러한 용기는 앞서 헤라클레스가 하데스를 물리쳤을 때나, 메가라를 봤을 때나, 지금이나 여전히 낯설다. 하지만 이제 와서 다른 방법은 없다.

이것은 희곡이다. 세네카는 자신에게 편지를 쓰는 것도 아니고, 편지 받을 친구를 떠올리고 있지도 않다. 이것은 상실에 대한 위로가 아니다. 공연 여부를 떠나서 희곡은 신화를 현실로 만든다. 영광의 순간에 서 있던 위대한 사람이, 비록 귀책사유는 없더라도 가족을 살해한 뒤 자신이 그런 범죄를 저질렀다는 사실에 최악의 고통을 마주한다. 가장 중요한 것은 바로 이러한 비극적 고통이다.

정신치료자인 내 동료는 이 희곡을 떠올리게 하는 섬뜩한 사례를 들려줬다. 그 사례의 내담자는 자신도 모르는 사이에 일어난 일로 트라우마를 경험한 적이 있었다. 그는 무언가를 놓쳤다는 이유로 스스로 극악무도한 범죄를 저질렀다고 느꼈다. 그가 놓친 것은 사실이었다. 과거 그는 긴급구조대원을 치료한 적이 있었다. 그 대원은 불행과 사고로 점철된 복잡한 심리적 병력을 지니고 있었다. 그를 괴롭힌 것은 한 사건이었다. 그는 경찰팀의 일원으로 화재 현장으로 호출됐다. 그에게는 불타는 아파트에 갇혀 있는 세 아이들을 찾는 임무가 주어졌다. 그는 두 명의 아이들을 찾아서 구조했다. 하지만 세 번째 아이는 찾지 못했다. 아이의 침실을 구석구석 뒤졌지만 흔적조차 발견할 수 없었다. 방 안에는 검은 연기가 자욱해서 앞도 보이지 않았다. 그는 소리와 감촉에 의지했다.

"침대에 아이가 있다는 게 느껴졌지만 찾을 수는 없었어요."

나중에서야 그는 불에 타 죽은 아이가 침대 밑으로 기어 들어갔다는 것을 알게 됐다.

"제가 왜 침대 밑에 있는 아이를 몰랐을까요? 전 압박감 속에서도 명확하게 생각할 수 있도록 훈련받았어요. 그런데 어쩜 그리 어리석었을까요? … 제가 아이를 구했냐고요? 아뇨, 못 구했어요. … 판사가 제 잘못이 아니라고 말했지만 와 닿지 않았어요… 전 생사의 기로에서 역할을 못 했어요."

그는 그 사건을 잊을 수 없었다. 외상적 기억이 플래시백으로 나타났다. 그는 아이의 죽음에 도덕적 책임을 느끼고 있었다. 만약 치료가 죄책감을 덜거나 자신을 자비롭게 대하는 것이라면, 분명 그는 자신이 치료받을 자격이 없다고 확신할 것이다.

"제가 죄책감을 느끼는 게 맞는 것 같아요."

하지만 그는 죄책감으로 인해 더 고통스러워할 것이다. 다른 긴급구조 대원들처럼 그 역시 자신을 강인한 전사로 바라본다. 감정을 드러내는 것은 약한 것이다. 그런 것은 그의 일에서 가치 있는 것이 아니다. 그의 역할은 실패하지 않고 빠르게 행동하고 대응하는 것이다. 사고를 통해 감정의 잔류물을 변화시키는 것은 직무에 없다. 하지만 그가 그렇게 하지 않는다면 살아가기 힘들 것이다.

이것은 인간적 수준의 비극적 초상이지만, 세네카의 헤라클레스를 연상시킨다. 우리는 영웅적 과업과 구조를 행할 때 자신이 지닌 힘을 착각하게 된다. 우리 중 누구도 전능할 수 없다. 우리는 좋을 때나 나쁠 때나 누군가를 필요로 한다. 우리는 두려움과 실패를 이해하도록 도와줄 수 있는 누군가를 필요로 한다. 우리 안에 없는 자비를 보여줄 수 있는 다른 누군가가 필요하다. 집과 고대 삼나무 숲을 집어삼키는 화마와 싸우는 우리에게는 누군가가 필요하다. 집, 삶, 직장, 자연을 잃어버린 우리를 위로해 줄 누군가가 필요하다.

이것이 지금 가장 시급한 교훈이다. 불길이든 병이든, 최일선에 있는 수백만 명의 긴급구조대원들은 자신이 할 수 있는 것과 할 수 없는 것을 받아들여야만 한다. 그들은 공포와 불안의 홍수 속에서 살아왔다. 그들은 무력감을 느꼈다. 의료의 최전선에서 일하는 사람들은 자신이 치료받기 위해 일을 멈추면 무슨 일이 생길지 걱정했다. 그들은 이미 한차례 통제된 적이 있었던 도시와 병원들이 다시 한번 봉쇄되는 것을 목격했다. 몇몇은 자신들이 병을 옮겨 예기치 않게 죽음에 이르게 할까 봐 직계 가족과 거리를 두기도 했다.

그들은 큰 위험을 느끼면서도, 임대료, 식비, 건강보험료를 낼 수 있는 지금의 직장을 그만둘 수 있을지 걱정한다.

이러한 절망적인 시기를 헤쳐 나갈 기회를 잡기 위해서는, 물질적·경제적 자원뿐만 아니라 온라인이든 대면이든 강력한 정서적 지지도 필요하다. 고대에나 지금이나 내면의 힘만으로는 스토아적 끈기를 기를 수 없다.

스톡데일이 격추되기 1주일 전 비행기에서 내리는 모습

포로가 된 스톡데일, 1966.

여섯 번째 수업

자기자비를 통한 치유 - 스토아 전사

스톡데일과 군대의 스토아 문화

9/11이 일어난 지 불과 3주 뒤에, 나는 제임스 스톡데일 제독을 인터뷰하기 위해 샌디에고로 갔다. 나는 비행기 타는 것이 약간 불안했다. 나는 2주 전에 프랑스로 유학 가는 딸을 덜레스에 데려다준 적이 있었는데, 거기 공항은 유령 도시 같았다. 하지만 스톡데일과 나는 이 인터뷰를 이미 한 달 전에 잡았다. 그동안 나는 인터뷰 준비를 계속하고 있었다. 나는 전에 해군 연설 행사에서 그를 몇 차례 만난 적이 있었다. 사실 나는 그를 기리기 위해 샌디에고 주립대학에서 스톡데일에 대한 강의도 했다. 나는 군대에서, 특히 미국 해군사관학교에서 그의 전설적 지위를 익히 알고 있었다. 그는 그곳에 스토아주의의 흔적을 깊이 남겼다. 스토아주의는 스톡데일을 통해 살아 숨쉬고 있었다. 내가 그날 아침 코로나도에 있는 그의 집에서 그를 만날 때까지 몰랐던 것은, 그가 은퇴한 지 몇 년이 지난 후에도 여전히 에픽테토스와 대화를 나누고 있었다는 것이다. 그는 여전히 『엥케이리디온』의 대부분을 외우고 있었다. 그것은 여전히 그의 회복탄력성의 원

천이었다.

1965년 9월, 해군 선임 조종사였던 제임스 본드 스톡데일은 북베트남 상공에서 격추된 뒤 낙하산을 타고 적진에 착륙했다. 이때 그는 자신에게, "앞으로 최소 5년 간은 문명 세계를 뒤로 하고 에픽테토스의 세계로 들어간다."라고 되뇌었다. 스탠포드 대학교 철학과 교수이자 학장인 필립 라인랜더는, 스톡데일이 그곳에서 직장 경력자를 위한 석사 학위 과정을 시작할 때 『엥케이리디온』을 선물했었다. 스톡데일은 처음에 그 선물을 받고는 딱히 내키지 않았다고 고백했다.

"저처럼 마티니를 마시고 골프나 치는 해군 조종사가 그런 책을 가지고 뭘 하겠어요?"

하지만 미 해군의 타이콘데로가함과 태평양의 오리스카니 항모에서의 밤은 길었다. 에픽테토스의 얇은 책은 그의 방 동무가 되었다. 그는 내용에 몰입하며 열심히 외웠다. 그는 A-4 스카이호크에서 탈출하는 순간에 그 책의 가르침을 떠올렸다.

그가 땅에 떨어지자, 거리의 깡패들이 그를 두들겨 팼다. 그는 흠씬 두들겨 맞으면서 왼쪽 다리가 부러졌고, 이후 평생 절뚝거리면서 지냈다. 우리가 만났을 때도 그는 여전히 다리를 구부리지 못했다. 그래서 우리는 그가 다리를 쭉 뻗을 수 있는 공간이 있는 식탁 앞에 앉았다. 그의 절름거리는 다리는 그와 에픽테토스를 연결하고 있었다. 에픽테토스 역시 선천성인지 노예화 시절 다친 결과인지는 몰라도 다리를 절었다. 내가 이런 묘한 우연을 언급하자, 그는 나를 보며 제임스 캐그니(역주: 거친 캐릭터로 인기를 모았던 영화배우)같은 목소리로 에픽테토스의 어록을 읊었다.

"절름거리는 것은 다리의 장애이지 의지의 장애는 아닙니다. 이것을 당신에게 일어나는 모든 일에 적용하세요. 그걸로 인해 방해가 되는 일도 있겠지만, 그것이 자신에게 진정한 문제가 되지는 않습니다."

에픽테토스는 노예화된 사람도 스스로를 다스릴 수 있다고 가르쳤다. 스톡데일은 7년 반 동안 북베트남 호아로 수용소(전쟁 포로들이 부르는 말로는 '하노이 힐튼')에서 고위 죄수로 생활하는 동안 이 가르침을 내면화했다. 그는 4년을 독방에서 지냈고, 2년은 족쇄를 차고 있었다. 스톡데일이 있던 감방에서 두 칸 옆에 있던 동료가 바로 나중에 애리조나 상원의원이 된 존 매케인이었다.

스톡데일은 최고위급 장교로서 포로들의 내부 지휘 계통을 맡았다. 그들은 모두가 견뎌야 하는 지속적이고 체계적인 고문을 완곡하게 '바싹 죄기'라고 불렀다. 고문자의 최종 목표는 자백이었다. 거짓 자백으로 기만죄를 범하면 6주에서 8주 동안 더 격리되는 처벌이 가해졌다. 스톡데일이 동료 포로들에게 한 말은 에픽테토스적인 것이었다.

"저는 '우리는 고초를 견디는 달인이자, 운명의 주인이다.'라는 마음을 가지도록 했어요."

그는 '죄를 양산하는 공허한 수칙'을 내리거나, 현실성 없이 이름, 계급, 군번, 생년월일만 반복하라는 정부 방침을 따르지 않았다. 분명한 메시지는 저항과 집단적 생존에 매우 중요하다. 그는 메시지를 기억하기 쉬운 머리글자로 만들었다.

그는 'BACK US'라는 규칙을 만들었다. 이는 '공개된 곳에서 고개를 숙이지 않는다 Don't Bow in public', '방송에 나가지 않는다 stay off the Air', '범죄를 인정하지 않는다 admit no Crimes', 그리고 '절대 작별 인사를 하지 않는다 never Kiss them good-bye.'는 것이었다. 그는 US가 미국 United States을 뜻하지만, 진정한 의미는 '자기를 넘어선 통일체 Unity over the Self'라고 강조했다.

"우리는 언제나 '혼자'가 아닌 '우리'로 존재해야만 했어요."

그들은 여전히 전쟁 중이었다. 그것은 의지의 전쟁이었고, 그는 국외 거주자 집단의 리더였다.

그는 이 모든 부분에서 에픽테토스에게 의지했다. 해악은 허리나 다리가 부러지는 것이 아니라, 자신과 집단을 배신하는 것에 대한 죄책감과 수치심이었다. 해악은 극기와 권위를 과소평가하는 것이었다. 해악은 담배를 피우거나 족쇄에서 풀려난 것을 진정한 자율성으로 착각하는 것이었다. 해악은 고문자의 의지에 저항하는 용의주도한 이성의 힘을 잊어버리는 것이었다.

그가 '태도 형성 조항'이라고 부르는 이러한 스토아적 생각은 감옥에서의 생존 도구였다. 그것은 거의 40년이 지난 후에도 여전히 그와 함께 있었다. 그는 "에픽테토스가 곤경에서 빠져나오는 방법을 알려드리죠."라며, 에픽테토스의 말을 줄줄 이어 나갔다.

"사람의 주인은 사람이 추구하거나 꺼리는 것은 무엇이든 주거나 없앨 수 있는 사람입니다. 누구든지 자유를 얻고 싶다면, 다른 이들 손에 달려 있는 어떤 것도 바라거나 거절하지 말아야 합니다. 그렇지 않으면 분명 노예가 될 것입니다."

프리기아 태생의 노예화된 로마 스토아주의자(역주: 에픽테토스는 프리기아에서 노예의 아들로 태어났다.)는 스톡데일의 생명줄이었다. 하지만 그의 아내 시빌 역시도 생명줄이었다. 그와 아내는 첩보 소설에 나올 법한 암호와 보이지 않는 잉크를 통해 소통했다. 그리고 시빌은 포로들을 열렬히 옹호하며, 북베트남군이 포로들을 고문하고 지속적으로 제네바 협약을 위반하는 것에 대한 국제적 관심을 불러일으켰다. 코로나도에 있는 그녀의 식탁은, 펜타곤의 '침묵' 전략을 더는 받아들이지 못하는 수많은 미군 포로 아내들의 지칠 줄 모르는 활동의 근거지가 됐다. 그녀는 포로들을 대변하기 위해, 형식적인 절차를 생략한 채 여러 차례 워싱턴을 방문했다. 마침내 1973년에 거의 600명의 전쟁 포로들이 풀려났다.

내가 짐과 얘기를 나누던 식탁이 바로 그 식탁이었다. 시빌은 부엌에 있다가 일부 대화를 우연히 듣게 됐다. 대화 중 스톡데일은 전쟁 포로로 잡혀 고문당하고 족쇄에 묶여 지내 온 세월 동안 밝은 희망도 있었다고 말했다. 그는 에픽테토스가 설파한 진정한 자유를 깨달았다. 시빌은 못하겠지만, 그는 그 일을 다시 하라고 해도 할 것이었다. 그녀가 쏜살같이 부엌으로 달려와 식탁에 자리를 잡고 앉았다. 만약 스토아주의가 종교라면, 그녀는 다른 방식으로 종교를 얻었을 것이다!

그들은 각자의 방식으로, 그러면서 함께 불굴의 힘을 발휘했다. 그들은 상실과 질병 속에서도 서로를 지지했다. 짐은 알츠하이머병에 무릎을 꿇었고, 2004년 81세의 나이로 죽었다. 시빌은 그로부터 10년쯤 뒤인 90세에 파킨슨병으로 죽었다.

스톡데일은 에픽테토스를 베트남전 이후 세대의 미 해군, 아니 미군 전체에 물려주었다. 하지만 에픽테토스와 마르쿠스 아우렐리우스는 이미 오래전부터 군대 에토스ethos의 일부였다. 스토아학파는 잔인한 박탈감에 적응하는 법, 억압 속에서 자유를 찾는 법, 사랑을 가르치는 법을 알려줌으로써, 빛나는 것이 아닌 온전함을 가치 있게 여기도록 가르쳤다. 에픽테토스는 가장 가까운 친구들이나 심지어 부자 간에도 "사소한 영광"을 차지하기 위해 서로의 죽음을 바랄 수 있다고 경고했다. 이것은 전투 군인에게 교훈이 될 수 있다. 동일한 대의명분을 위해 나란히 싸우는 부대원들이 훈장과 표창을 얻기 위해 서로를 위험에 빠뜨릴 수 있다. "영광을 좇는 것"은 곧 군대에서는 "훈장을 좇는 것"이 된다. 에픽테토스는 군인들이 거짓된 영광을 버리고 진정한 덕을 지향해야 한다고 말한다. 군대의 핵심 가치(예: 해군의 '명예, 용기, 헌신')가 단지 군복에서 빛나는 별과 계급장처럼 경력을 뽐내는 금속에 불과하다면, 그 의미를 지니기 어려울 것이다.

나는 1990년대 중반에 발생한 대규모 부정행위 사건을 계기로 해군사관학교에서 가르치기 시작했다. 나는 전기공학 과목 시험에서 부정행위를 한 133명의 해군 장교 후보생들을 '살려주기' 위한 초대 윤리위원회의 의장을 맡았다. 그리고 거기서 몇 년을 더 머무르는 동안 윤리학을 가르치며 이를 교육 과정에 통합했다. 나는 예일과 조지타운에서 오랫동안 진행해 온 수업 내용을 가르쳤다. 수업 시간에 사례 연구와 함께 벤담Bentham, 밀Mill, 칸트, 아리스토텔레스, 전쟁 이론가들의 책들을 읽었다. 우리는 연대기가 아닌 주제별로 진도를 나갔고, 학기 후반에서야 스토아학파에 도달했다. 하지만 우리가 다다른 곳이 바로 우리가 있어야 할 곳이었다! 나는 1,000명의 2, 3, 4학년 사관후보생들과, 내 부서장이었던 하급 및 고위 장교들에게 철학을 가르쳤다. 에픽테토스는 다른 철학자들은 하지 못하는 방식으로 그들에게 말했다. 학생들은 신입생 때부터 이미 그들 버전의 스토아 경구를 가지고 있었다. 이는 바로, '어려운 상황을 참고 견디면서도 계속 나아가는' 것이었다. 이는 군대에서 살아남기 위해 필요한 것이다. 에픽테토스가 스톡데일을 통해 전달되면서, 대문자 S로 시작하는 스토아주의의 경전이 완성됐다.

군대 안의 긴장:
스토아주의와 도덕적 부상

그리스-로마 스토아주의는 군대에 딱 들어맞는다. 하지만 이는 많은 전문가들이 전쟁과 전쟁 이후에 만연하는 심리적 어려움으로 꼽는 도덕적 부상과 긴장 관계에 놓여 있다. 전쟁과 관련한 도덕적 부상에 대한 선도적인 연구자들 및 정신건강 임상 전문가들은, 도덕적 부상을 "도덕적·윤리적 행동에 대한 확고한 신념과 기대를 위반할 때 나타나는 수치심, 자기학대, 분노, 사기 저하 증후군"으로 정의한다. 이는 행위자(가해자)의 관점이나 타인(피해자)의 행동에 의해, 혹은 종군 기자나 사진사 같은 밀접 관찰자 역할에 의해 발생할 수 있다. 1993년 소말리아에서 퓰리처상 수상 사진을 찍은 『토론토스타Toronto Star』의 사진작가 폴 왓슨Paul Watson의 경우를 보자. 그는 소말리아 반군이 피투성이가 된 미군 병사 윌리엄 데이비드 클리블랜드의 시체를 묶어 모가디슈 거리를 질질 끌고 다니는 모습을 사진으로 찍었다. 왓슨이 카메라를 겨눌 때 귓가에서 클리블랜드가 속삭이는 소리가 들렸다.

"만약 당신이 내 사진을 찍으면, 난 당신을 영원히 원망할 거요."

이 사진은 결국 클린턴 대통령이 소말리아에서 미군을 철수시키는 데 중요한 역할을 했다. 하지만 왓슨은 그 사진을 찍었다는 죄책감으로 수십 년을 괴로워했다. 왓슨은 자신이 누른 카메라 셔터가 클리블랜드를 죽인 총탄 중 하나로 여겨졌다.

도덕적 부상은 심각한 도덕적 갈등이나 역경에 대한 트라우마 반응이다. 그것은 외상후 스트레스와 관련이 있는데, 둘 사이에 차이가 있다면 도덕적 부상은 생명의 위협을 느끼는 상황 대신 도덕적 위협이 촉발요인이라는 것이다. 경험은 안전이 아닌 도덕의 위반 여부에 따라 해가 될 가능성을 지닌다. 도덕적 부상을 나타내는 감정으로는 깊은 죄책감, 수치심, 원한, 배신감 등이 있다. 이는 철학자들이 '반응 태도'라고 부르는 더 큰 감정 팔레트의 일부다. 이는 또한, 우리가 자신과 다른 사람의 책임을 묻는다는 사실을 보여주는 증거다.

군인은 절체절명의 상황에서 가장 치명적인 무기를 휘두른다. 양심을 지닌 사람은 자신이 무엇을 했는지, 무엇을 하지 않았는지, 무엇을 뒤로 한 채 돌아섰는지를 가지고 씨름한다. 비록 도덕적 부상이 군대에서 특히 더 트라우마가 될 수 있지만, 치명적 무기를 휘두를 일이 없는 민간인의 삶에도 존재할 수 있다. 스토아주의가 도덕적 부상을 다루는 방법에는 모두가 배워야 할 교훈이 있다.

우발적 살인

　레인 맥도웰은 조종석에 앉는 것이 꿈이었다. 그는 중학교 때부터 조종사가 되기 바랐고, 공군과 달리 해군사관학교는 무릎 부상에서 회복한 지 얼마 안 된 사내를 선발하는 도박을 했다. 그는 사관학교를 평점 평균 3.84로 졸업했고, 자신이 비행에 알맞은 생리 구조를 지니고 있음을 알았다. 그는 '회전하며 토하는' 원심분리기 안에서 중력가속도 9G까지 견딜 수 있는 중력 괴물이었다. 그는 육체적 고통을 견딜 수 있었고, '정의로운 전쟁' 속 전투에서 방어적으로 적을 살상하며 무난하게 임수를 수행했다. 하지만 그의 경력 초반에 있었던 한 사건이 그의 도덕적 평정심을 흔들어 놓았다. 그는 1999년 5월 대낮에 코소보 북부의 한 무선중계소를 폭격하는 임무를 맡았다. 정보로 제공된 이미지는 선명하지 않았다. 세르비아군에게 들키지 않으려면, 목표물 남쪽으로 갔다가 재빨리 되돌아와야 했다. 그래서 비행사들이 표적을 찾고 식별할 수 있는 시간이 별로 없었다. 세르비아 방공 부대가 포격을 개시했고 맥도웰의 주의는 스크린 상의 표적에서 멀어졌다.

"폭탄 투하를 승인할 때까지는 좋았어요. 그런데 구름 때문에 약 13초 동안 표적이 안 보였죠. 그때 전 표적이 맞는지 의심이 가기 시작했어요. 표적이 아닌 것 같기도 했지만 전 13초 동안 아무 말도 안 했고, 목표물에 GBU-12(역주: 레이저 유도탄) 2개를 투하했어요."

두려움이 엄습하기 시작했다. 항공모함으로 돌아온 맥도웰은 대형 스크린으로 타격 장면을 바라봤다. 폭탄은 목표물이 아닌 그 옆집 주차장에 명중했다. 맥도웰은 거기서 민간인의 흔적을 봤다. 자전거가 4대 있었는데 그 중 2개는 어린이용이었다.

이 공습으로 민간인이 누가 몇 명이나 사망했는지에 대한 법적 절차나 해군의 후속 조치는 전혀 없었다. 하지만 그는 이후로도 그 일을 되새기며 반복적으로 악몽에 시달리며 도덕적 짐을 짊어졌다. 그는 2005년에 이라크로 파병될 때도 여전히 그 꿈을 꿨다. 꿈 속에서는 어찌 된 일인지 그가 폭격했던 건물이 그대로 있었지만, 곳곳에 먼지가 자욱하고, 단열재와 전선이 늘어져 있었으며, 땅바닥에는 널빤지가 널려 있었다. 연기가 너무 자욱해서 구조물 안에 누가 있는지 전혀 알 수 없었다. 그는 공터에 폭탄을 투하할 수 있는 시간을 벌기 위해 시계를 되돌리려 애썼지만 허사였다. 그는 구조물 속에서 구석에 웅크린 채 먼지를 뒤집어쓴, 심하게 다쳤지만 여전히 숨 쉬고 있는 소년을 똑바로 봤다. 맥도웰은 소년이 누군지 알았다. 그는 바로 맥도웰의 아들 랜던이었다. 그는 아이를 가슴까지 들어올려 꼭 껴안았고, 아이의 작은 머리를 움켜쥐기 위해 머리 뒤로 손을 가져갔다. 아이의 두개골 뒷부분은 비어 있었다.

미국 언론인 C. J. 치버스Chivers가 쓴 『전사들The Fighters』에서 내가 재인용한 이 사례는, 비전투원들에 대한 부수적 살인이 아닌 우발적 살인에 대한 것이다. 군사적으로 정당화되기도 하고 심각한 위협을 제거하기 위한 일환으로 면책되기도 하는 부수적 살인과 달리, 전쟁에서 너무나 많이 벌어지는 이런 우발적 사고들은 꼭 필요한 것도 아니고 적을 제거하는 살인으로 정당화되지도 않는다. 비전투원을 죽이는 것에는 비례의 원칙이 적용되지 않으며, 달성해야 할 군사적 이득도 없다.

하지만 제공된 정보의 질이 낮고, 적의 포격 때문에 갑자기 시야가 흐려지며, 비행 패턴이 갑자기 달라지고, 구름에 가려진 상황에서 벌어진 이런 사고는, 법적으로나 도덕적으로 용서받을 수 있다. 이것은 맥도웰이 직면한 전쟁 속 안개다. 그럼에도 불구하고 무고한 사람들이 끔찍한 피해를 받았다. 맥도웰은 폭탄을 떨어뜨린 비행사로서 도덕적 짐을 짊어졌다. 계산상 그가 목표물을 재조정할 시간은 10초 조금 넘게 있었다. 그 사이 몇 초간 의심이 들었다. 그는 왜 그 의심에 귀를 기울이지 않았을까? 그는 반복된 꿈속에서, 시간을 되돌리고 폭탄을 다른 곳에 투하하고 싶은 소망 속에서, 시간이 흐르며 비행 임무에 대해 무디어지면서, 그와 해군이 보상을 통해 속죄할 수 있도록 누가 죽었는지 알고자 하는 열망을 느끼면서, 그렇게 벌을 받고 있다.

이것은 군대에서 나타나는 도덕적 부상의 대표적인 예다. 이 경우 설령 전쟁 원칙상 그럴 수 있다 하더라도, 전투원은 자신의 죄를 씻을 수 없다.

혹자는 이것을 직장에서 지나치게 도덕적으로 완벽해지고 싶은 것이라고 말할 수도 있다. 조금의 오차도 없이 소총을 깨끗이 관리하는 것이든 값비싼 정밀 탄약으로 목표물을 명중시키는 것이든, 임무를 완수하지 못하는 것에 대한 무관용의 원칙 속에서 양성된 전투원들은 특히 더 그렇다. 많은 사람들은 그러지 않아도 될 때조차 자신이 '엄격하게 책임져야 한다.'라고 생각한다. 나는 수십년 간 남녀 군인들을 가르친 경험을 통해, 회색으로 가득 찬 세상에서 엄격한 도덕적 규범을 바탕으로 흑백논리와 모 아니면 도 식의 생각에 사로잡히는 경우가 있음을 봐 왔다.

하지만 군대에서의 도덕적 부상의 전부 혹은 대부분을 자의식 과잉 때문으로 돌리는 것은 더 큰 도덕적 모습을 보지 못하는 것이다. 비록 우리가 감수성에 의존해서 도덕적으로 해야 할 것과 하지 말아야 할 것을 정확하게 가려내지는 못하더라도, 죄책감, 수치심, 도덕적 분노, 분개, 배신감, 속죄에 대한 열망 같은 도덕적 부상의 많은 감정들은 우리가 도덕에 무관심하지 않으며 도덕적 열망을 지니고 있음을 말해 준다. 도덕적 불안은, 아무리 어려운 여건이나 끔찍하게 비극적인 운명에 놓여 있더라도 선함을 유지하며 더 잘하고 싶다는 욕구와 불가분의 관계에 있다. 만약 전쟁에 참가하는 사람이 자신의 행동으로 인한 것이든 직접 경험이나 목격을 통해서든 전쟁의 참상에 대한 고통을 느끼지 않는다면, 우리는 그들의 인간성에 의문을 가지게 될 것이다.

하지만 고대의 가르침에 뿌리를 둔 현대 군사적 스토아주의에도 도덕적 부상에 대한 내용이 있을까? 훈육과 미덕을 통한 평정심을 중시하는 스토아주의자도 전쟁을 빗대 무고한 민간인을 살상하는 사람들에 대한 불안이나 분노를 느낄 여지가 있을까? 민간인들 또한 도덕적으로 무책임해서가 아니라 운이 없어서 실수나 사고를 저지른 것에 대해 자신을 용서하는 법을 배울 수 있을까?

이것은 수사적 질문이 아니다. 나는 국내외에서 복무 중이거나 복무할 예정인 민간인과 군인을 가르치는 교육자로서 이 질문을 던지는 것이다. 그중 몇몇은 공인이 아닌 개인 자격으로 직장, 공동체, 집에서 자신의 역할을 수행할 것이다. 이 질문에 대한 대답은 모든 이에게 영향을 끼친다. 우리는 스토아주의를 가르치면서 올바른 교훈을 주고 있는가? 우리는 도덕적 부상과 외상후 성장의 가능성을 인지하면서도 고대의 지혜에 바탕을 둔 건강한 현대 스토아주의를 만들 수 있을까?

스토아적 감정과 "도덕적 진보자"로 돌아가기

　스토아학파는 도덕적 부상에 대해 직접 말하지는 않지만, 도덕적 고통에 대해서는 얘기한다. 그들은 이상적인 도덕적 인간의 성격 프로필에는 그런 고통이 존재하지 않는다고 가르친다. 그들은 소크라테스의 예를 들며, 정의롭지 못한 것만이 진정한 해악이며, 이는 진정으로 덕이 있는 사람에게는 해당하지 않는다고 주장한다. 플라톤의 『변론』에서 소크라테스는, 진정 선한 자에게는 살아 있는 동안이든 죽은 뒤에든 악한 것이 존재할 수 없다고 가르친다.

　스토아학파는 이 역설적 그림을 완성한다. 불운, 사랑하는 사람의 상실, 신체적·정신적 상처, 심지어 다른 이들로부터 부당한 대우를 받는 것조차 우리의 진정한 행복이나 웰빙에 영향을 끼칠 수 없다. 우리가 통제 밖에 있는 일들이 벌어지지 않도록 바라는 경우는 너무나 많다. 이와 반대로, 우리의 도덕적 잘못은 우리가 통제할 수 있는 범위 안에 있다. 스토아학파는 쉽게 접할 수 없는 순수한 사례에 초점을 맞춘다. 그들은 현자의 행동에 대한 명백한 기준을 제시한다. 현자는 정의상 잘못된 행동을 할 수 없기 때문에, 도덕적 고통이나 불안의 여지도 없다.

하지만 당신이 현자가 아니라면? 어차피 현자는 불사조처럼 500년 만에 한 번 꼴로 드물게 나타난다. 그것은 이상적이지 않고 불완전한 이 세상에는 적용할 수 없을 것이다. 만약 당신이 세네카가 항상 말하는 것처럼 그저 지금보다 더 나아지기 바라면서 실수하는 도덕적 진보자일 뿐이라면? 당신이 도덕적 자율성과 자치를 훼손하는 권력 투쟁 속에서 진정 가치 있는 것을 제대로 평가하지 못하고 있다면? 우리에게 이러한 문제는 (현대 정치계에서는 아예 볼 수 없을지도 모르는) 사형, 독살, 추방, 투옥, 자살 강요가 전면이나 배후에서 어른거리는 황실 음모 수준까지는 아닐 것이다. 하지만 죄 없는 존재까지는 아니어도 더 나은 존재가 되려는 열망의 기본 조건은, 헬레니즘과 유대-그리스도교 시대를 통틀어 세네카의 독자들에게 어필해 왔다. 이는 또한 스토아주의가 군대에 암묵적으로 호소하는 것이기도 하다. 군대 문화에는 무조건 하면 된다는 것뿐만 아니라, 자율성을 압박하고 도덕적으로 찝찝한 선택을 하도록 강요하는 권위의 제약과 굴레도 있기 때문이다.

스토아 문헌 어디에서 도덕적 열망의 실마리를 찾을 수 있을까? 우리는 먼저 플라톤으로 거슬러 올라가야 한다. 스토아 텍스트의 유명한 이야기꾼은 다음 장면을 회상한다.

알키비아데스의 눈물

플라톤의 『향연Symposium』의 마지막 부분이다. 에로스를 기리는 연회 자리에서, 스파르타를 위해 아테네를 배신한 도덕적으로 문제 있는 끔찍한 군사 지도자인 알키비아데스가 갑자기 끼어들어 그가 사랑하는 도덕 교사 소크라테스를 노골적으로 찬양한다. 그는 소크라테스야말로 진정 자신의 잘못된 방식을 스스로 보게 함으로써 수치심의 눈물을 자아낼 수 있는 유일한 사람이라고 고백한다. 그는 유독 소크라테스 앞에서만 극심한 고뇌에 빠지곤 한다. 알키비아데스는 말한다.

"여러분도 알다시피, 그는 항상 나를 궁지에 몰아넣고, 내 정치 경력이 시간 낭비에 불과하다는 것을 인정하게 만든다. 하지만 여기서 중요한 것은, 내가 가장 많은 관심을 요하는 내 단점들을 소홀히 여긴다는 점이다."

그는 영혼을 담아 다음과 같이 말을 이어 간다.

"이 세상에서 나를 수치스럽게 한 사람은 오직 소크라테스밖에 없다…아…"

그는 청중을 의식하며 말한다.

"당신들은 내가 수치심을 모른다고 생각하겠지만, 나는 오직 그분 앞에 서만 수치심을 느낀다."

알키비아데스는 고통받는 영혼이다. 그는 아리스토텔레스가 정의한 것처럼 무엇을 해야 하는지는 알지만 행동은 하지 않는, 의지가 약하거나 통제가 안 되는 유형은 아니다. 알키비아데스는 간혹 다가오는 유혹이나 자기기만에 맞설 수 있는 확고한 도덕적 원칙이 없다. 그는 훨씬 더 양면적 인물이다. 그는 종종 덕의 물에 발을 담그기도 하는데, 특히 소크라테스가 지켜보고 평가할 때 그렇다. 하지만 그의 고백대로, 그는 새로운 습관을 기르고 오래된 습관을 버리는 힘든 일에 전념하지 않았다. 여전히 영광과 명예가 그를 지배한다. 그가 순조롭게 나아가기 위해서는 외부의 격려와 승인이 필요하다. 그는 소크라테스를 직접 혹은 마음으로 생생하게 그리는 바로 그 순간에도, 자신의 "구태의연한 방식"과 "군중을 기쁘게 하기 위한" 욕망에 너무 자주 빠진 것에 대한 깊은 수치심을 느낀다. 그러한 수치심은 그가 더 나아지기 위한 원동력이기도 하다.

'알키비아데스의 눈물'은 스토아적 사유에 대한 도전이다. 어떻게 하면 도덕적 고통을 도덕적 향상의 일부로 이해할 수 있을까? 키케로가 도전장을 내밀었다. 스토아주의자는 아니어도 종종 스토아적 방식에 매력을 느끼는 로마인 텍스트 편집자이자 보존자인 그는, 『투스쿨룸 대화』에서 그리스 스토아학파의 3대 수장 중 두 번째인 클레안테스가 이 문제를 충분히 진지하게 다루지 않았다고 주장한다.

"클레안테스는 자신이 가장 나쁜 악으로 간주하는 바로 그 일이 사람을 괴롭게 할 수 있다는 것을 충분히 고려하지 않은 것 같다."

이어서 키케로는 독자들에게 『향연』의 구절을 상기시킨다.

"우리는 소크라테스가 한때 알키비아데스가 인간이라 불릴 자격이 없고, 고결한 출생에도 불구하고 육체 노동자보다 더 나을 것이 없다고 말한 것을 안다. 그러자 알키비아데스는 매우 화가 났고, 소크라테스에게 자신이 수치스럽게 여기는 성격을 가져가고 덕이 있는 성격을 달라고 눈물로 애원했다."

키케로는 스토아학파가 알키비아데스의 눈물을 이해해야 한다고 말한다.

"클레안테스여, 우리는 여기에 대해 뭐라고 해야 하는가? 분명 당신은 알키비아데스의 고통을 초래한 상황이 정말로 나쁜 일은 아니라고 주장하지 않겠는가?"

키케로는 같은 책의 뒷부분에서 요점을 명료화한다.

"어떤 사람이 자신이 용기, 책임감, 진실성 등의 덕이 부족한 것에 대해 화가 나 있다고 가정해 보자. 그의 불안의 원인은 정녕 악이다!"

그는 불안의 원인이 "덕에 대한 충동"이라고 말한다. 키케로는 그것이 우리를 깔아뭉개는 "너무 격한 충동"이 될 수 있음을 인정한다. 그의 치료적 조언은 고통의 원인을 무시하기 위한 것이 아니라, 고통을 밖으로 표현하는 것을 통제하기 위한 것이었다. 우리는 눈물로도 위로할 길이 없는 우울증을 다스리기 위해 노력해야 한다. 만약 고통의 핵심 원인과 대상이 우리의 잘못된 행동 때문이라면, 우리는 이를 도덕적 열망의 기회로 삼아야 한다. 이는 도덕적 성장과 회복을 향한 첫 발걸음이자 충동이다.

코소보의 비행사 맥도웰의 경우를 다시 보자. 이 끔찍한 사고에는 어느 정도 책임 소재를 가릴 부분이 있을 것이다. 실질적 책임 소재와 무관하게 맥도웰은 자신에게 책임이 있다고 여긴다. 내가 지난 몇 년 동안 인터뷰하고 기록했던 참전 군인들 또한, 맥도웰처럼 비극적 사건이 자신의 책임이라고 여겼다. 그들은 자신의 휴가 날에 급조 폭발물이 가장 친한 친구의 군용차를 갈기갈기 찢어 버린 것에 대해, 반란군이 조준 사격을 했을 때 자신이 지붕 위에 서 있지 않고 2열에서 쪼그리고 앉아 있었던 것에 대해, 분대원이 자신의 허락을 받고 급한 소변을 보기 위해 험비에서 나온 뒤 부비트랩에 걸린 것에 대해 자신이 책임이 있다고 느낀다. 생존자의 죄책감, 사고에 대한 죄책감, 인과적으로 무관한 사건에 대해서조차 도덕적 책임을 떠안는 것은 군인들이 서로를 돌보며 짐을 짊어지는 방식이다. 이런 죄책감이 좋은 성품과 보살핌에 적합할 수도 있다. 단지 죄책감만 느끼지 않고, 그 상황에서 뭔가 다른 행동을 했어야 한다고 느끼기도 한다. 행위자는 이 끔찍한 공백을 메우는 작업을 한다. 하지만 그래도 자책은 지나치게 가혹하고 부당하다. 이에 대한 적절한 치료법은, 행위자와 그 책임을 둘러싼 경계를 다시 긋는 것이다. 이는 그냥 놓아 버림으로써 통제의 한계를 이해하는 것과 같다.

자기자비는 다른 사람을 통해 전해지기도 한다. 앞 수업에서 다뤘듯이, 세네카는 『헤라클레스의 광기』를 통해 이러한 교훈을 설파한다. 이는 군 복무를 수행하는 많은 이들에게 특히 중요한 교훈이다.

이라크 검문소 사건을 생각해 보자. 군인 연령대의 남성 2명과 아이 1명이 탄 차가, 규모가 크고 인구가 많은 미군 시설 및 무기고 바로 앞에 늘어선 검문소들 중 첫 번째 관문을 무단 통과한다. 차는 속도를 늦추지 않고, 이어지는 두 곳의 검문소를 지키는 초병들의 경고를 무시한 채 빠르게 연달아 통과한다. 차가 검문소를 통과하면서 조수석에 앉은 사내가 좌석 아래에서 무언가를 잡으려고 손을 뻗는다. 조수석의 남자가 고개를 들고 상체를 곧게 펴자, 최근 발생한 사건들에서 사용된 것과 유사한 폭발 장치를 껴안고 있는 것처럼 보인다. 차가 세 번째 검문소를 막 지나자, 초병이 폭발물이 터지기 몇 초 전에 총을 쏴서 차 안에 있는 사람들을 모두 죽인다. 육군 초병은 자신이 발사한 총알에 아이가 죽을 수도 있음을 알았을 것이다. 하지만 그가 운전자에게 여러 차례 경고하고 세 번째 검문소에 이를 때까지 총격을 가하지 않았던 것을 고려하면, 그는 아이를 비롯해 차에 타고 있었을지도 모르는 무고한 사람들이 위험에 빠지지 않도록 스스로 매우 큰 위험을 감수했음을 알 수 있다.

 이것은 가상의 경우지만 내가 직접 들은 내용과 크게 다르지 않다. 아이가 인간 방패로 이용되고 있는 상황에서도, 그 군인은 여전히 상상조차 할 수 없는 일인 무고한 아이를 죽이는 것에 대해 끔찍한 죄책감을 느낀다. 하지만 전쟁에서 군인의 의무를 생각하면 그의 행동은 불가피한 것이다. 그가 살인을 피하는 것은, 기지에 있는 훨씬 더 많은 병사들의 죽음을 초래하고 향후 임무를 위한 인력과 군수품 수송을 지연시킬 뿐이다.

 다시 말하지만, 그 군인의 죄책감은 적합한 것 같으면서도 가혹하다. 이는 전쟁에서 겪는 많은 도덕적 부상의 잔혹한 현실이다. 특히 전쟁에 징집된 무고한 젊은이들이 지니는 살인에 대한 수치심, 죄책감, 도덕적 고통, 산산조각 난 도덕적 자아에 대한 조건반사적 태도는, 우리가 군인들에게서 기대하는 태도다. 이는 그들이 양심에 따라 살상을 저지르는 것에 대해 자신에게 책임을 지우는 방법이다. 그들이 전쟁에서 다른 사람의 목숨을 앗아간 것에 대해 느껴야 하는 감정은 단지 슬픔만이 아니다. 그들은 스스로를 책임감 있는 행위자로 바라보는 것이 마땅하다. 많은 이에게, 정의로운 살인과 부당한 살인의 경계는 모호하며 끊임없이 변화한다.

 하지만 이러한 점을 감안하더라도, 자책이 지나치게 가혹하고, 징벌적이며, 끝없이 이어지는 경우도 있다. 이에 대한 한 가지 방법은, 대인관계적 관점을 취하는 것이다. 군인들은 검문소 사건과 비슷한 행동을 한 병사를 비난하지 않을 것이다. 그들은 그 병사를 용서하거나 비난을 삼가면서, 병사가 한 행동이 그 상황에서 불가피하고 어쩔 수 없었음을 이해할 것이다. 어떤 이는 그에게 자비로운 조언을 해 줄 것이고, 그가 스스로 보거나 느낄 수 없는 것을 보도록 도와줄 수도 있다. 다시 말하지만, 이는 정확히 세네카가 『헤라클레스의 광기』에서 묘사한 모습과 같다. 암피트리온이 아들 헤라클레스가 자신의 의지와 무관하게 그의 가족을 죽인 것을 비난하지 않고, 절친한 동료인 테세우스가 헤라클레스가 자신에게 화내지 않도록 "너의 영웅적 용기를 사용하라."라고 간청한 것처럼 말이다.

하지만 우리가 다른 사람들에게 촉구하거나 다른 사람들이 우리에게 촉구하듯이, 우리는 스스로를 쉽사리 용서하지 않는다. 검문소 사건의 병사는, 자신이 한 일은 도덕적으로 해서는 안 되는 일로 여기는 것이 옳다고 생각한다. 실제로 우리는 군인이 순전히 군인으로서 한 행동에 대해 일말의 시민적 영혼을 담아 양심의 가책을 느끼기 바란다. 하지만 우리는 또한 그들이 적절한 죄책감을 덜고 해소할 수 있는 방법을 찾아, 더 정당한 짐을 짊어지기 바란다. 이는 세네카가 다른 사람들의 관점이 필요하다고 가르치는 지점이다. 비록 모든 사람이 때때로 자책, 수치심, 고통에 의한 도덕적 동기를 가지더라도, 우리가 스스로에 대해 지니고 있는 태도가 지나치게 걱정스럽거나 처벌적이라면, 이를 교정하기 위해 다른 사람의 도움이 필요하다. 다른 사람의 자애로움과 선의, 용서, 자비는 우리의 회복탄력성에 필수적인 자기공감을 함양하는 데 도움을 준다.

자비에 대한 세네카의 탄원

도덕적 열망을 지닌 사람이 실수를 범하면서 앞으로 나아갈 길을 찾는 다는 발상은, 세네카가 네로에게 보내는 에세이인 『자비에 대하여On Mercy』에 더 잘 드러나 있다. 세네카는 이 책이 네로가 자신의 길을 더 잘 볼 수 있는 "거울" 역할을 한다고 말한다. 하지만 이는 세네카 자신을 위한 거울이기도 하다. 정부 대변인이었던 세네카는 폭군 네로가 이복동생 브리타니쿠스(당시 14세)를 역모죄로 죽인 직후에, 네로가 어떻게든 자제력을 보여주기 바라는 더 많은 대중들의 희망을 보여 준다. 이 에세이의 쌍둥이 작품은 세네카의 희곡 『트로이의 여인들Trojan Women』이다. 우리는 이 희곡에서 자비의 가능성을 본다. 이 희곡은 전쟁이 끝난 뒤의 황폐한 세상을 보여 준다.

에세이에서 자비는 연약한 인간적 세상에서 인도적 덕으로 간주된다. 이는 "합당한 처벌을 면제해 주는" 식의 용서보다는, "처벌을 가하는 데 너그러운" 것에 가깝다. 즉, '마땅히 가해야 할 처벌에는 못 미치는' 것이다.

이는 복수심에 불타는 분노를 억제하고 진정시키며 행동을 자제하는 것이자, 스스로 피해자라 여기는 대부분의 사람들 역시 비난에서 자유롭지 못함을 인정하는 것이기도 하다.

"우리는 모두 죄를 지었다. 사소한 것도 있고 심각한 것도 있으며, 의도적인 것도 있고 의도하지 않은 것도 있다. 다른 이의 사악함 때문인 것도 있지만, 자신의 행동거지를 고치려는 마음가짐이 부족해서 죄를 짓는 경우도 있다."

설령 우리가 완벽하게 덕을 갖추더라도, 어떤 도덕적 실수로 인해 죄를 저지르게 될 것이다. 도덕적 진보에 죄 없는 길은 없다.

스토아주의의 단호한 금욕주의만을 바라보는 세네카는, 자비가 비판자들에게는 없는 스토아주의의 더 온화한 면을 선하게 만든다고 주장한다. 이 스토아 가정교사는, 선량한 농부(혹은 세네카가 시골 사유지에서 그랬던 것처럼 포도주 양조업자)처럼 영양분을 필요로 하는 토양을 가꾸고, 구부러지게 자라는 나무를 떠받치고, 다른 나무의 가지를 쳐서 그늘진 곳에서 왜소하게 자란 나뭇가지에 볕이 들게 한다. 비유하자면, 도덕 교육은 규칙과 규범을 더 엄격하게 해석함으로써, 마땅히 가혹한 처벌이 부과될 상황에서도 관대함을 베풀려는 부드러운 육성과 의지에 대한 것이다.

이것은 세네카의 희곡 『트로이의 여인들』의 결말 부분에서 안드로마케가 율리시스에게 간청한 것이기도 하다. 그리스군은 승리에도 불구하고 배가 출항하는 데 필요한 바람이 불지 않아 또다시 꼼짝 못하게 된다. 그리고 익히 알려진 것처럼, 그리스 사제 칼카스는 아직 아기에 불과한 헥토르와 안드로마케의 아들 아스티아낙스를 제물로 바칠 것을 권한다. 또한 무덤 속 아킬레우스를 대신해 아들인 피로스가 프리아모스와 헤카베의 어린 딸인 폴릭세네를 죽여서 전쟁의 신부로 바칠 것을 권한다. 아이들은 선조들의 죄를 짊어져야 한다. 아킬레우스의 망령이 어린 신부를 죽이고,

남자 아이가 트로이 전쟁을 다시 일으킬 수 있는 전사가 되지 못하도록 죽인다.

미래에 트로이 전사가 될 뻔했던 소년은 이제 자신의 운명을 마주해야 한다. 하지만 그의 어머니 안드로마케는 무고한 어린 자식을 지키기 위해, 율리시스에 맞서 목숨을 건 싸움을 벌인다. 그녀는 적의 손아귀로부터 안전한 장소인 남편 헥토르의 무덤에 아이를 숨긴다. 그녀는 율리시스에게 전쟁의 인질이자 자식을 유일한 위안으로 삼는 자신에게 자비와 친절을 베풀어 줄 것을 간청한다. 그녀는 아이가 너무 어리고 도시를 재건할 수 있는 어떤 힘이나 지원도 없기 때문에, 위협이 되지 않는다고 간청한다. 아이는 혈통만 왕족일 뿐 지금은 그저 왕족이라는 멍에를 쓴 노예나 다름없다고 말한다.

안드로마케는 아이를 죽이는 것은 전쟁 범죄이며, 만약 그렇게 한다면 이는 신들의 뜻이 아닌 율리시스의 잔혹함 때문이라고 단언한다. 하지만 복수심에 불타는 그리스 영웅은 충동을 억누를 수 없다. 세네카가 말했듯이 분노는 한 번 시작되면 멈출 수 없다. 율리시스는 답한다.

"나도 자비로웠으면 좋겠지만 그럴 수 없소."

전쟁은 여러 세대를 거치며 이어질 것이고, 전쟁 범죄 또한 계속될 것이다. 일단 전사가 분노의 욕구를 지니면 한이 없다. 실수든 복수심 때문이든, 무고한 아이들은 전쟁의 인질이다. 율리시스는 간교한 영웅이자 약삭빠른 전략가이지만, 한번 전사 모드가 되면 자비를 베풀 전략을 찾지 못한다.

이제 우리는 분노의 놀라운 결과를 보게 된다. 어린 소년이 한때 할아버지 프리아모스의 망루가 있었던 가파른 성벽 아래로 떨어진다. 소년의 몸은 추락의 충격으로 산산조각 난다. 어린 소년은 마치 고성능 폭탄을 맞은 것처럼, 사체가 심하게 훼손되고 두개골이 깨져 뇌가 뿜어져 나온다. 전사의 망령의 숙제이자 승자의 복수를 억누르고 자비를 베풀어 달라는 애원은, 이러한 아이들이 전쟁의 원인 제공자가 아닌 희생자임을 상기시킨다. 이 모든 일은, 비록 전쟁은 끝났어도 가차없는 격노의 손길은 멈출 수 없음을 상기시킨다.

침착한 도덕주의자에게는 이 희곡이 참으로 기이하게 보일 수 있다. 이것은 전쟁에서 과도한 처벌과 맹렬한 복수심의 충동을 억누르는 것이 어려움을 경고하는 이야기일 수도 있다. 하지만 이는, 외부에 있든 내부에 있든 적을 처벌하는 데 있어 관대함을 다루는 것이기도 하다. 우리는 율리시스가 엄마와 아이를 위한 자비를 베풀어 달라는 간청을 들어주기 바란다. 이는 그와 그의 군대를 위한 것이기도 하다. 만약 아이를 죽이면, 그와 병사들은 무고한 사람에게 한 짓 때문에 죄책감을 느끼게 될 것이기 때문이다. 그 죄책감은 공포스러웠던 트로이 전쟁이 끝난 후에도 오랫동안 그들을 괴롭힐 것이다. 그것은 평생 끝나지 않는 내면의 전쟁이다.

물론 자비가 분노보다 훨씬 더 힘들다. 자비를 베풀기 위해서는 훈련이 필요하며, 일단 먼저 분노를 극복해야 한다. 그런 후에야 치유의 공간이 생긴다. 죄책감은 자신에 대한 분노이고, 자기자비는 그에 대한 치료제다.

자기자비에 대한 간청

해군 비행사 레인 맥도웰의 경우로 돌아가 보자. 코소보에서 있었던 일에 대한 공식적인 조사는 이루어지지 않았다. 맥도웰이 절차를 더 확실히 따랐다면 사고를 피할 수 있었는지는 불확실하다. 우리가 아는 것은, 맥도웰이 자신을 재단하고 그 상황에 대한 플래시백을 재경험한다는 것이다. 그는 아마도 치버스의 책을 읽으며, 치버스가 인용한 그의 말과 이후 이어지는 내용을 볼 때도 그 장면을 재경험하게 될 것이다.

맥도웰이 묘사하는 내용은, 세네카가 아스티아낙스의 죽음에서 묘사하는 것(소년의 몸이 산산조각 나고, 뒤통수가 없어지고, 무고한 사람이 너무 전쟁에 취약해짐)과 놀랍도록 비슷하다. 우리가 이 해군 비행사에게 바라는 것은, 조금이나마 자기처벌을 누그러뜨리는 것이다. 이는 고뇌에서 비롯되는 도덕적 의미를 잃지 않으면서도, 고통에서 비롯되는 분노를 넘어서는 약간의 관용과 자기공감을 지님을 의미한다. 우리가 바라는 것은 자기자비다. 우리는 그가 자신을 탓하는 것처럼 다른 이들도 가혹하게 비난할 것인지 상상해 보게 함으로써, 죄책감의 자기분노를 늦출 수 있기 바란다. 그의 감정은 적절할 수는 있어도 가차없이 가혹하다. 앞서 언급한 것처럼, 특히 군대에서 도덕적 부상을 겪은 경우에는 흔히 다른 사람에게 하듯이 자신을 대하지 않는다. 자신을 위로해 주는 사람들보다 스스로를 훨씬 더 심하게 비난한다. 하지만 바로 거기에 치유의 길이 있다. 우리가 비슷한 상황에서 다른 이에게 보여 줄 자비나 그들이 우리에게 보여 줄 자비를 상상하며, 그런 자비를 우리 스스로에게 베풀어야 한다. 때로는 자비로운 관중이 지닌 자애가 우리의 도덕적 자아의 일부가 돼야 할 때도 있다.

여기에는 정치적 교훈도 있다. 전쟁에 나가지 않는 우리는, 우리를 대신해 전쟁에 나가는 사람들에 대한 책임을 더 크게 느낄 필요가 있다. 우리는 전쟁의 이유가 정의로운지, 우리나라의 가장 값진 자원을 투입할 가치가 있는지 더 잘 알아야 하고, 전쟁에 대한 도덕적 짐을 함께 짊어져야 한다.

세네카는 평온을 대변하는 복잡한 인물이다. 양심적인 행동은 종종 무의식의 불평과 갈등에서 비롯된다. 그는 소박함과 평온함을 갈망하면서도, 다른 한편으로는 이해관계가 얽혀 있는 권력과 위계질서의 지저분한 세계에 끌린다. 현대 사회의 전투 요원(그리고 긴급구조대원 및 응급대원) 역시 복잡한 도덕 세계에 살고 있다. 이들은 탁월함을 추구하면서도 개인의 통제력을 크게 제한하는 곳에서 일하고 있고, 늘 최상의 판단과 끊임없는 절제를 요하는 상황에 처한다. 그런 환경에서 도덕적 부상에 노출되는 것은 그리 놀랄 일이 아니다. 하지만 나는 세네카의 교훈이 바로 이러한 도덕적 부상이 도덕적 성장과 회복의 평온함을 위한 길을 열어 줄 수 있다고 믿는다. 스토아주의를 '선한' 도덕적 고통이란 없음을 주장하는 사상으로 해석하는 것은, 현시대의 회복탄력성에 대한 세네카의 심오한 교훈을 놓치는 것이다.

작가 미상, <마르쿠스 아우렐리우스>, 175. 동상, 이탈리아 로마의 카피톨리노 박물관 소장.

일곱 번째 수업

라이프핵

염료에서 섬유까지

일설에 따르면, 키티온의 제논은 염료 상인으로 에게 해에서 보라색 염료를 싣고 아테네로 오던 중 배가 난파했다고 한다. 그는 서점에 들렀다가 우연히 크세노폰이 소크라테스에 대해 쓴 책을 봤고, 시장에서 곧바로 그와 같은 스승이 될 수 있는 사람들의 저작을 찾아 읽었다. 이윽고 그는 채색 주랑(스토아 포이킬레)의 현관 앞에 제자들을 모았고, 그들이 모이는 장소의 이름을 딴 스토아학파를 창시했다. 그로부터 2천 년이 순식간에 흘렀다. 또 다른 상인이 섬유 시장을 전전하다가 에픽테토스, 마르쿠스 아우렐리우스, 세네카의 저작들을 접하고, 매일 수백만 명의 사람들이 접하는 이메일과 웹사이트 같은 가상의 현관에 제자들을 불러 모은다. 이 스토아 마케팅 담당자는, 아메리칸 어패럴의 전 마케팅 이사이자 평온을 추구하는 많은 베스트셀러 및 홍보 입문서『그로스 해킹Growth Hacker Marketing』을 쓴 라이언 홀리데이다.

홀리데이가 기업가, 억만장자, 개인 트레이너와 코치, 프로그래머, 교육자들이 스토아주의를 통해 가치를 재설정하고 스트레스를 해소할 수 있게 하자, 스토아주의가 "라이프핵lifehacks"이라는 입소문이 났다.

그런데 라이프핵이 정확히 무슨 말일까? 내 남편 마샬 프레서는 컴퓨터 산업에 꽤 오랫동안 종사해 왔다. 그는 기술 분야 작가로서 '해킹', '해커', '시스템 해킹'에 대해 들어 봤지만, '라이프핵'은 금시초문이라고 했다. 그는 책꽂이에 꽂혀 있는 많은 빅데이터 설명서들 속에서, 1991년에 개정된 『새로운 해커 사전』을 꺼냈다. 우리는 그 책에서 라이프핵이라는 용어를 찾을 수 있었다.

핵Hack: 1. 명사. 본래 의미: 필요한 일을 완벽하지는 않아도 빨리 처리할 수 있게 해 주는 것.

간단히 말하면, 정교하지는 않아도 효과적으로 문제를 해결하는 임시방편을 핵이라고 부른다. 다음의 두 번째 정의는 좀 더 긍정적인 의미를 담고 있다.

2. 명사. 딱 필요한 것을 만들어 내는, 굉장히 훌륭하지만 시간이 많이 걸리는 작업

하지만 1991년에 "라이프핵"은 없었다. 라이프핵이라는 용어는 2004년 샌디에고에서 개최된 오라일리 신흥 기술 컨퍼런스O'Reilly Emerging Technology Conference에서 기술 저널리스트인 대니 오브라이언이 처음 사용한 것으로 보인다. 그는 생산성 높은 IT 전문가들이 작업을 완수하는 데 사용하는 지름길을 일컫기 위해 이 용어를 사용했다. 2005년에 이르러 이 용어는 기술 및 블로그 커뮤니티로 확산됐고, 미국방언협회에 의해 '올해의 가장 유

용한 단어'에 '팟캐스트podcast'에 이어 2위에 올랐다. 2011년이 되자 라이프핵은 권위 있는 『옥스포드 사전 온라인판』에 등재됐다. 라이프핵은 삶에서 겪는 어려움을 다루는 지름길을 의미한다.

그럼 스토아주의는 라이프핵인가? 고대 스토아학파가 삶의 감정적 스트레스와 긴장을 다스릴 수 있는 전략을 제시해 준다는 면에서는 그럴지도 모르겠다. 로마 스토아학파는 대중들의 소비 행태를 단순화한다. 엔젤 투자자, 하루에 4시간 일하라는 베스트셀러의 저자, 팟캐스트 운영자인 팀 페리스가 불안과 무기력을 극복하기 위한 "단순하지만 강력한 운동"으로 스토아주의에 의지하는 것도 놀라운 일이 아니다. 그는 라이프해커를 위한 필독서로 홀리데이의 책 『돌파력The Obstacle is the way』을 권한다.

그는 이미 2017년 기준으로 700만 조회수가 넘은 TED 강연에서(역주: https://www.youtube.com/watch?v=5J6jAC6XxAI), 우리가 "행동하고, 요청하고, 말하기 가장 두려워하는 것"을 다스리는 방법으로 악을 리허설하는 스토아 기법을 다시 소환했다. 그는 이를 "두려움 설정" 기법이라고 이름 붙였는데, 이는 통상적인 비즈니스 계획 및 전략에서의 '목표 설정'을 대체하는 것이다. 구체적으로는 실리콘밸리에서 화이트보드에 적으며 진행하는 브레인스토밍 세션처럼 진행한다. 다른 점이 있다면, '두려움 설정'은 조직이 아닌 개인의 건강을 목표로 한다. 강연에서 그는 청중들에게 종이를 가로로 세 칸 접게 한다. 첫 번째 칸에는, 최악의 시나리오를 떠올린 채 자신이 두려워하는 것들의 목록을 1부터 10까지 나열하며 상세히 적는다. 두 번째 칸에는, 각각의 두려움의 목록들 옆에다 안 좋은 결과를 방지하기 위해 할 수 있는 것들을 상세히 적는다. 세 번째 칸에는, 나쁜 결과를 방지할 수 없는 경우에는 어떻게 해야 피해를 만회할 수 있는지 적는다. 쉽게 말하면, 자신이 싸워야 할 적을 알고, 최악의 결과를 방지하며, 그러지 못할 경우에는 사후 복구에 집중하는 것이다.

앞서 세 번째 수업에서 다뤘듯이, 그리스 스토아학파는 이러한 예방 전략을 '미리 체험하기'로 명명했다. 마치 미래의 악이 지금 있는 것처럼 생생히 떠올리는 것이다. 다음 어록은 라이프핵의 시제품과 같다.

"앞으로 일어날 수도 있는 일을 지금 불러와 짓이겨 없애고… 그 일이 이미 일어난 것처럼 익숙해져라… 만약 사전에 예방할 수 없다면, 사후 조치로 넘어가서 당신이 통제할 수 있는 것과 통제할 수 없는 것을 구분하고, 수용하는 법을 배워라."

에픽테토스는 통제에 대한 이분법으로 『엥케이리디온』을 시작한다. "우리가 의지대로 할 수 있는 것이 있고… 만약 우리가 의지대로 할 수 없는 일이 닥치면 이렇게 말할 준비를 하라. '그건 나와 아무 상관없어.'"

페리스는 번잡한 사업에서 벗어나 한 달 간 런던에서 지내기 위해 빡빡한 스케줄을 잠시 중단할 생각에 두려움에 사로잡혔다. 그는 런던으로 휴가를 떠나면 그곳의 추적추적하고 추운 날씨 때문에 우울해질 것이고, 그러면 긍정적이고 건강한 휴양을 보내려는 계획이 무의미해지지 않을까 하는 걱정이 들었다. 그의 두 번째 두려움은, 국세청에서 온 편지를 받지 못해서 세무조사를 당하는 것이었다. 그렇게 되면 오히려 휴가를 가서 사업에 대한 걱정을 더 많이 하게 될 것이다. 그는 예방 전략을 다루는 종이의 두 번째 칸에, 우울증에 빠지지 않기 위해 휴대용 블루라이트 램프를 가지고 가서 매일 아침 15분 동안 사용할 수 있다고 적었다. 두 번째 두려움은, 국세청으로부터 받는 편지를 그의 회계사 앞으로 수신되도록 변경함으로써 쉽게 해결할 수 있었다. 그런데 아직 세 번째 칸인 '복구'가 남아 있다. 만약 최악의 시나리오가 펼쳐진다면? 그때는 어떻게 할 수 있을까? 페리스는 경제적으로 여유롭다. 만약 런던에서 우울해지면 영국인들이 하듯이 밝은 태양이 있는 스페인으로 가면 된다. 또 국세청 편지를 못 받으면 이런 유형의 사건을 많이 수임하는 변호사를 고용해서 피해를 복구할 수 있다.

페리스의 순자산은 어림잡아 1억 달러로 추정된다. 그가 겪는 문제는 주로 힘 있는 자와 엘리트가 겪는 것이다. 어떤 이들은 냉소적으로 그의 문제를 '사소한 문제'로 치부할 것이다. 그의 문제는 현재 그가 엄청난 성공을 누리고 이익을 거두는 데서 비롯되는 것이다. 그의 청중과 독자는 매우 만족스럽지 못한 직장에서 몇 시간 동안 좁은 사무실에 갇혀 일하는 중산층 화이트컬러 노동자들이다. 그들은 페리스가 사용할 수 있는 만큼의 돈이나 수단이 없다.

그럼에도 불구하고 스토아주의에 대한 페리스의 관심이 단지 비즈니스적인 것만은 아니다. 2017년 TED 강연에서 그는 자신이 양극성 우울증bipolar depression을 앓고 있으며, 프린스턴 대학교 4학년 때는 자살을 생각한 적도 있었다고 말했다(역주: 양극성장애bipolar disorder는 조증과 우울증이 나타나는 정신질환이다. 양극성장애에서 우울증이 나타나는 것을 양극성 우울증이라고 지칭한다). 그가 강연에서 여러 차례 "원숭이 마음"의 쉴 새 없는 수다로부터 신경을 끄는 것을 언급한 배경에도 우울증이 있었을 것이다. 그는 대부분의 사람들보다 기분이 극단적으로 더 들뜨거나 가라앉을 때가 있다. 하지만 그는 감정의 상태와 변화를 어느 정도 인지하고 있기에 승산이 있다. 그는 좌절과 위협을 관리하지 않을 때의 결과와, 그것을 방치했을 때의 문제를 알고 있다. 여기서 우리가 얻고자 하는 교훈은, 스토아주의가 양극성장애에 대한 경험적 치료라는 것이 아니다. 만약 페리스가 그렇게 잘못된 방향으로 나갔다면, 위험한 세일즈맨이자 돌팔이가 됐을 것이다. 하지만 나는 그가 정신질환과 그에 대한 의학적 치료에 대해 무지하다고 생각하지 않는다. 그보다는, 그가 스토아주의가 권능감을 가지는 데 유용한 철학임을 발견했다고 보는 편이 더 맞을 것이다. 그리고 그는 그것을 사람들에게 파는 법을 알았다.

라이프핵: 누구의 선인가?

고대 스토아주의는 많은 이들에게 극기와 내면의 자유를 얻는 확실한 방법으로 활용됐다. 에픽테토스의 글과 삶이 그 전형이다. 그는 네로 황실의 행정관이었던 에파프로디토스가 소유한 노예화된 사람이었다. 에픽테토스는 진정한 자유는 내면에서 비롯되는 것이라고 가르쳤다. 폭압적 황제, 추방, 강요된 자살은 사람들로 하여금 내면을 바라보게 한다. 로마 제국의 역사는 음모를 꾸미고 권력에 맞선 대가로 점철돼 있다. 이것들은 지금 귀 기울여야 하는 교훈들이다. 하지만 예나 지금이나, 내면을 지향하는 것은 위협을 관리할 뿐만 아니라 피하는 방법이기도 하다. 라이프핵은 해결해야 할 외부 세상의 문제들을 등한시한다는 점에서 이기적인 것처럼 보인다. 오직 자기만 생각하고 이타적인 용기는 사라지는 것처럼 말이다.

이는 고대의 덕이 약속한 온전한 모습이 아니다. 소크라테스 이후 덕은 결코 자신과 자신의 금욕에만 대한 것이 아니라, 타인과 타인에 대한 관대하고 공정한 대우에 대한 것이기도 했다. 플라톤이 말하는 정의로운 영혼은, 정의로운 도시의 거울을 필요로 했다. 아리스토텔레스는 윤리학을 더 광범위한 사회정치적 담론의 맥락에서 다룬다. 그는 용기는 "선을 위해" 두려움에 맞서 자신의 입장을 견지하는 것이어야 한다고 주장한다. 그가 말하는 가장 선한 것은 개인적 선함이 아닌 집단적 선함이다.

"단 한 사람의 목적을 달성하는 것도 가치 있지만, 도시 국가인 폴리스 전체의 목표를 달성하는 것이 더 훌륭하고 신성한 것이다."

스토아학파는 폴리스를 세계로 확장한다. 그들은 전세계적 공동체와 이를 묶어 주는 소속감과 의무에 대한 초창기 비전을 제시했다. 예나 지금이나, 이상적인 도덕적 선은 인류애를 바탕으로 보편적 이성의 가능성을 공유하는 데 달려 있다. 그저 은둔을 통해 평온을 찾는 것이 덕이 될 수는 없다.

이 모든 것은 우리 나라가 노예화의 유산을 외면하지 않고 자각하고 있는 지금 시대에 심오하게 적용되고 있다. 팬데믹 사태와 미니애폴리스 경찰에 의한 조지 플로이드의 잔혹한 죽음은 사회적 동요를 유발했다. 이 두 가지는, 신종 바이러스가 수십 년 동안 인종차별이라는 오래된 바이러스로 고통받아 온 사람들을 어떻게 차별적으로 죽였는지 만천하에 드러냈다는 점에서 서로 연결돼 있다.

뉴욕 브롱크스에 있는 몬테피오레 헬스시스템의 최고 경영자인 필립 오주아Philip Ozuah는, 이러한 연결고리와 그에 맞선 투쟁을 기억한다. 그가 기고한 애절한 내용을 보면, 그의 병원에서는 생명을 구하기 위한 최선의 노력에도 불구하고 2020년 3월부터 5월까지 코로나19로 인해 2,000명 이상의 환자와 20명 이상의 직원이 목숨을 잃었다. 그는 팬데믹 환자가 줄어들자마자 또 다른 무서운 위기에 봉착했다. 그것은 바로 흑인으로서 겪는 "인종차별의 치명적 영향과 그 고통"이었고, 이는 그에게 모두 익숙한 것이었다. 그래서 그는 백인 여성 에이미 쿠퍼가 센트럴 파크에서 911에 전화해서, "아프리카계 미국인이 내 목숨을 위협하고 있어요."라고 세 차례나 말하면서 허위 신고하는 영상을 비통한 마음으로 시청했다. 그녀가 지칭한 흑인은 목에 쌍안경을 걸고 있던 조류 관찰자 크리스찬 쿠퍼였다. 그는 공원 규정에 따라 에이미 쿠퍼에게 개 목줄을 매달라고 정중히 부탁했는데, 그것이 그녀를 자극했다. 이 사건은 조지 플로이드가 살해되기 불과 몇 시간 전에 발생했다.

오주아는 공원 사건이 어떻게 악용될 수 있는지 알았다. 그 다음에 벌어질 일도 알았다. 유색인종의 삶에 너무나 익숙한 그는, 흑인이 백인 동네를 걸어 다니다가 버스를 타기 위해 뛰고, 경찰이 자초지정도 묻지 않은 채 팔을 올리게 한 뒤 "뒤로 돌아, 뒤로 물러나."라고 명령하고, 흑인이 무릎 꿇고 깍지 낀 손을 머리 뒤에 댄 채 몸수색을 당하는 장면이 너무나 익숙했다.

최장수 현역 흑인 상원의원인 코리 부커Cory Booker 역시 비슷한 두려움을 지니며 살아왔다.

"전 지금도 상원의원처럼 입고 다니지 않을 때는 신경이 많이 쓰입니다. 심지어 그렇게 입고 있을 때조차도, 아무 상관없는 고약한 사건에 연루될까 봐 꺼림칙하고요."

그는 로드니 킹이 LA 경찰에 의해 살해된 지 30년이 지난 지금도, 그가 10대 때 어른들이 자신의 안전을 위해서는 경찰을 무서워하는 법을 배워야 한다고 말한 것과 똑같은 내용을 자신의 멘티들에게 말해야 한다는 사실에 수치심과 깊은 유감을 느낀다고 말했다. 그는 요즘 10대들에게도 여전히 과거와 똑같은 '대처 방식'을 가르쳐야 한다.

에픽테토스는, "중요한 것은 당신에게 일어난 일 자체가 아니라, 당신이 그에 대해 반응하는 방식이다."라고 주장했다. 하지만 대처 방식이 억압에 대한 영구적이거나 실행 가능한 해결책이 될 수는 없다. 만약 현대 스토아주의가 파괴적 두려움을 해체하는 것을 목표로 한다면, 다양한 수준의 두려움에 적용할 수 있어야 한다. 이는 오주아와 부커처럼 자신의 지위나 권한을 상실할 것을 두려워하는 것일 수도 있고, 백인 경찰이든 흑인 경찰이든 똑같이 치명적인 골칫거리이자 악랄한 전사 모델을 지지하는 문화를 두려워하는 것일 수도 있다.

현대 스토아적 자기통제는 개혁적 역할을 할 수 있다. 라이프핵으로서 스토아주의는, 거의 맹목적인 습관과 충동적 반응을 미리 찬찬히 살펴볼 수 있는 기법을 제공한다. 이 기법은 우리가 보는 방식과 그 내용에 의해 자동적으로 촉발되는 감정적 각성을 다룬다. 암묵적이든 명시적이든, 편견은 위협에 대한 인식과 그에 대한 충동적 반응에 불을 지핀다. 잘 알려진 대로 스토아학파는 특히 그러한 느낌이 왜곡되거나 외골수적 가치의 태피스트리(역주: 색실을 사용해 그림을 짜 넣은 직물)의 일부일 때, 비록 '충동적으로 느껴'지더라도 우리가 느낌과 그에 대한 동의 사이에서 거리 두는 법을 배울 수 있다고 가르친다.

인종 프로파일링과 모든 형태의 암묵적 편견은, 느낌과 동의 사이에 거리를 두지 않고 느낌을 그대로 받아들이게 한다. 안면 인식 시스템은 최첨단 인종 프로파일링이다. 이 시스템은 무고한 사람들의 정보를 좀처럼 삭제하지 않는 머그샷과 범죄 데이터베이스에 의존한다. 몇몇 테스트에서는 어두운 피부색을 지닌 얼굴을 구별하는 데 어려움을 겪기도 한다. 이는 왜곡된 느낌에 쉽게 동의하게 하는 가상의 방법이다.

세네카는 『화에 대하여』에서, "습관과 지속적인 관심"이 반자동적 반응을 완화할 수 있다고 주장한다. 그는 자동성이 생존에 필요한 것임을 잘 알고 있었다. 우리는 생명의 위협을 느낄 때 빠른 반응, 이른바 패스트 트랙으로서의 감정을 느끼게 만들어졌다. 세네카는 명쾌하게 이러한 감정이 "우발적인 정신적 충동"이라고 설명했다.

"그래서 가장 용감한 자도 갑옷을 입으면 바로 창백해지고, 가장 사나운 병사의 무릎도 전투 개시 신호가 울리면 살짝 후들거린다."

이것은 오늘날 우리가 위험을 인지했을 때 빠르게 반응할 수 있게 해 주는, 일명 자율신경계의 투쟁-도피 반응이다. 세네카는 더 "의식적인 결정"을 할 수 있는 공간을 확보하기 위해서는, 이러한 비자발적인 움직임을 관찰하고 의식적으로 주의를 기울일 필요가 있다고 말한다.

심리학자이자 의사결정 이론가인 대니얼 카너먼Daniel Kahneman은 세네카의 뒤를 잇는다. 카너먼은 우리 뇌에 두 가지 시스템이 있다고 가정한다. 하나는 거의 혹은 아무런 의식적 통제 없이 작동하는 것이고, 다른 하나는 더 많은 노력, 선택, 분석을 거치는 것이다. 그가 한 유명한 말처럼, 우리는 "빠르면서도 느리게 생각하며" 삶을 헤쳐 나간다. 빠르게 생각하는 것의 산물인 인지적 오류와 편견으로 인해 위험에 빠질 때 의식적으로 주의를 활용해야 한다.

존경스러운 경찰과 군인이 폭력의 최전선에서 싸우고 있다. 그들은 위협에 맞닥뜨려 빠르게 대응해야 한다. 하지만 전쟁터에서든 도시의 거리에서든, 이 같이 빠른 대응이 때로는 정의로운 행동을 가로막는 장벽이 될 때도 있다. 살상 무기를 사용할 때, 자제할 용기 없이 너무 충동적으로 느낌을 받아들이는 것처럼 말이다.

마라톤 혹은 단거리 달리기

지난 세기 초 프로이트는 두려움을 피하는 것(두려움에 대해 말하지 않는 것도 포함해서)을 부정denial의 한 형태로 간주했다. 부정은 불안을 유발하는 사건, 감정, 생각이 가까이 오지 못하게 막는 방어기제에 만연한 특징이다. 우리는 내면의 갈등으로부터 스스로를 보호하기 위해, 다른 사람들에 우리의 불안을 투사하거나 마술적 사고 같은 온갖 방어기제를 활용한다. 우리는 현실을 부정함으로써, 바로 마주하기에는 너무 불쾌한 것을 극적으로 극복할 수 있다. 너무나 오래된 이론이지만, 설령 불안을 약간 없애더라도 나중에 (우리가 신체질환이라고 생각하는) 몸의 증상으로 다시 나타날 것이다.

프로이트로부터 영감을 받은 정신분석적 정신치료psychoanalytic psychotherapy는 단거리 경주가 아닌 마라톤이다. 이는 해커의 지름길이 아니다. 정신분석적 정신치료를 위해서는 어린 시절과 부모와의 관계로 거슬러 올라가야 한다. 당신이 자신을 어떻게 인식하고 자신이 어떻게 인식되는지 볼 수 있는 화면 역할을 하는 치료자와 함께하며, 당신의 역동dynamics(역주: 생각·느낌·행동에 영향을 끼치는 무의식적 힘들의 상호작용을 일컫는 정신분석 용어)을 이해하는 과정, 시간, 돈에 투자해야 한다. 당신은 실제 가족 역동 상황에서 비롯되는 긴장감 없이 안전한 임상적 공간에서 자신을 지켜본다. 당신은 '관찰하는 자아'를 발달시키는데, 그 원형은 소크라테스가 말한 "너 자신을 알라."다. 자신을 알기 위해서는 말을 해야 한다. 이것이 바로 프로이트가 초기 비엔나에서 치료한 유명한 환자인 안나 오Anna O.(본명은 베르다 파펜하임)가 받았던 '이야기 치료'다.

현대 스토아적 코칭을 통한 라이프해킹 모델은 이와 다르다. 이것은 일종의 행동치료로서, 고착된 습관을 바꾸기 위해서 대화가 아닌 행동과 구체적인 과정에 초점을 맞춘다. 하지만 이것 또한 이야기로 시작한다. 마르쿠스 아우렐리우스가 전쟁터의 밤에 했던 것처럼, 자신의 두려움에 이름을 붙이고 성찰한 내용을 적는다. 이것은 인지행동치료의 초기 버전이다. 정신분석적 정신치료가 1회에 50분, 1주일에 4회, 몇 년 동안 진행하는 것을 고려하면, 스토아적 코칭은 상상할 수 없는 방식으로 변화를 가속화하는 것을 목표로 한다.

하지만 현대 스토아적 상담은 전통적 정신치료에서와 같이 자기탐색이라는 목표를 지니고 있다. 페리스는 다른 많은 사람들처럼 스토아주의로 눈을 돌림으로써 개인적 여정의 중요한 경지에 이르렀다. 많은 이들이 고통스러운 이별이나 직장 생활에서의 위기를 겪으며 개인적 성장이나 변화를 추구한다. 더 이상 만족을 느낄 수 없는 사람들은 의미를 찾고 싶어한다. 17년 동안 다닌 회사의 경영권이 다른 데로 넘어가면서 직장을 잃은 57세의 선임 기술 자문가이자 인프라 설계자인 제프 로쉬는, 결혼 생활 19년째인 4년 전에 이혼의 고통을 겪었다. 그는 "이혼은 충격이었어요."라고 말했다. 그는 비즈니스 교류 모임에서 라이프 코치를 만났고, 그 뒤 라이프 코치 훈련을 받고 자격증을 취득했다. 몇 년 뒤 그는 우연히 홀리데이의 『매일 스토아The Daily Stoic』 명상을 통해 고대와 현대 스토아 사상을 접하게 됐고, 다른 온라인 사이트와 팟캐스트에도 들어가 봤다. 그중에는 사이먼 드루Simon Drew의 『실전 스토아The Practical Stoic』도 있었는데, 나는 그곳에 특별 게스트로 출연했을 때 그를 청취자로 만났다.

사이먼 드루는 호주의 선샤인 코스트에서 운영하던 체육관을 그만두고, 지금은 거의 전업으로 팟캐스트를 진행하는 사람이다. 그는 페리스의 팟캐스트를 계기로 스토아주의에 흥미를 느껴 지금의 길을 가게 되었다. 이제 20대 후반인 그는 전혀 책을 많이 읽는 편이 아님에도 불구하고 많은 로마 스토아 핵심 문헌들을 읽었고, 디오게네스 라에르티오스의 화려하면서도 때로는 가십 칼럼 같은 전기까지도 읽어 봤다. 그의 홈 스튜디오에 있는 레트로 빈티지 감성의 라디오 마이크 뒤에는 고대 텍스트들이 높이 쌓여 있었다. 드루의 팟캐스트를 팔로우하는 사람들 중 일부는, 쉽게 알아들을 수 있는 스토아 텍스트를 활용하는 그의 코칭 스타일에 끌린다. 드루는 모르몬교의 가르침 속에서 자랐으며, 집에서 스토아 텍스트의 가르침에 의지하며 그것을 진심으로 암송한다. 그의 팟캐스트에는 이론가뿐만 아니라 실천가도 출연한다. 덕을 통해 평온을 찾기 위한, 매우 실용적이면서도 오랜 시간을 통해 검증된 통찰을 제공하는 고대 스토아주의의 개념은 많은 청취자들에게 호소력을 지닌다.

하지만 모든 스트레스를 항상 자기탐구로 해결할 수 있는 것은 아니다. 스트레스는 관계에서 올 수도 있고 상호작용에서의 암묵적 및 명시적 영향을 받아 생기기도 한다. 기능적 및 역기능적 가족 관계에서 비롯되기도 한다. 비즈니스 세계에서는 제대로 운영되지 않는 조직과 절차나, 부족한 인력으로 인해 고객들에게 불필요하거나 너무 많은 것을 제공해야 하는 데서 생기기도 한다. 군대에서는 양심과 상훈 간의 갈등이 깊어지면서 나타날 수 있다. 인종, 계급, 기술로 갈라진 나라에서는 곳곳에 스며들어 있는 불공평과 경제적 불평등에서 생겨 난다. 스트레스는 신체적 안전, 건강의 안전, 음식의 안전이 보장되지 않을 때 발생한다. 스트레스는 경찰에 대한 두려움이나, 내외부적인 개혁 요구에 반응하지 않는 견고한 지방자치 경찰 시스템에서 비롯되기도 한다. 단지 자신이 만들어 낸 위협에 대해서만 스트레스가 생기는 것은 아니다. 스토아주의가 현대 회복탄력성에 대한 신뢰성 있는 교훈을 제시해야 한다면, 항상 우리가 통제할 수 있는 선 안에 있도록 가르칠 수는 없는 일이다. 상황이 꼭 지금과 같은 모습이어야만 하는 것은 아니기 때문에, 우리는 종종 선을 움직여야 한다.

하지만 선을 움직이는 것은 쉬운 일이 아니다. 조지 플로이드가 살해되고 며칠이 지나 NPR에서 방송한 아들과 어머니의 대화에서처럼(역주: 미네소타 주 하원의원인 루스 리처드슨과 그녀의 아들 숀 리처드슨의 대화. https://www.npr.org/2020/06/03/868173915/how-a-mother-protects-her-black-teenage-son-from-the-world), 이는 보호와 위험에 대한 고통스러운 논의를 불러일으킬 수 있다. 숀 리처드슨은 17세 달리기 선수다. 그는 평소 트랙을 달리면서 자유를 만끽한다.

"열심히 노력하며 달리는 게 제 전부예요. 전 달리기와 관련된 거라면 다 좋아요."

하지만 코로나19로 인해 학교가 폐쇄되면서 트랙도 사용할 수 없게 됐다. 그래서 오늘날 그에게 달리기는, 미니애폴리스의 거리에서 백인 친구들의 보호 없이 혼자 달리는 것을 의미하며, 그는 이를 당연히 여겼다. 그는 달리기를 좋아하는 다른 사람들과 별반 다르지 않았다. 하지만 숀은 이제 위험으로부터 숨을 곳이 없다. 이는 그의 어머니이자 미네소타 주 하원의원인 루스 리처드슨도 마찬가지다. 그들은 조지 플로이드가 살해된 곳에서 24km 떨어진 곳에 살고 있다. 숀은 현실에 적응하려고 노력한다. 그는 어머니를 안심시키려 애쓴다.

"동네에서 달리기를 할 수 없으면 트랙 같은 곳에서 뛰면 돼요… 세상이 망한 것도 아니잖아요."

하지만 어머니의 생각은 다르다.

"너가 동네에서 달리기를 할 수 없으니 세상이 망한 게 맞아. 너가 세상에서 거리낌없이 다닐 수 없고 달리기를 좋아하는 평범한 17세 소년으로 보일 수 없다면, 그건 심각한 문제가 있는 거야."

이는 자유에 대한 대화다. 에픽테토스는 젊은 제자들과 이런 대화를 나누지 않았을 것이다. 하지만 우리 시대 교사와 학생은 이런 대화를 나눈다. 나는 조지타운 대학교 1학년생과 자유에 대한 열띤 대화를 나눈 적이 있었다. 그는 6개월 전에 자신이 1838년에 조지타운 예수회가 대학의 재정을 유지하기 위해 판 272명의 노예 중 한 명의 후손임을 알았다. 이후 그가 자신의 삶을 바라보는 관점이 달라졌고, 자신이 왜 가톨릭 신자로 자랐는지 이해하게 됐다. 그는 자유를 새롭게 느꼈다. 그는 취약함도 느꼈다. 그는 근무 시간 중에 나를 자주 만나러 왔다. 그는 단지 공부를 어떻게 하면 좋을지, 맑은 정신으로 집중하기 위해 커피를 얼마나 마시면 되는지, 자신이 좋아하는 책이 무엇인지, 일과 수업의 균형을 어떻게 맞추면 좋은지에 대한 대화를 하고 싶어 했다. 우리는 수업 시간에 타네히시 코츠Ta-Nehisi Coates의 책을 읽었다. 우리는 제임스 볼드윈James Baldwin의 미완성 자전적 원고를 바탕으로 제작된 다큐멘터리 『나는 너의 깜둥이가 아니다I Am Not Your Negro』도 일부 시청했다. 하지만 그는 수업 시간에 자신의 가족의 과거에 대해서는 절대 말하지 않았다. 그는 새로 알게 된 가족의 역사를 혼자서만 간직했다. 그는 여전히 답을 찾고 있었고, 나는 이를 존중했다. 그 학기 수업을 듣는 25명의 학생들 중 유색인종은 4명이었는데, 그 중 3명은 아프리카계 미국인이었고 나머지 한 명은 동남아시아에서 자라고 배운 미국인이었다. 동남아시아 유색인종 학생은 인종과 자유를 위한 투쟁에 대한 흑인들의 지배적 서사에서 배제된 자신의 느낌에 대해 썼다. 타네히시 코츠와 제임스 볼드윈의 이야기는 그의 경험과 달랐다. 그는 다른 유형의 억압을 느꼈다. 그는 뛰어난 학생이었지만 미국에서는 외로웠다.

내 학생들 같은 현대인들에게는, 심리적 자유와 존엄, 존중, 포용으로 얻어지는 자유와 동떨어질 수 없다. 이는 고대로부터 이어진 개념이지만 정작 역사 속에서 실천되지는 않았다. 키케로는 우리의 공통된 이성에 바탕을 둔 고귀한 존엄성의 개념을 제시했다.

"그래서 우리는 뛰어난 사람이든 뒤처진 사람이든 모든 사람에 대한 존경심을 지녀야 한다… 여기에서 파생된 의무를 통해… 자연에 동의하고 보존할 수 있다… 이는 사람들을 결속하는 데 제격이다…"

현대 스토아 코치들과 제자들은 이 말에 따라 모든 이를 위한 존중과 존엄을 약속하는 사회를 건설하는 데 역할을 해야 한다.

전세계적 연결

스퀘어와 트위터의 공동창업자 잭 도시Jack Dorsey는 스토아주의에 매료된 또 다른 실리콘밸리의 기업가다. 그는 특히 박탈을 통해 강인함을 단련한다는 생각에 매료됐다. 그는 징집병이나 전쟁 포로와 달리 스스로 무엇을 박탈할지 선택할 수 있었다. 그는 아침 5시에 얼음 목욕을 하고, 추운 날씨에도 코트 없이 8km를 걸어서 출퇴근하고, 하루에 한 끼만 먹었다. 이를 보면 견유학파 디오게네스와 스토아주의에 영감을 준 소크라테스의 그림자가 어른거린다. 잘 알려진 것처럼 그들은 모두 겉옷을 입지 않았고, 조금만 먹었고, 추위를 견뎠다. 잭 도시가 이렇게 고대인들을 리메이크하는 것은, 불편을 감수하면서도 자신의 회복탄력성을 향상시키는 신경회로를 새로 구축하기 위해서다.

"추운 날씨에 곧바로 밖으로 나가는 것만큼 정신적 자신감을 심어주는 건 없었어요."

그러자 한 기자가 이렇게 대꾸했다.

"겨울에 토론토에서 한번 그렇게 해 보시죠, 회장님."

스토아 테마를 현대 사회에서 더 실질적으로 재해석하는 또 다른 방법이 있다. 이는 바로 전세계적 연결에 대한 것이다. 트위터의 미션은, '자유롭고 전세계적인 대화를 향상시키고 훼손하지 않는' 방식으로 정보를 즉각적으로 전파하는 것이다. 140자나 280자로 축약된 담론이 어떻게 전세계적 대화를 향상시킬 수 있는지에 대해서는 충분히 회의적일 수 있다. 트위터와 다른 소셜미디어 플랫폼에 대한 느슨한 규제 정책은, 허위 정보와 선동적인 구호가 판을 치게 만들었다. 지난 수년간 이 플랫폼들은, 소위 '오버튼의 창Overton Window'(조셉 오버튼이 고안한 이론으로, 대중이 기꺼이 받아들이는 정치적 생각의 범위)을 넓히려고 노력해 왔다. 한때 안전하지 않거나 주변적인 것으로 여겨졌던 담론이 이제는 주류를 이루고 있다. 이렇게 확장된 범위 안에서, 소셜 봇과 트롤은 폐쇄된 곳에서 초세계화된 담론들이 섞인 반쪽짜리 진실을 퍼뜨린다. 전통 매체의 독자들은 그런 확성기가 내는 소음을 불편하고 위험하다고 느낀다. 트위터 등의 소셜 미디어는 아랍의 봄을 촉발했지만, 이 운동을 분열시키는 역할을 하는 전쟁터도 됐다. 트위터는 도구다. 고대인들의 말처럼 모든 도구는 선하게도 악하게도 활용될 수 있다.

그런데 만약 두려워하는 것과 나쁜 것을 생생하고 자세하게 시각화하는 것이 심리적 동요에 대처하는 스토아적 기법이라면, 오늘날 트위터는 인종차별주의에 대한 대중적 재판의 라이프핵으로서의 역할을 해 왔다. 인종에 대한 담론에 변화가 생긴 것은, 쇼빈 경찰관이 거의 9분 동안이나 무릎으로 플로이드의 목을 누르면서 살해한 생생한 바이럴 영상에 힘입은 바가 크다. 플로이드가 살해된 지 3일 만에 거의 880만 개의 트윗에 '흑인의 목숨도 소중하다'라는 해시태그가 달렸다. 이와 비슷한 시기에 크리스찬 쿠퍼가 센트럴 파크에서 벌어진 인종 갈등 영상을 찍었고, 그의 여동생이 이를 트위터에 올렸다. 이 영상의 조회수는 4,000만 회를 넘었다. 트위터, 인스타그램, 페이스북은 전부 나쁜 것을 적나라하게 볼 수 있는 수단을 제공한다. 그 중 많은 것은 우리를 예기치 못한 고통에 빠뜨릴 수도 있지만, 함께 무언가를 만드는 데 도움을 줄 수도 있다. 만약 우리가 이러한 이미지들을 불편하게 여기지 않는다면, 감정적 고통으로부터의 자유는 너무 쉽게 찾아올지도 모른다.

잭 도시의 헌신이 스토아적 주제와 어떻게 공명하는지에 대한 마지막 요점이 있다. 도시는 역사상 가장 자비로운 억만장자 중 한 명이다. 그는 무려 자기 재산의 3분의 1을 코로나바이러스 구호 기금, 보편적 기본 소득, 소녀들의 건강과 교육을 지원하는 데 기부했다. 그는 왜 기부하는지에 대한 질문을 받자, 다시 전세계적 연결을 인용했다.

"저는 모든 것이 연결되어 있다는 원칙에 따라 살고 있습니다. 따라서 만약 누군가 고통에 빠져 있다면, 언젠가는 저 역시 고통에 빠지게 될 것입니다."

도시의 기부에 다른 어떤 요소가 담겨 있든, 그는 "일단 지금은 벌고, 베푸는 것은 나중에 생각한다."라는 흔한 실리콘밸리의 모토를 거부했다. 그는 또한 어디에 얼마나 쓸 것인지를 구글 스프레드시트에 실시간으로 적어 공개하는 식으로 기부 내역을 투명하게 밝히고 있다.

빠르고 공개적으로 기부하는 것은 돈을 탐내는 사람들의 요청을 피하는 방법일 수도 있지만, 솔선수범의 본보기이기도 하다.

세네카는 『호의에 대하여 On Favors』에서, 현명한 기부의 미묘한 뉘앙스에 대해 논한다. 그는 기부를 언제 드러내고 언제 숨길지에 대해 많은 말을 한다. 그는 "체면이나 위신과 아무 관계없이, 그저 병약, 빈곤, 쇠퇴에 맞서는 데 도움을 주는" 기부를 하라고 말한다. 그는 단지 실적을 올리기 위해서나 "자신이 기부한 것을 수혜자에게 계속 상기시키면서 짜증나거나 우울하게 하는" 후원자들을 비판한다. "시골뜨기에게 책을 선물하거나, 학자나 문학가에게 사냥용 그물을 선물하는 것… 한여름에 겨울 옷을 선물하는 것" 같은 무의미한 선물은 기부의 의미를 희석시킨다. 감사나 인정을 받기 위한 욕심으로 주는 선물도 마찬가지다. 실시간으로 당신의 기부를 트위터로 공유하는 것은 찬사를 이끌어 낼 수 있는 확실한 방법이다. 하지만 이는 다른 이들이 운만 바라지 않게 하는 촉매가 되기도 한다.

고대에는 선물을 주는 것을 사회적 결속의 핵심으로 여겼다. 세네카는 선물이 "무엇보다 사회를 단합시킨다."라고 말했다. 이 문구는, 우리는 본성상 사회적이며 관계를 통해 만족할 수 있다는 보다 근본적인 핵심 스토아주의를 담고 있다. 우리는 호의를 가지고, 물질적이고 감정적인 전달을 통해 서로에게 의지한다. 키케로는 "당신의 마음을 탐지하라."라는 수사적 질문을 통해 요점을 파악하도록 한다. 당신은 쾌락이 지속되는 고요한 에피쿠로스적 삶을 선호하는가, 아니면 고통을 감수하면서도 인류 전체에 선을 행하는 삶을 선호하는가? 선행과 감사는 사회적 직물로 짜인 무늬다. 가장 유명한 현대 철학자 중 한 명인 피터 스트로슨Peter Strawson은 다음과 같이 이에 대한 논점을 제시한다.

"호의와 감사를 표현하는 것은 우리가 공동체의 일원으로서 서로에게 책임지는 방식이다."

남에게 이익을 제공하는 것만으로는 호의를 드러내지 못한다. 중요한 것은 '이익'을 제공하는 태도다.

우리가 아무리 공동체를 확장하더라도, 자선 활동이 사회 정의를 대신할 수는 없다. 트위터는 적어도 대화에 있어서는 경계를 넓히는 것을 목표로 한다. 다른 소셜 플랫폼들과 마찬가지로, 트위터 역시 위험한 유언비어와 거짓말들을 더 강력하게 감시할 필요가 있다. 하지만 로고스(혹은 대화)가 세상을 연결한다는 핵심 개념은, 고대 회의주의와 스토아 사상을 현대적으로 변주한 것이다.

죽음을 정복하는 라이프핵

　실리콘밸리에는 스토아주의와는 거리가 먼 또 다른 라이프핵이 있다. 바로 죽음을 정복하는 것이다. 스토아학파는 인간은 모두 죽는다는 사실에 대한 리허설을 통해 죽음을 대면하는 명상을 하는 것으로 유명하다. 그들은 죽음과 맞서 싸우지 말고 차분히 마주하라고 말한다. 이것이 바로 그들이 메멘토 모리memento mori, 즉 '항상 죽음을 염두에 두는' 것을 반복적으로 실천하도록 촉구하는 것의 핵심이다. 이것은 특히 우리가 모든 두려움 중에서도 정복해야 하는 것이다. 세네카가 말했듯이, "죽음을 두려워하는 사람은 살아 있는 동안 결코 살아 있는 것에 걸맞은 일을 하지 않을 것이다."

　세네카는 『서간집』에서, 나이와 더불어 쇠약해지는 건강을 마주한다. 그는 숨 쉬는 데 어려움을 겪는다. 그는 어릴 때부터 천식으로 고생해 왔다. 그리고 이제는 천식 발작이 더 잦아져서 마치 질식할 것만 같다. 의사는 몸이 죽음을 리허설하는 것이라고 말한다. 그는 한평생 죽음을 철학적으로 준비해 왔다. 다시 소크라테스가 설파한 사상을 살펴보자. 플라톤의 『파이돈』에서 소크라테스는, "철학은 죽는 것과 죽음을 연습하는 것이다."라는 유명한 말을 한다. 세네카는 이렇게 철학적 질문을 던진다.

"만약 누군가 램프의 불이 꺼진 이후가 불을 붙이기 전보다 더 나빠진 것이라고 말한다면, 우리는 그 사람이 꽤나 어리석다고 생각하지 않겠는가? 우리도 불이 켜졌던 것처럼 다시 꺼진다. 우리는 시작과 끝과는 무관하게 단지 그 사이 시간을 체험할 뿐이다."

이것은 에피쿠로스주의자인 루크레티우스가 기원전 1세기 때 주장했던 삶의 시작과 끝의 대칭성에 대한 내용과 같다.

세네카는 실용적 관점에서 죽음을 직면하는 것이야말로 지금 이 순간을 붙잡는 방법이라고 말했다.

"현재의 시간은 매우 짧다."

오직 사는 데만 '몰두하는' 사람들은 주의가 흐트러지기 쉽다.

"당신은 그들이 어찌 해서 '오래 못 사는지' 알고 싶은가? … 노인들은 몇 년만 더 살게 해달라고 애원한다. 그들은 자신들이 실제보다 더 젊다고 생각한다… 하지만 현명한 사람은 주저하지 않고 꾸준히 발걸음을 옮겨 죽음을 맞이하러 갈 것이다."

스토아적 관점에서 '선호하지 않는 무관한 것'인 죽음을 받아들여야 한다면, 라이프해커는 스토아학파를 동맹으로 편입하는 것을 어떻게 정당화할까?

일부 현대인들은 이를 근거로 스토아학파가 통제의 한계를 확장하는 것을 용인한다고 여긴다. 여기서 두려움의 대상은 현실적 장애물이 아닌 시간이다. 그리고 이런 문제는 해킹에 대한 사랑으로 해결할 수 있다.

샌프란시스코의 영향력 있는 인물인 제프리 우(Geoffrey Woo)의 경우를 보자. 그의 회사인 HVMN(Health Via Modern Nutrition)는 기억, 인지, 체력을 강화하는 화합물인 '누트로픽nootropics'을 생산하는, 인간 강화 기술 회사다. 그의 회사는 직원들을 위해 매주 간헐적 단식일을 제정했다. 그는 『복스Vox』와의 인터뷰에서, 바이오해킹의 최종 목표가 무엇이냐는 질문에 불멸이라고 답했다.

우: "네, 전 영원히 살고 싶어요."

기자: "왜죠?"

우: "왜 안 그렇죠? 우리가 사라질 거라고 예측하는 것은 매우 문화적인 개념입니다. 저는 불멸이 기술 낙관주의라고 생각하지 않아요. 그건 인간의 욕망이에요."

아마 아리스토텔레스가 이 말을 들으면 정신 차리라고 할지도 모른다. 그는 우리가 단순한 '소망'과, 선택과 행동을 하게 만드는 욕망을 구분해야 한다고 말한다. 그의 주장을 들어 보자.

"설령 불멸과 같은 불가능한 소망을 가질 수는 있어도… 불가능한 것을 선택할 수는 없다… 아무리 노력해도 결코 이룰 수 없는 소망도 있다."

하지만 바이오해커는 인간의 불멸을 포함해서, 가능한 것의 범위를 재정의하는 것에 도전한다.

우 자신은 스토아주의의 신봉자가 아닐지도 모르지만, 많은 억만장자들이 그를 추종하며 칼로리 섭취를 조절한다. 그들은 이를 통해 신체 기능을 고도화하고 수명을 연장하기 바란다. 식이요법과 단식에 대한 과학적 성과들이 쌓이고 있을 수도 있다. 하지만 이런 식으로 스토아적 통제를 모델링하는 것은, 극기에 대한 스토아적 비전을 벗어나는 것이다. 몸과 마음을 강하게 단련하는 스토아적 규율에는, 삶의 기회에 영향을 끼치는 외부 요인을 현명하게 선택하는 것도 포함된다. 스토아주의는 아무리 불가해한 자연 법칙이라도 자연과 일치하는 방식으로 선택하라고 가르친다. 설령 우리가 신적인 수준의 이성을 지닌다 하더라도, 우리가 유한한 존재라는 사실은 우리를 인간적으로 만든다. 현명하고 조심스럽게 삶으로써 죽음을 정복할 수 있다는 생각은 분명 스토아적이지 않다.

하지만 여전히 우리는 스토아학파가 이런 식의 오용을 용인한다고 생각할지 모른다. 그들의 기술도 결국은 취약성으로부터 보호하기 위한 것이기 때문이다. 하지만 우리가 봐 왔듯이, 그들은 보호를 무적의 방패가 아닌 적응적 대처의 측면에서 바라본다. 세네카는 이를 상기시킨다.

"우리가 만든 계획에 너무 빠져들지 않으려면, 우리 스스로 적응적 존재가 되도록 해야 한다."

스토아주의를 표방하는 몇몇 바이오해커들이 자행하듯 죽음에 대한 방탄으로서의 경직된 최종 목표를 지니는 것은 위험하다.

실제로, 불멸에 대한 열망을 영광 추구나 자만심이 아닌 다른 요인으로 보기는 어렵다. 죽음을 이기려는 해킹이 엔지니어의 호기심과 자연의 한계를 넘어설 수 있다는 기술적 신념에 의하더라도, 기술 혁신의 결실을 볼 수 있을 만큼 오래 살고 싶은 소망도 존재한다. 다시 말하지만, 이는 덕을 쌓는 것이 아니라 자아와 성공을 위한 노력이다.

죽음을 이기는 바이오해킹에 대한 스토아학파의 마지막 교훈을 보자. 스토아학파는 죽음을 본능적이고 극적으로 마주한 것으로 유명하다. 스스로 선택하거나 강요된 자살은 로마인의 삶의 일부였다. 루벤스가 그린 유명한 세네카의 초상화는, 자살에 의한 죽음을 직면하는 것이 고독하지도 평온하지도 않음을 보여준다. 세네카가 언급한 『파이돈Phaedo』에 나온 소크라테스의 죽음에는 친구들도 함께했고 대화도 나눴다. 세네카 역시 자신의 마지막 말이 전해지리라 믿었다. 하지만 스토아학파의 문헌에는, 자연 속의 이성을 읽는 방식으로 삶으로부터 "이성적으로 벗어나는" 자살을 정당화하는 내용도 있다.

스토아학파에게 자살은 적합하거나 적절한 실천의 특수한 경우였다.

특히 우리가 자신의 생명과 건강을 보존하는 것이 정상적인 의무임을 고려하면, 이성적 일탈이 가능한 적절한 이유는 길고 자세해야 한다. 디오게네스 라에르티오스는 말한다.

"현명한 사람은 나라나 친구를 위해서, 또는 참을 수 없는 고통·단절·불치병에 놓였을 때 이성적으로 삶을 떠날 것이다."

위 문장의 뒷부분은 부정적인 외재적 요인(이른바 '선호하지 않는 무관한 것')을 나타낸다. 그리고 삶은 그 자체로 선한 행동을 위한 물질적 수단으로서 참된 가치를 지니기 때문에, 우리가 물질적 수단의 부족으로 의미 있는 선택을 할 수 없어서 덕을 행할 수 없다면 자살이 정당화될 수도 있다. 임마누엘 칸트는 미친 개에 물린 사람의 예를 들며 스토아 사상을 함축적으로 제시한다. 그 사람은 자신이 불치병인 광견병에 걸렸으며, 그로 인해 정신이 이상해질 것이라는 타당한 이유를 믿는다. 칸트는 그가 "나의 광기가 다른 사람에게 해를 끼치지 못하게 하기 위해 스스로 목숨을 끊는다."라는 유서를 남겼다고 말했다. 칸트는 자살이 일반적으로는 의무에 반한다고 주장하지만, 이 경우에는 육체적 질병이 도덕적으로 행동할 수 있는 수단을 앗아가기 때문에 자살을 정당화할 수 있다고 말한다. 그게 스토아주의다.

이 모든 것에서 우리와 밀접한 관련이 있는 것은, 스토아학파가 질병이나 전제군주의 명령에 의해 삶이 단축될 수 있다는 것을 정확히 인식하고 있었다는 것이다. 삶을 덕행의 물질적 조건으로 보는 그들의 철학은 삶으로부터의 이성적 출구를 마련할 수 있는 방법을 제공했다. 그들은 몸이 모든 공격을 다 견디는 회복탄력성을 지닌 물체라고 여기지 않았다. 스토아주의자는 통제에 대한 현대적 개념을 스토아적이라고 생각하지 않을 것이다.

스토아주의와 해로운 남성성

여성혐오주의 커뮤니티 레드필Red Pill을 호스팅하는 레딧Reddit 같은 디지털 사이트를 통해서 자신들의 의견을 전파하는 초남성주의자들은, 고대 스토아 사상 및 더 일반적으로는 고전학자들의 의도를 악용한다. 레딧은 '매노스피어manosphere'라고도 불리는 많은 극우 여성혐오 플랫폼 중의 하나다. 최근 도나 저커버그Donna Zuckerberg는 이러한 악용을 자세히 연구했다. 그녀는 일부 사람들이 백인 전사 황제인 마르쿠스 아우렐리우스의 기념비 동상을, 남성다운 용기와 활력의 개념을 의인화한 것으로 간주하는 것에서 이를 단적으로 알 수 있다고 주장한다. 저커버그가 자기계발 철학으로서 스토아주의의 부흥을 칭송하는 많은 이들이 "스토아주의가 반여성주의 커뮤니티에서 인기를 얻고 있는 것을 간과하고 있다."라며 한탄하는 것은 옳다.

혐오 사상을 주창하는 자들은 고대인들로부터 지적 정당성을 부여받았다고 오랫동안 주장해 왔다. 고전학자 커티스 도치어Curtis Dozier가 지적한 대로, 이는 백인우월주의 웹사이트인 Stormfront.org가 파르테논 신전의 이미지를 배경으로 "모든 달은 하얀 역사의 달"이라는 슬로건을 보여 주는 것에서 잘 나타난다(역주: 2022년 11월 현재 위의 슬로건과 이미지는 모두 변경된 상태다). 도치어는 "이들은 백인이 이러한 구조물을 지었기 때문에 다른 인종보다 우월하다고 암묵적으로 주장한다."라고 말한다. 그의 웹사이트 파로스Pharos(pages.vassar.edu/pharos/)에는, 인종과 성을 억압하는 정치를 지지하기 위해 고전들이 악용된 수많은 비슷한 사례들이 나와 있다.

스토아학파가 덕에는 성별의 구분이 없다고 말한 것을 고려하면, 스토아주의를 여성혐오 사상으로 악용하는 것은 특히나 신빙성이 없는 것이다. 제논이 묘사한 현자들의 이상적인 도덕 공동체인 유토피아적 사회에는 여성도 포함돼 있다. 스토아학파는 인간이 완전한 수준의 지혜에 이를 수 없기 때문에, 여성과 남성을 동등한 현자이자 완전한 덕을 갖추기 위한 동등한 모델로 봤다. 또한 스토아학파는 만약 이성이 모든 인간의 공통적 특징이라면, 소녀와 소년도 똑같이 교육해야 한다고 주장했다. 설령 성별에 따른 차이가 존재한다 하더라도 이성은 모두에게 공통적이고 인간적 선의 핵심이기 때문에, 당연히 교육을 통해 선을 함양하는 기회는 모두에게 열려 있어야 한다.

무소니우스 루푸스와 남성뿐만 아니라 여성도 교육해야 한다는 주장을 호소력 있게 옹호한다. 내용 전체를 그대로 옮길 가치가 있기에, 아래에 소개하고자 한다.

누군가 그에게 여성도 철학을 해야 하는지 물은 것을 계기로, 그는 여성도 철학을 해야 한다고 주장하기 시작했다. 그는 이렇게 말했다. "여성은 신으로부터 남성과 똑같은 이성을 부여받았다. 우리는 이러한 능력으로 의사소통하고, 좋고 나쁜 것과 고귀하고 부끄러운 것을 판단한다. 이와 마찬가지로 여성은 남성과 동일한 감각(시각, 청각, 후각 등…) 인식 능력을 지녔다… 또한 남성뿐만 아니라 여성도 윤리적 탁월함에 대한 열망과 그에 대한 자연적 지향성을 지니고 있다. 여성은 남성 못지 않게 숭고하고 정의로운 행동에 기뻐하고, 그 반대되는 행동은 거부한다."

쉽게 말해 지고의 도덕 세계에서 여성은 남성 못지 않은 도덕 모델인 것이다. 여성은 스토아주의와 로마 통치를 기념하는 말을 타고 있지는 않지만, '욕망'과 '자연적 지향성'에 따라 온전한 이성의 세계에 있다. 무소니우스는 이를 교육에 반영해야 한다고 주장한다.

말할 것은 많다. 스토아학파의 페미니스트 상은 현대적 기준으로 보면 불완전하다. 하지만 중요한 것은, 페미니즘이 고대 세계에서부터 있었다는 것이다. 플라톤은 『국가』 제5권에서 여성이 정의로운 도시의 수호자 계급에 들어가야 한다고 말했고, 스토아학파는 그러한 이상적인 사회 및 교육 프로그램을 재건하는 데 여성이 포함돼야 한다고 주장했다.

이 장에서 얻을 수 있는 더 폭넓은 교훈은, 스토아학파의 가르침은 다양한 형태를 취한다는 것이다. 어떤 텍스트는 난해하고 새로 도입한 철학 용어들로 가득하다. 어떤 것은 의아할 정도로 단순해서, 마치 우리에게 지름길을 알려주는 것만 같다. 물론 효과적인 지름길을 찾는 것이 해킹의 핵심이기는 하다. 스토아학파는 종종 우리에게 자신들의 핵이나 최소한 그 원형을 제공해 주는 기술 동맹이다. 그들은 인터넷으로 접할 수 있고 자기계발 내용으로 활용할 수 있는 간결한 인용구를 제공한다. 스토아주의는 아리스토텔레스나 플라톤 철학과는 다른 방식으로 현대 해커들의 요구에 부응한다.

하지만 스토아주의가 그저 자조나 자기계발에 대한 것만은 아니다. 스토아주의는 도덕적 진보와 소속감과 의무를 통해 커뮤니티의 유대를 넓히는 방식을 보여주기도 한다. 세네카는 『화에 대하여』의 결론에서 "인간성을 함양하자."라고 말한다. 그는 우리가 왜곡된 감정과 충동적 느낌을 다스릴 수 있다고 말한다. 우리는 때때로 반응하기 전에 잠시 멈추는 법을 배울 필요가 있다. '흑인의 목숨도 소중하다'에 대한 대대적인 전국적 논쟁의 한복판에서 이는 강력한 스토아적 라이프핵이다.

그들의 이름을 말하라

팀 페리스의 '두려움 설정하기' 핵은, 우리로 하여금 두려움에 구체적으로 직면하도록 가르친다. 두려움의 대상을 말하라. 그들을 적어라. 그들을 눈 앞에 떠올려라. 현대 스토아학파의 두려움 리허설에 대한 생각이 지금의 나와 공명한다. 그들의 이름을 말하라. 조지 플로이드, 아머드 알버리Ahmaud Arbery(역주: 2020년 2월 23일 조깅하던 중에 백인 남성 3명에게 살해된 아프리카계 미국 남성. 향년 25세), 브레오나 테일러, 토니 맥데이드Tony McDade(역주: 2020년 5월 27일 경찰에게 살해된 트랜스젠더 아프리카계 미국 남성. 향년 38세), 트레이본 마틴(역주: 2012년 2월 26일 히스패닉계 미국인에게 살해된 아프리카계 미국 소년. 향년 17세), 프레디 그레이Freddie Gray(역주: 2015년 4월 19일 사망한 아프리카계 미국 남성. 4월 12일 경찰들에게 체포될 당시 가혹한 조치를 당하고 이후 고통을 호소했는데도 적절한 처치를 받지 못한 것이 사인으로 추정됨. 향년 25세), 에릭 가너Eric Garner(역주: 2014년 7월 17일 뉴욕 경찰에게 살해된 아프리카계 미국 남성. 향년 43세), 아이야나 스탠리 존스Aiyana Stanley Jones(역주: 2010년 5월 16일 디트로이트 경찰에게 살해된 아프리카계 미국 소녀. 향년 7세), 마이클 브라운Michael Brown(역주: 2014년 8월 9일 퍼거슨 경찰에게 살해된 아프리카계 미국 남성. 향년 18세), 샌드라 블랜드Sandra Bland(역주: 2015년 7월 28일, 사소한 교통규칙 위반으로 수감된 지 3일만에 교도소에서 숨진 아프리카계 미국 여성. 향년 28세), 타미르 라이스Tamir Rice(역주: 2014년 11월 22일, 장난감 총을 가지고 놀다가 백인 경찰 2명에게 살해된 아프리카계 미국 소년. 향년 12세), 마틴 루터 킹 주니어Martin Luther King Jr.(역주: 1968년 4월 4일, 테네시주 멤피스에서 살해된 아프리카계 미국 남성. 인권 운동가 및 목사. 1964년 노벨 평화상을 수상. 향년 39세), 메드가 에반스Medgar Evans(역주: 1963년 6월 12일 살해된 아프리카계 미국 남성. 흑인 인권운동가. 향년 37세), 말콤 엑스Malcolm X(역주: 1965년 2월 21일 살해된 아프리카계 미국 남성. 흑인 인권운동가이자 이슬람 종교인. 향년 39세), 에밋 틸Emmett Till(역주: 1955년 8월 28일, 납치된 지 3일만에 살해된 아프리카계 미국 소년) … 리스트는 끝없이 이어진다. 백인이라는 특권을 누리며 살아가는 우리에게, 그들의 이름을 말하는 것은 단지 그들을 기념하는 것뿐만 아니라 두려움을 불러일으키는 일이다. 그것은 우리의 취약성, 우리가 위협으로 받아들이거나 받아들이기로 선택한 것을 직면하게 한다. 스토아학파는 우리가 "취할 것을 선택"하도록 강조한다. 그들은 우리가 인식하고 느끼는 습관을 생각보다 더 많이 통제할 수 있다고 가르친다. 우리는 거의 자동적으로 느낄 때조차도, 그 다음에 이어지는 것을 통제할 수 있다. 이를 위해서는 위협이 실제적인지, 우리가 권력이나 권한을 남용하는지 알아야 한다. 이것이 바로 두려움을 마주하는 한 방법이다. 그것은 일종의 용기다.

루카스 보스터만, 페테르 파울 루벤스의 그림으로 작업. <세네카>, 1838. 판화.

보로부두르의 디야니 붓다 바이로타나 불상.

여덟 번째 수업

스토아적 삶의 기술

명상: 서양과 동양의 만남

세네카는 피타고라스학파의 관습에 따라, 잠들기 전 명상은 자신을 "심문하는" 것이라고 말했다. 그는 모든 결점과 악행의 틈을 샅샅이 찾았고 자신에게 아무것도 숨기지 않았다. 그는 자신의 성품을 보고하는 "비밀 조사관"이 된 것이다. 현대 명상가들에게는 잠들기 전의 야간 활동이 이상하게 보일 수도 있다. 스토아학파는 지혜가 평온으로 가는 길이고 덕과 악행에 대한 명상이 지혜의 핵심이라고 가르치는데, 늦은 밤 당신의 성품을 탈탈 터는 작업이 어떻게 평온을 찾는 방법이 될 수 있을까? 그것은 취침 전 의식으로서 당신을 잠들게 할 것인가, 아니면 생각에 잠긴 채 깨어 있게 할 것인가? 칼 라이너는 스티브 마틴이 영화 촬영을 논의하게 위해 전날 밤 늦게 전화했을 때 곧바로 받았다. 마틴이 물었다.

"제가 당신을 방해한 건가요?"

라이너가 대답했다.

"아뇨, 그냥 누워서 오늘 실수했던 것들을 늘어 놓고 있던 중이었어요."

스토아학파는 희극적 자기비판가가 **아니었다.** 만약 그들이 더 재미있는 글을 쓰려고 했다면 그럴 수도 있었을 것이다. 하지만 그래도 그들은 자기비판가였다. 세네카는 루킬리우스에게 보내는 『서간집』에서 이렇게 가르쳤다.

"가능한 엄하게 자신을 추궁하라. 그런 뒤에 조사를 시작하라. 처음에는 검사, 다음에는 판사, 맨 마지막에는 변호사가 돼라. 때로는 자신에게 가혹해져라."

그리스 스토아학파는 정신에 대한 이러한 내부 조사를 지칭하기 위해 프로소케prosokhē라는 특별한 용어를 사용했다. 그것은 주의를 기울이고 경계심을 훈련하는 방법이었다. 에픽테토스는 특유의 과장법을 섞어서, "당신의 삶에서 주의가 미치지 않는 곳은 없다."라고 주장한다. 조금만 방심해도 "주의를 기울이지 않는 더 심각한 습관"으로 이어질 수 있다. 그리고 머지않아 도덕적 나태함의 길에 들어선다.

"결점이 전혀 없는 것이 가능한가? 아니다. 그것은 전혀 불가능하다… 그래도 우리가 주의를 늦추지 않음으로써 몇 가지 잘못이라도 피할 수 있다면, 그걸로 만족해야 한다."

현대 심리학 연구 결과와는 반대로, 스토아적 관점에서 노력과 인지적 초점은 고갈되지 않는 자원이다. 정신 에너지는 재생 가능하며, 설령 행동이 걱정되더라도 불안한 생각으로 인해 주의가 흐트러져서 자제력이나 수행 능력이 약화되지는 않는다. 정신적 노력은 오직 능력을 강화할 뿐이다.

마르쿠스는 에픽테토스의 권고에 따라, 게르만족 원정에 나선 밤마다 묵상을 한다. 그 자신을 위해 쓰며 진솔한 자기반성을 간구한 내용들은 이후 그 유명한 『명상록』이 된다.

이와 비슷하게, 세네카는 "자기 탓을 하기 위해" 밤에 마음을 호출해서 감시를 강화할 것을 촉구한다. 세네카는 말한다.

"불을 끈 뒤 내 습관을 알고 있는 아내가 조용히 잠들면, 나는 하루를 돌아보며 내가 했던 모든 말과 행동을 되짚어 본다."

그날 마음에 걸린 일은 일상적인 것들이었다. 아마 내용을 조금만 수정한다면 우리의 경험이 될 수도 있을 것이다. 세네카는 우리가 잠자리에서 할 수 있는 자기심문의 예를 들려준다.

1. 당신은 친구나 가족에게 너무 직설적으로 말했다. "그대는 지나치게 훈계조로 말했다. 그 결과 그대는 상대방을 돕기보다는 오히려 기분만 더 상하게 했다."
2. 당신이 저녁 파티에 참석했을 때였다. 술을 마시며 대화가 무르익었다. 당신이 우연히 '심하게 거슬리는' 농담을 들었다. 그것은 당신의 화를 돋우기 위한 것이었고 실제로 그랬다. 다음부터는 무리를 더 가려서 어울리도록 하라. (혹자는 세네카가 특정한 사람들을 피하라고 다짐하기보다는, 모욕에 둔감해지는 것을 더 상기시킬 것이라고 생각할 수도 있다. 하지만 이것은 단순한 인지적 수정이 아닌 스토아적 행동의 예다. 우리는 왜곡된 반응일 수도 있는 첫 느낌과 자극에 대한 동의를 보류하도록 노력해야 하지만, 그런 반응을 불러일으키는 상황을 피하려는 노력도 해야 한다.)
3. 당신은 어떤 친구가 저명한 법관이나 시민의 집을 지키는 경비로부터 입장을 제지당해 화내는 것을 목격했다. "그대는 친구의 편에서 화를 냈다." 세네카는 그럴 땐 자신을 책망하며, 그저 "뒤로 물러나 웃어라."라고 말한다. (아버지가 진지한 표정의 딸에게, "그럴 땐 주먹으로 때려."라고 말하는 소리기 들리는 것 같다.)
4. 당신이 모임에 초대받아 참석했는데, 주최자가 당신을 귀빈들 자리와 멀리 떨어진 방 끝 테이블에 앉혔다. 당신은 주최자에게 화가 나고, 당신이 있어야 한다고 생각한 자리에 앉아 있는 손님들을 부러워

한다. 세네카는 비웃는다. "어리석은 자여… 그대가 어디에 앉든 무슨 상관인가? 정녕 그대의 명예와 수치는 당신이 앉는 자리에 따라 정해지는가?"

5. 누군가 당신의 업적과 재능을 비판했다. 세네카는 말한다. "이것이 규칙인가? … 만약 그렇다면 그대는 선대의 위대한 웅변가들인 호르텐시우스, 키케로 등을 비판했기 때문에 그들은 그대의 적이 될 것이다." 세네카는 누누이 자신의 피부를 두껍게 하라고 말한다. "그대가 공직에 출마했다고 상상해 보라… 그대는 사람들이 평가하는 방식을 참고 견뎌야 한다."

6. 당신이 건방진 학생이나 당파적 고소인으로부터 모욕당할 수도 있다. 바빌론 출신의 스토아 철학자인 디오게네스에게 무슨 일이 있었는지 기억하라. 그가 화에 대해 강의하고 있던 바로 그때, 한 무례한 학생이 그에게 침을 뱉었다. 그는 온화하고 현명하게 참으며 말했다. "화가 나지는 않네. 하지만 지금 내가 화를 내지 말아야 한다는 확신이 들지는 않는군." 세네카는 이어서 말한다. 카토가 재판에서 재치 있게 변론하자, 이에 화가 난 렌툴루스가 입안 가득 가래침을 모아 카토의 얼굴 정면에 뱉었다. 카토는 평정심을 유지하며 되받아쳤다. "나는 사람들에게 당신이 입을 잘 사용하지 못한다는 말은 틀렸다고 말할 것이오." 이것을 보면 세네카는 상대보다 우월적 지위에서 그를 무시하는 것을 무례하게 여기지 않는 것 같다. 교묘하고 지적으로 깔아뭉개더라도, 그것이 더 화나는 행동을 억제할 수만 있다면 상관없다. 이는 영원한 수사학자인 세네카가 비평가들을 우회해 독자들을 즐겁게 해 주는 일화다.

개인적인 것이든 공개된 것이든, 명상가는 평온해지기 위해 명상을 한다. 세네카는 "자기심문 후에 오는 잠이 얼마나 고요하고, 깊고, 방해받지 않을지 생각해 보라!"라며 그 효과를 자신한다. 밤의 명상과 다음날 아침의 사전 명상은, 앞에 놓여 있을지도 모르는 함정에 대비할 수 있게 해 준다. 세네카는 스승인 피타고라스를 따라서 또 다른 연습을 배웠다고 말한다. 그는 화가 나기 시작하면 거울에 비친 자신의 일그러진 얼굴을 바라보고는 했다. 거울에 "비친 모습"은 화의 "진정한 추악함"의 "극히 일부"에 불과했다.

"만약 화를 느껴지는 그대로 표현하면 어떻게 될까?"

바로 이렇게 참된 영혼의 상태를 드러내기 위해 명상을 하는 것이다.

정직한 자기성찰은 장기적으로 우리에게 마음의 평화를 가져다줄 수 있지만, 이는 많은 이들이 생각하는 '명상'의 고요함도, 그에 이어지는 차분함이나 잔잔함도 아니다.

만약 우리가 동양의 명상을 실천하고 있다면, 이는 수다 떠는 마음을 잠재우려고 하는 것이지 결코 깨우치려고 하는 것이 아니다. 고대 스토아 명상은 분명히 이와 다르다. 그것은 신중하고, 자기판단적이며, 규율이 있고, 열망을 담고 있다. 스토아 명상은 노력의 기준을 높게 설정하고, 경과를 판단하는 지표를 강조한다. 밤이든 낮이든, 소리는 안 내더라도 대화를 해야 한다. 이 연습은 매우 인지적이어서, 마음을 바삐 움직여야만 수행할 수 있다.

스토아학파는 그들의 방법에 대한 '확실한' 경험적 근거를 제시하지 않았다. 아리스토텔레스가 윤리학을 수행했듯이 그들은 경험주의자다. 아리스토텔레스가 말한 것처럼 그들은 "다수와 현명한 사람" 주위의 현상, 실천, 믿음을 탐구한다. 스토아학파는 "다수가 일시적 이득, 선거 운동과 대중 지지자의 열광, 갈채와 환호, 명예와 포상을 가져다주는 학식에서 기쁨을 얻으려고 하는 것"을 본다. 하지만 세네카는, 이 모든 것을 "얻고 유지하기 위해서는 매우 큰 불안을 대가로 치러야 한다."라고 주장한다. 불안은 **도덕적** 노력이 아니라, **부적절한** 노력이다.

더 나은 노력은, 지혜로 가는 길이자 지혜의 상징인 평온함과 '꾸준한 기쁨'으로 가는 길이다.

"이 기쁨을 얻는 방법은 하나밖에 없다… 바로 자신의 덕을 자각하는 것이다."

이는 곧 엄격한 도덕적 자기검증을 통해 마음의 습관에 대한 '성실한 관심'을 가지는 것이다. 주의를 기울이는 것도 하나의 수단이다. 확실하게 덕을 인생의 유일한 참된 선으로 정하는 것이 최종 목표다. 스토아학파는 어려운 시험에 직면했을 때 합리적이고 일관되게 신념을 유지하는 것을 중시하지만, 자신의 덕에 대해 얼마나 강한 확신과 독단에 빠져 있는지에 대해서는 별로 신경 쓰지 않는다. 당신은 강렬한 유혹이나 안락함을 앞에 두고도 절제에 대한 신념을 유지할 수 있는가? 지혜는 바로 이런 "세상에 대해 일관되고, 덕이 있고, 오류가 없는 관점"을 통해 구성된다. 이는 스토아 현자가 이룰 수 있는 것이지만, 스토아 현자는 매우 드물다.

철학자 태드 브레넌Tad Brennan이 적절하게 표현한 것처럼, 스토아 현자는 "윤리적이고 인식론적으로 우월한 존재"다. 네 번째 수업에서 다뤘듯이, 평온한 기쁨 역시 똑같이 희귀한 도덕 감정이며, 완벽한 덕을 위해 준비되고 함양된 이성적이고 선한 감정이다. 스토아 현자가 아무리 멀게 느껴지더라도, 우리가 물질적 풍요나 트위터 팬덤보다 더 의미 있는 것에 확신을 가지고 투자할 때 느끼는 평온함의 시금석이 될 수 있다. 우리는 현자를 통해 큰 기복 없는 삶이 무엇인지 엿볼 수 있다. 구름과 폭풍조차 없는, 별보다 위에 있는 창공의 "저 세상 천국"인 도덕적 낙원에 대한 세네카의 은유 역시 너무 고상해 보인다. 인간에게 무오류성과 같은 비인간적 속성을 요구하는 이상적 도덕 이론은 결코 현실 세계에 쉬이 적용할 수 없다. 자기성찰은 스토아학파가 말하는 천국으로 가는 길이다. 에픽테토스의 말처럼, 스토아학파는 우리가 자기성찰을 통해 "최소한 몇 가지 결점"으로부터는 벗어날 수 있음을 안다. 우리는 진보를 향해 전진한다.

스토아학파는 이 모든 것에서 "음미하지 않는 삶은 살 가치가 없다."라는 소크라테스의 지혜를 계승한다. 이에 대해 19세기 영국의 공리주의자 존 스튜어트 밀은, "만족스러운 바보보다 불만족스러운 소크라테스가 되는 것이 낫다."라고 말하며 더 고차원적인 쾌락이론을 제시한다. 더 높은 쾌락은 더 높은 능력을 발휘하는 활동에서 비롯된다. 자기반성도 그중 하나다.

나는 지금 나만의 습관에 대해 생각하고 있다. 어떤 날 밤의 자기성찰은 세네카의 어조를 띨 때가 있다. 특히 내가 가족이나 가까운 친구와 나눈 대화 때문에 화가 날 때면 하루를 찬찬히 분석한다. '내가 너무 직설적이었나? 꾹 참고 말을 하지 말았어야 했나? 상대방 말을 안 듣고 내 욕구만 투사했나? 불안감이 분출됐나?' 나는 나에게 문제를 얘기하고, 일기를 통해 명상을 한다. 만약 내가 특별히 힘든 시간을 겪고 있다면, 외부의 조언을 구하고 문제를 해결하기 위해 애쓸 것이다. 나는 정신분석 및 정신역동적 이야기 치료와 인지행동치료(이는 스토아주의에 직접적인 영향을 받은 것이다)를 모두 활용한다. 안전한 곳에서 신뢰할 수 있는 치료자와 함께, 내가 사물을 바라보는 법, 말하고 행동하고 대응하는 법, 더 잘 대응하고 더 잘 듣고 다른 사람을 더 잘 이해하고, 더 나은 관계를 맺을 수 있는 법을 훈습한다. 때로는 현재의 관계에 대한 역동이, 어떤 때는 최근이나 오래전의 혐오스러운 사람이 주제가 되기도 한다. 이 모든 것은 공정한 게임이다. 다루는 내용과 외부적 어려움이 무엇인지에 따라 치료는 짧을 수도 있고 길 수도 있다. 이 과정은 평온한가? 대체로 그렇다. 나를 포함한 많은 사람들에게, 통찰과 자기관찰은 불안, 우울, 실망, 화를 유발하는 것을 극복하는 데 매우 큰 도움이 될 수 있다. 상황을 재구성함으로써 더 적응적 감정과 행동 패턴을 위한 공간을 마련할 수 있다. 물론 이것이 치료적 개입의 전부는 아니다. 불안하고 우울할 때 복용하는 SSRIs(선택적 세로토닌 재흡수 억제제, selective serotonin reuptake inhibitors) 같은 약도 있다. 하지만 대화에 초점을 맞추는 많은 정신치료 기법들은, 고대인들 중에서도 특히 스토아학파의 유산을 이어받았다. 이야기를 통한 스토아 명상은 그들의 말처럼 열정의 치료다.

하지만 다시 말하지만, 이것은 많은 사람들이 명상을 한다고 말할 때 떠올리는 그런 것이 아니다. 우리는 흔히 동양 명상(불교, 힌두교, 베다, 도교, 마음챙김 등)에 익숙하다. 모든 숨겨진 결점을 샅샅이 찾아내기보다는, 그저 놓아 버림으로써 평온을 얻는다. 반추하기보다는 수다를 잠재울 수 있는 공간을 찾음으로써 평온을 얻는 것이다.

자, 여기 또 다른 연습이 있다. 나는 이것을 매일 아침에(때로는 오후에) 20분씩 한다. 이것은 초월 명상의 근원인 베다 명상이다. 나는 편안한 안락의자에 앉아 눈을 감은 채 부드럽게 만트라에 주의를 기울인다. 마음이 어느새 목록을 만들고 그날의 할 일에 몰두하기 시작할 때면, 마음이 수다 외에 다른 것에 집중할 수 있는 수단으로 만트라가 딱이다. 어느 순간 나는 그저 '거기에' 존재한다. 당신에게 내가 있는 곳을 딱히 설명할 수는 없지만, 나는 머리가 약간 가슴 쪽으로 내려가며 매우 편안함을 느낀다. 타이머를 따로 설정하지는 않지만, 시간은 확인한다. 연습한 지 몇 년이 지난 지금, 나는 20분을 꽤 잘 맞추고 있다. 그 뒤에는 눈을 감고 2분 동안 명상을 마무리한다. 결과는? 놀라운 회복력이 느껴지며 평온한 기분이 든다.

때로는 바쁜 하루의 소용돌이를 잠시 멈추는 오후의 명상이 더 평화로울 수도 있다. 그러고 나면 재충전이 된다. 나는 종종 오후의 명상을 한다.

여기에는 신경생물학적 및 의학적 근거가 있다. 하지만 내가 하는 것의 상당 부분은 나에 대한 자기보고다. 나는 명상을 하면 기분이 좋아진다. 마치 운동을 하고 건강식을 먹고 몸무게를 줄이는 것처럼, 명상은 내 삶의 일부다.

우리는 동양과 서양의 명상 중 하나를 선택해야만 할까? 나는 그럴 필요를 거의 못 느낀다. 우리가 짧은 삶 동안 각기 다른 것을 하면서 시간을 보내는 것처럼, 최선의 정보를 바탕으로 잘 살아가는 데 효과적인 것을 선택해서 실행하면 된다.

노인 건강에 대해 많은 관심을 갖고 있으며 런던 외곽의 국민건강서비스NHS 의료기관에 근무하고 있는 젊은 의사 샤미 세스의 경우를 보자. 그는 개인적 위기를 겪으며 스토아주의에 입문했다. 독서는 팟캐스트로 이어졌고, 이어서 일기를 쓰고, 곧 스토아 텍스트에 빠져들었다. 그는 이렇게 말한다.

"얼핏 보면 스토아주의는 지루한 것처럼 보이지만… 그게 버그의 시작이었어요… 저는 그냥 단순함과 실용성이 마음에 들었어요."

다른 많은 이들과 마찬가지로, 그 역시 다양한 유형의 디지털 자료에 의지해 영적 여정을 이어 나간다. 그의 부모는 불교와 가까운 고대 인도 종교인 자이나교도Jainist였지만, 영국에서 나고 자란 그는 결코 신앙을 가져 본 적이 없었다. 하지만 그는 불교를 공부했고, 10일의 묵언 수행에도 참여하며 "마음의 수다 뒤의 고요함에 깃든 진정한 마법"을 경험했다고 말했다.

"그건 강력하고 효과적이었어요. 속이 후련해지는 느낌이었죠… 저는 단지 소음을 비우려고만 할 뿐, 제 자신을 인도하려고 한 적이 없었어요."

스토아주의는 그의 분석적 성향에 맞는 색다른 내용을 제공해 주었고, 이는 그가 유니버시티 칼리지 런던에서 공부한 의학 학위 과정 중 하나인

철학적 접근과 궤를 같이했다. 의사로서 그는 의학적으로 효과가 입증된 치료에 초점을 맞춰 왔지만, 스토아 학생으로서 그는 자신이 통제할 수 없는 것이 많다는 것을 수용했다. 그가 돕는 환자들 중 많은 이들이 한 번 진료를 받고 나면 다시 내원하지 않는다. 증상이 안 낫거나, 치료 외에는 달리 문제가 해결되지 않을 때만 그를 다시 찾아온다. 어떤 경우에는 문제가 단지 신체 건강에만 국한되지 않고, 사회적·도덕적 난관과 더 관련되기도 한다. 스토아주의는 그가 환자들을 더 전체론적 관점으로 볼 수 있는 창을 열어 주었다. 그리고 의사는 종종 환자가 더 나은 생활 습관을 가질 수 있게 도와주는 '공감적 코치'의 역할을 해야 함을 인지하게 해 주었다. 훌륭한 의사는 스토아학파가 말하는 '삶의 기술'의 모델이 돼야 한다. 아무리 최선을 다해도 최고의 의술이 선호하는 결과인 장수와 건강을 보장하지 않는 것처럼, 인생에 있어서도 마찬가지다.

샤미는 개인적 여정에서 스토아주의를 동양적 기법과 혼합한다. 일부 현대 스토아학파는 동양적 기법과 합쳐지는 지점을 강조하기도 한다. 티베트 불교와 스토아주의를 예로 들어 보자. 둘 다 간절한 욕망과 불안한 애착으로부터 자유로워지는 것과, 영감을 주는 지혜를 전하는 멘토를 중시한다. 둘 다 자비심을 계몽의 중요한 부분으로 본다. 둘 다 잘못된 가치관의 혼란에서 각성할 때 깨달음을 얻을 수 있다고 본다. 둘 다 우리가 모델로 선택하는 것과 초점을 맞추는 것에 의해 한계가 정해진다고 가르친다. 한 현대 불교 이론가는, 우리가 생활하고 상상하는 영역의 층을 상세히 그린다.

"만약 캘리포니아와 호주의 일부가 신의 왕국이라고 생각해 본다면, 월스트리트나 워싱턴, 화이트홀의 북적대는 복도의 음모와 경쟁 속에서 매일 반신반인의 왕국이 펼쳐지는 것을 볼 수 있을 것이다. 그러면 배고픈 유령들의 왕국은? 그것은 엄청난 부를 지니고 있거나, 이 회사 저 회사를 인수하는 데 목마르거나, 법정에서 끝없는 탐욕을 부리면서도 결코 만족하지 못하는 사람들이 있는 곳이라면 어디에나 존재한다."

이것은 소갈 린포체Sogyal Rinpoche의 『삶과 죽음에 대한 티베트 서The Tibetan Book of Living and Dying』에 나오는 말이다. 하지만 우리는 현대 스토아주의에서도 비슷한 이미지를 상상할 수 있다. 인간의 욕망과 위선, 야망을 자세히 살피는 철학적 가르침들의 내용은 당연히 서로 비슷할 수밖에 없다.

하지만 두 철학 학파의 기반은 너무나 다르다. 불교는 이 세상의 모든 것들이 덧없다는 개념, 지혜를 얻기 위해서는 말과 담론의 분주함으로부터 해방되어 현실에 대한 더 심오한 통찰을 얻기 위해 마음을 고요히 하는 '사심 없음' 혹은 '공'을 중시하며, 이를 위해 자아로부터 확실히 분리되어야 한다는 개념을 제시한다. 하지만 스토아학파는 그렇지 않다. 스토아학파는 자아와 이성을 매우 중시한다. 이성의 개입을 통해 감정을 치료한다. 키케로는 영혼을 변화시키려면 "변증법의 노를 저으라."라고 말한다. 스토아학파는 이를 따른다. 회의주의자, 에피쿠로스학파, 플라톤학파, 아리스토텔레스학파, 그 외 다른 철학 학파들과 논쟁을 통해 명상한다. 세상을 새로운 지점에서 조각하기 위해 새로운 용어와 개념을 만든다. 신조어는 단지 이론적 연습이 아니다. 이것은 자기변화와 실천을 목표로 한다. 스토아학파는 세분화된 수준에서 변화를 바라봄으로써, 당신이 무엇을 알아차리고 놓치는지, 어떤 느낌에 동의하는지 알 수 있다. 그리고 동의하는 행위를 통해 신념과 감정을 형성한다. 스토아 명상은 이성을 끌어들이고, 마음을 바삐 움직이기 위해 의식적으로 관심을 기울인다.

수업 시간에
'제대로 사는 법 다시 배우기'

'제대로 사는 법을 다시 배우는 것'은 도비 헤리온Dobbie Herrion이 스토아적 가르침을 설명하는 방법이다. 그는 미주리 주의 고등교육 지도자로, 몇 년 전 우연히 철학 팟캐스트를 통해 스토아주의를 접했다. 그것은 마치 영적 각성과도 같았다. 그는 스토아주의를 통해 "삶의 이 길과 저 길 사이의 기로"에 놓이게 됐다고 말했다. 그는 겸손해졌고, 쉽게 화내는 성질을 가라앉혔다.

"전 스토아주의와 사랑에 빠졌어요. 매일 그걸 읽고 공부해요."

그는 내 앞에서 에픽테토스, 세네카, 무소니우스 루푸스의 어록을 인용했다. 현재 그는 스토아주의를 통해 인격을 수양한다는 미션을 지니고 있다.

"요즘 같은 전환기에 스토아주의를 활용하지 않는 것은 거의 불의에 해당하죠."

도비는 아프리카계 미국인이며, 2014년 8월 18일 비무장 상태의 흑인

마이클 브라운이 경찰에게 치명상을 입은 퍼거슨 시에서 불과 몇 블록 떨어진 곳에 살고 있다. 그 살인은 '흑인의 목숨도 소중하다' 운동을 촉발했다. 우리는 미니애폴리스에서 조지 플로이드가 살해된 지 얼마 안 됐을 무렵에 얘기를 나눴다. 퍼거슨 시는 폭발했다. 대규모 시위대의 일부였던 그의 이웃들처럼, 그때나 지금이나 도비가 간절히 바라는 것은 '정의와 변화'다. 하지만 그가 맞닿은 전선은 거리가 아닌 교실이다. 그는 같은 세인트루이스 시에 있는 중고등학교 교사이며 역시 스토아주의자인 밥 심버Bob Cymber와 팀을 결성했다. 그들은 유치원생부터 고등학생까지를 대상으로 하는 윤리 및 행동 커리큘럼 보조 교재인 『비헤이비어 모즈Behavior Mods』을 공동으로 개발했다. 밥이 내게 말했다.

"저는 기독교인으로 자랐습니다."

그는 대학 학부 때 철학을 전공했다. 그는 마르쿠스의 명상이 자신에게 실제로 말을 걸었으며, 특히 "자신에게 엄격하고 다른 이들에게 관대하라."라는 말이 와 닿았다고 말했다.

그들은 가르치는 곳 근처인 세인트루이스 시 근교에서 시범 프로그램을 함께 운영하고 있다. 초등학교 저학년 시나리오 중 하나에서는 사탕이 가득 담긴 그릇을 커튼 뒤에 숨겨진 책상 위에 놓는다. 학생들은 차례로 줄을 서서 사탕을 마음껏 먹어도 된다. 밥의 말에 따르면, 학생들은 얼마가 적절한지 모르는 상태에서 자신이 먹을 양을 정해야 한다. 이 시나리오는 네 살짜리 아이를 잔인한 딜레마에 빠뜨린 심리학자 월터 미첼Walter Mischel의 유명한 '마시멜로 테스트'를 떠올리게 한다. 이 테스트에서 아이는 언제든 벨을 눌러 작은 보상(작은 마시멜로 1개)을 얻을 수도 있고, 15분을 기다려 더 큰 보상(작은 마시멜로 2개)을 얻을 수도 있다. 이 실험에서 미첼은 일방향 거울을 통해 아이가 장난감이나 책 없이 어떻게 유혹을 견디는지, 벨을 눌러 작은 보상을 얻는지, 기다리는 동안 어떤 고통스러운 모습을 보이는지 관찰했다. 마이클의 테스트는 유혹적 보상에서 벗어나기 위해 어떻게 의지와 주의를 배분하는지 파악한다. 마이클은 후속 연구를 통해서, 더 오래 기다리는 아이일수록 나중에 어른이 되어서 더 우수한 학업 및 직업을 지니고, 전반적으로 더 건강하고 행복함을 발견했다. 어릴 때부터 함양한 자기조절이 전반적인 인생의 경과를 예측할 수 있는 강력한 지표가 되는 것이다. 밥과 도비는 생각과 지연된 만족의 관계를 연구하는 실험심리학자가 아니다. 그들의 관심사는 훈련을 통해 인성을 기르는 것이다. 밥은 자신들의 시뮬레이션을 절제를 가르치는 도구로 바라본다. 도비는 그것을 교육의 공정성의 시각으로 본다.

한 학생이 자기 몫보다 더 많이 가져갔다. 도비가 학생들에게 묻는다. "자, 이럴 때 너희는 어떨 것 같니?" 한 학생이 말한다.

"화를 내요."

또 다른 학생이 말한다.

"저 같으면 이러고 저러고…"

아마 어떤 학생은 맨 앞줄에 있던 학생을 괴롭힐지도 모른다. 도비의 말이다.

"이것들은 실제 삶의 현장에서 벌어지는 일이에요. 실제 반응이죠. 우리는 학생들이 상황에 어떻게 반응하는지 볼 수 있도록 잠시 생각하는 시간을 가집니다. 그래서 아이들이 학교 환경을 떠나 있을 때, 예를 들면 집에서 이웃이 아이들의 자전거를 훔치거나 엄마가 원하는 신발을 사주지 않을 때 다르게 행동할 수 있는 행동 패턴을 학습할 수 있게 하죠."

도비는 아이들이 '화나기 시작할 때'를 감지할 수 있다고 설명한다.

"하지만 우리는 화가 아이들을 집어삼키게 두는 것을 원하지 않습니다. 그것은 (1) 아이들이 안 좋은 상태에 익숙해지고, (2) 한 번 길을 잃었을 때 통제력을 회복할 수 없게 하거든요."

이는 세네카가 『화에 대하여』에서 가르친 것을 바탕으로 한다.

"잘못된 느낌에 의해 유도된 첫 번째 정신적 동요는, 그 느낌 이상으로 화낼 만한 것이 아니다. 느낌이 드는 것에서 더 나아가, 그것을 확인하려는 충동이 뒤이어 들 때 비로소 화라고 할 수 있다"

네 번째 수업에서 살펴본 것처럼, 세네카는 화와 같은 일상적 감정을 우리가 선택한 감정으로 본다. 화는 '마음먹기에 따라 없앨 수도 있고 만들 수도 있는 감정'이다. 스토아주의에 영감을 받은 교사들이 가르치려고 하는 것은, 마음을 정하는 결정적 첫 순간에 '평가하는 느낌에 대한 동의'를 통제하는 것이다. 이 수업에 참여하는 어린이들의 경우에는, 화를 계속 나게 하는 충동인 '속았다는 느낌'에 대한 동의를 통제하는 것이다.

물론 느낌에 대한 빠른 반응은 우리에게 유용할 때가 많다. 이는 대니얼 카너먼이 '시스템 1'이라고 부르는 정신 작용의 '자동적 시스템'에 해당한다. 이 시스템은 우리가 "목소리만으로 적대감을 감지"하고, "끔찍한 그림을 볼 때 역겨운 표정을 짓고", "갑작스러운 소리가 나는 쪽을 향하게" 해준다. 세네카는 비슷한 유형의 자동적 각성 반응인, 끈적끈적한 것이 닿을 때 움츠러들거나 예상치 못했던 위협을 보고 '갑자기 눈 앞이 번쩍하는' 것을 현자도 경험할 수 있는 감정 반응의 예로 든다.

하지만 카너먼이 주장하듯이, 빠른 대응 중 일부는 검증 없이도 괜찮은 반면, 어떤 것은 왜곡되거나 편향되기 쉬워 그가 '시스템 2'라고 부르는, "더 노력을 기울이는 시스템"의 모니터링이 필요하다. 우리 안에는 이 두 시스템이 기본적으로 작동한다.

"시스템 1이 어려움이 처하면, 시스템 2가 더 상세하고 구체적으로 처리하도록 요청한다."

기본적으로 밥과 도비는 시스템 2가 더 많은 모니터링을 할 수 있도록 애쓰고 있다. 그들은 어린 아이들에게 잠시 멈춤으로써 충동적인 감정 경험(탐욕에 사로잡히거나 복수에 목마름)을 일으킬 수 있는 강렬한 느낌을 인식하고, 대안적으로 보고 느끼고 반응할 수 있는 방식을 탐색할 수 있는 여지를 찾는 법을 가르친다.

모범 사례와 영웅

모범이 되는 사람의 행동을 본받아라. 세네카는 루킬리우스에게 쓴 글에서 이렇게 말한다.

"만약 그대가 본받을 사람이 필요하다면, 소크라테스를 보라… 두 번째로 본받을 사람이 필요한가? 카토를 보라… 무엇을 해야 할지 알고 싶으면 이미 그것을 하고 있는 사람에게 배워라."

로마 스토아학파는 논쟁뿐만 아니라 사례를 통해서도 가르친다. 그리고 운명의 공격에 맞선 소크라테스와 카토라는 걸출한 위인들 외에도 사례는 무수히 많다. 키케로는 그리스인들이 용기와 절제의 모범에 대한 '약간의 목록'만 보유하고 있지만, 로마인들은 그보다 훨씬 더 많은 모범 사례를 가지고 있다고 자랑한다. 그는 역사와 현재에서 모범적 소재는 무궁무진하다고 호언장담한다. 로마 시대 후기 수사학자 퀸틸리아누스는 이 호언장담을 더 부풀린다. 그는 그리스인들은 행동 수칙을 지니고 있었을지 모르지만, 로마인들은 "도덕적 수행에서 더 주목할 만한 모범을 만든다"고 말한다.

모범 사례를 통해 도덕을 규정하는 전통은 로마 시대 도덕 경험의 핵심이다. 세네카는 흔히 편지, 위로, 희곡을 통해 이를 구현한다. 그는 도덕적 지침에 모범과 본보기가 되는 생생한 재료를 찾기 위해, 역사뿐만 아니라 일상적 삶에도 눈을 돌린다. 그는 사례에 드러나는 패턴을 모방하고 본받게 한다. 이는 계율이나 변증법적 주장보다 더 직접적으로, 본론으로 바로 들어간다. 세네카는 루킬리우스에게 이렇게 말한다.

"격식을 차린 담론은 직접 접하고 말하고 식사하는 것만큼 도움이 되지는 않을 것이다. 그대는 반드시 와서 나를 직접 봐야 한다… 계율을 통한 배움은 멀리 돌아가는 길이다… 실제 사례를 통해 배우는 것이 가장 빠르고 효과적이다."

이어서 그는 클레안테스가 어떻게 해서 제논을 본받아 "틀을 갖추게 됐는지", 플라톤과 아리스토텔레스가 소크라테스의 말보다 행동으로부터 무엇을 전수받았는지, 에피쿠로스가 어떻게 해서 공식적인 가르침보다 우의와 공동체를 통해 제자들에게 영향을 줬는지 열거한다. 실존 인물의 사례와 멘토링은 서로 함께 성장할 수 있다는 부수적 이득도 있다. 세네카는 루킬리우스에게 이렇게 얘기한다.

"만약 지혜를 전수받는 조건이 오직 자기만 간직한 채 누구에게도 드러내지 말아야 한다는 것이라면, 그런 지혜는 거부해야 한다. 어떤 선함을 소유하더라도 함께 나눌 동료 없이는 기쁘지 않기 때문이다."

스톡데일이 7년 넘게 베트남 전쟁 포로로서 '불굴의 용기'를 보여 준 것처럼, 스토아학파 멘토들은 당신이 무엇을 견딜 수 있는지 보여 준다. 루킬리우스는 극강의 권력을 지니고 있어도 몰락한다는 것을 보여 주기 위해, 폼페이우스나 칼리굴라 같은 절대 권력자에 초점을 맞춘다. 우리는 다른 이들의 운명을 생각하며 자신의 미래를 마주한다.

"만약 그 일이 일어날 가능성이 있다면, 당장 오늘이라도 일어날 수 있다."

우리가 따르거나 피해야 할 사례들, 도덕적 억제나 도덕적 지침, 부패하거나 영광스러운 사례들, 그리고 너무 오랫동안 잊혀진 것들 모두 우리가 사례를 통해 배우는 방법에 속한다.

나는 미 해군사관학교 윤리위원장 시절에, 육군이 외면하려고 했던 놀라운 도덕적 용기를 지닌 한 남자의 이야기가 생생히 전해지는 데 도움을 준 적이 있다. 때는 미군이 비무장 베트남 민간인(다수의 여성, 어린이, 불교도가 포함돼 있었다) 500여 명을 고문하고 살해한 미라이 학살My Lai Massacre로부터 30년이 지난 1998년 봄이었다. 그날 25세의 육군 헬기 조종사 휴 톰슨Hugh Thompson은 18세 기총사수 로렌스 콜번Lawrence Colburn과 22세 상병 글렌 안드레오타Glen Andreotta와 함께 헬리콥터를 착륙시킨 뒤, 수백 명이 넘는 사람들에 대한 대규모 학살을 막았다. 나는 톰슨을 해군사관학교 연자로 초청했다. 나는 그의 이야기를 어느 정도 알고 있었다. 육군이 처음에는 학살을 은폐하려고 했고, 당시 의회 일각에서는 톰슨의 처벌을 촉구했다는 사실도 알고 있었다. 그는 무슨 죄를 지었는가? 그는 헬리콥터를 착륙시킨 뒤 부대원들에게, 혹시 학살을 자행 중인 병사들이 자신을 저지하려고 하면 "그들을 향해 총을 겨누고 쏴라."라고 말했다. 그는 군법회의에 회부될 위험을 무릅쓴 채, "이제는 광기를 멈출 때다."라고 중얼거렸다. 그는 호신용 무기만 가지고 헬리콥터에서 내린 뒤, 윌리엄 캘리 중위William Calley와 어니스트 메디나Ernest Medina 대위 사이를 비집고 들어갔다. 그들이 벙커에서 몰아낸 민간인들은 이미 시체로 가득 찬 도랑으로 쫓겨 갔다. 캘리와 메디나는 더 이상 발포하지 않았다.

나는 베트남전에서 복무했던 많은 해군 및 해병대 퇴역 장교들과 함께 가르쳤다. 우리는 사관후보생들에게 그 학살에 대해, 그리고 잔혹한 행위를 막기 위해 자신의 경력을 걸었던 한 장교의 사례를 가르치는 데 전념했다.

그 강의는 학술적인 것이었지만 일반인에게도 개방됐다. 나는 다소 적나라하게 그날 저녁에 '미라이의 영웅' 휴 톰슨이 나온다고 홍보했다. 그러자 군대에 있는 많은 사람들로부터 휴 톰슨 같은 명령을 내리는 군인은 결코 '영웅'으로 불릴 수 없으며, 내가 사례를 잘못 들었다는 격앙된 이메일들이 쏟아졌다.

행사 날이 됐다. 톰슨의 강연이 끝난 뒤 질의응답이 이어졌다. 학교 밖에서 온 한 베트남전 참전 군인이 일어섰다. 그는 엄청난 분노를 표출하면서, 어떻게 동료 병사들에게 총을 겨누라는 명령을 내릴 수 있었는지 물었다. 그가 보기에 그것은 반역이었다. 톰슨은 잠시 침묵한 뒤 자신이 생각한 이유를 말했다. 그는 다른 질문들도 던졌고, 톰슨은 그에 대해서도 침착하게 대답했다. 대화가 모두 끝나고 나자, 처음에 화를 냈던 그 참전 군인은 단상으로 올라가 눈물을 흘리며 톰슨을 껴안고 말했다.

"조국에 온 것을 환영하오, 형제여."

우리는 모두 이를 지켜봤다. 우리는 상황이 이렇게 전개될 것이라고 생각하지 못했다.

이런 식의 화해가 늘 있는 일은 아니다. 톰슨은 오랫동안 핍박당하고 시달려야만 했다. 육군은 그를 잊고 잔학한 행위의 오점을 지워 버리고 싶었다. 그해 봄 육군이 베트남 전쟁기관념관에서 톰슨과 동료들에게 군인훈장을 수여하고 그들의 공로를 인정하기까지 30년이 걸렸다.

톰슨의 사례가 현대 스토아주의의 모범이 될 수 있을까? 톰슨의 이야기는 세네카가 루킬리우스에게 보낸 편지의 최신판이 될 수 있을까? 낯선 사고 실험을 해 보자. 논점을 충분히 알기, 본받기, 절제하기는 물론이고 아첨과 수사학적 미사여구까지, 세네카가 사례를 선택하는 동기를 어떻게 재현할 것인가? 나는 해군사관학교에서의 경험과 군대 내의 스토아 문화에 대한 책인 『스토아 전사Stoic Warriors』를 쓰면서 그런 생각을 한 적이 있었다.

나는 화에 대한 스토아적 관점과 씨름하고 있었다. 세네카는 만약 화를 내는 면허증이 있다면, 소지자들이 도처에 널려 있을 것이라고 주장했다. 그가 보기에 화는 아무렇게나 허용하기에는 너무 위험한 감정이었다. 그는 분노하지 않고도 정의에 동기를 부여하는 더 좋은 방법이 있다고 주장했다. 전사의 욕구를 분노로 돋우는 것은 보복과 복수를 초래할 수 있는데, 미라이 대학살을 자행한 찰리 중대 병사들이 지니고 있던 앙심이 정확히 이런 유형에 속한다. 그들은 지뢰와 부비트랩으로 목숨을 잃은 동료들의 복수를 원했다. 앙갚음의 때가 된 것이었다.

1968년 3월 아침 톰슨의 용기는 그에 대한 생생한 반대 사례였다. 그는 분노에 따라 움직였지만, 잔학 행위를 멈추기 위해 절제, 정의, 용기를 가지고 행동했다. 비폭력 저항은 무장 투쟁의 일부가 아니다. 하지만 무장을 한 채 절제하는 것은 가능하다. 톰슨은 호신용 장비만 가지고 헬리콥터에서 내렸다. 그는 복수가 아닌, 무고하게 살해당하고 있는 민간인들을 구출할 방법을 찾았다.

나는 『스토아 전사』를 쓰면서 톰슨에 대해 계속 생각했고, 그래서 그에게 조지타운 대학교에서 다시 연설을 해 달라고 요청했다. 때는 2002년, 우리가 처음 만난 지 4년 뒤였다. 나는 그에게 전화를 걸어 연설 전에 인터뷰를 할 수 있을지 물었고, 그는 흔쾌히 승낙했다. 우리는 강연 전에 약 한 시간 동안 사무실에서 함께 이야기를 나눴다. 그는 눈물이 고인 채 미라이의 아침을 떠올렸다.

"너무 힘드네요."

그가 부드럽게 말했다. 나는 그에게 언제든 이야기를 중단할 수 있다고 여러 차례 말했다. 하지만 그는 중요한 이야기라며 말을 이어 갔다. 그는 1968년 3월 16일의 아침을 다시 떠올렸다.

그날 그는 통상적인 정찰을 하며 마을 위를 맴돌 때 받은 첫 느낌을 이해할 수 없었다. 이른 아침까지만 해도 적의 행동 징후나 미군이 부상당했다는 보고가 없었지만, 불과 한 시간 뒤 그와 동료들은 파괴적 혼돈과 시체가 수북이 쌓인 도랑을 목격하기 시작했다.

그가 말했다.

"저는 부정하고 있었던 것 같아요… 한 가지 확실한 것은, 우리는 지상에 있는 미국인들을 구하기 위해 목숨을 걸 준비가 되어 있었다는 겁니다."

그래서 그는 자신이 목격하고 있는 장면을 설명할 수 있는 시나리오를 만들어 내기 시작했다. 아마도 저 대학살은 이른 아침 헬기 사격에서 비롯된 것이었을 수 있다. 하지만 왜 도랑일까? 그는 다른 시나리오를 생각해 내려 애썼다.

"헬기 사격을 시작할 무렵에 운 좋게 적군이 도랑으로 뛰어 들어가서, 그들을 한꺼번에 죽였다고도 생각해 봤어요."

하지만 집집마다 방공호가 있었다.

"헬기가 사격을 하고 있는데 왜 굳이 안전한 방공호를 벗어나 공원 쪽으로 걸으려고 할까요?"

그는 어쩌면 미국인들이 인도적인 일을 수행했을지도 모른다고 생각했다. 미군이 사격으로 죽은 적군을 위해 대규모 도랑을 파지 않았을까? 그는 다시 도랑을 바라봤다.

"거기 있는 모두가 죽은 건 아니었어요. 살아 있는 사람을 무덤에 파묻지는 않잖아요."

그때 마침내 그는 생각하기 두려웠던 내용에 도달했다.

"민간인들은 그 빌어먹을 도랑까지 내몰린 뒤, 거기서 살해당한 거였어요."

그는 미군 병사들이 사람들을 대피소에서 도랑으로 줄지어 가게 하는 장면을 목격했다. 이때 그는 무전으로 도움을 요청했지만, 상대방은 내용을 알아듣지 못했다. 그는 도움을 요청하는 자신의 간청이 알아듣지 못할 정도로 뭉개져서 전달됐을 수도 있고, 어쩌면 그의 말이 위협에 대한 경고로 오인되어 더 많은 살인이 발생했을 수도 있다고 생각했다. 한참의 시간이 지난 뒤, 그는 당시 상대방이 자신의 무전 내용을 못 알아들은 것이 아니라 무시했다는 것을 알았다.

그는 살인을 목격하면서 분노가 끓어 오르기 시작했다. "뜨거웠어요. 확실히 말할 수 있는데, 정말 뜨거웠어요… 아주 뜨거웠었는데, 젠장, 그런 일은 벌어지면 안 되는 거였어요. 그들은 안 죽을 수 있었다고요."

나는 당시 그가 격분했던 모습을 보고 들을 수 있었다. 그는 절제하면서도 감정적이었다. 그는 살육을 중단시킨 행위에 동기를 부여한 분노도 간직하고 있었다.

강의 시간이 됐다. 우리는 조지타운대 학생들과, 워싱턴 DC 지역에서 온 젊은 육해공군 사관후보생들로 가득 찬 강의실로 들어갔다. 그는 그들에게 미라이에서 자신이 무엇을 보고 들었는지, 어떻게 해서 그날 아침 지상의 미군 병사들을 진짜 적으로 보게 됐는지에 대해 얘기했다. 그러고 나서 그는 몇 년 전 베트남에 갔던 얘기를 들려줬다. 그는 살육의 현장이 있었던 마을을 방문했다. 노쇠한 여자가 달려 나와 그를 마중했다. 그녀는 당시 도랑에서 죽은 척하며 대학살에서 살아남았다. 그는 그녀를 기억했다. 그녀가 그를 올려다보며, "왜 살인을 저지른 사람들은 당신과 함께 오지 않았나요?"라고 간청하듯 묻자, 그는 그냥 살며시 웃었다. 그녀는 막힘 없이 말했지만, 통역사의 번역은 중간에 끊겼다.

"그랬다면 우리가 용서할 수 있었을 텐데요."

이것은 톰슨이 생각한 형량이 전혀 아니었다.

"어떻게 그녀는 그런 사악한 사람들을 진심으로 자비롭게 대할 수 있었을까요? 그녀가 저보다 나은 사람이에요."

그 생존자가 질문하는 그 순간, 분노를 억제하고 자비로울 수 있는 가능성이 모습을 드러냈다. 앞서 그 여성과 다른 사람들을 구했던 남자는 자신의 동기가 분노였다고 말했다. 이것은 도덕적 분노, 혹은 도덕적 분개다. 하지만 여전히 분노는 분노다.

스토아주의는 이러한 분노를 허용할까? 스토아학파는 다른 사람들이 해를 가하는 것을 심각한 잘못이라고 믿지 않았다. 분노는 항상 동기로 오인되기 때문에, 실제로 이 상황에서 스토아학파가 실질적인 도움을 줄 수는 없다. 대신 그들은 원칙에 따라 행동할 것을 제시한다. 하지만 그것 역시 소용없을 것이다. 톰슨이 일단 자신이 본 참상의 실체를 알고 난 뒤에는, 침착함을 유지하는 것은 상상도 못할 것이다. 톰슨이 보복이 아닌 더 나은 것(무고한 민간인을 구하는 것)에 집중했다는 사실을 표현하려면, 철학자 마사 누스바움이 제시한 '이행분노 transitional anger'라는 특별한 용어를 사용해서 그의 분노를 바라봐야 할 것이다. 그는 범법자들의 불행을 바라지 않았다. 만약 화가 복수심과 함께 왔다면, 이는 톰슨의 행동에 동기를 부여한 그런 감정이 아니다. 그럼에도 불구하고, 톰슨은 그날 캘리와 그 부대원들이 행한 일을 악으로 봤다. 그는 그들의 속죄 없이는 그들을 용서할 준비도 되어 있지 않았다.

사례를 들어 가르치는 것만으로는 항상 부족하다. 그것은 분석과 맥락, 질문과 탐구를 위한 출발점일 뿐이다. 설령 사례에서 영감을 얻더라도, 무엇을 왜 본받고 있는지 이유를 알아야 한다. 그리고 스토아적 용기 모델의 경우, 스토아주의가 도덕적 동기를 어떻게 설명하는지에 대해 질문할 준비가 되어 있어야 한다. 분노는 우리를 올바른 길로 인도할 수도 있지만, 우리가 보는 것을 침착하게 받아들이지 않는다면 나락으로 빠지게 할 수도 있다.

댄스와 캐치볼

고대와 현대 스토아학파가 너무 자아도취적으로 보일 수도 있다. 일상적 명상으로서 스토아적 삶의 기술은, 외부에 나타난 것을 통제하기 위해 내면을 들여다보는 방법이다. 아침 저녁으로 자신을 살피고, 미리 리허설하고, 두려움을 설정하고, 삶의 역경에서 오는 공격에 대비해 스스로를 무장하고, 준비하고 예상한다. 이것이 우리가 탐구해 온 교훈들이다. 이것은 마치 요새를 짓는 것처럼 들리기도 한다. 우리는 통제할 수 있는 것과 통제할 수 없는 것을 알고, 당신과 외부 사이의 경계를 강화함으로써 흔들리지 않는 법을 배워야 한다. 우리는 스토아주의가 사회에 참여하고 세계와 연결된 삶을 추구한다고도 주장했다. 그들은 도덕을 배우는 사람이 동료애와 인도주의를 깊이 공유하고 협력하는 것으로 바라보도록 촉구한다. 이는 우리의 회복탄력성의 핵심이자 번영의 열쇠다. 만약 그렇다면, 나뿐만 아니라 다른 이들을 함께 살피고 존재하기 위한 명상과 정신적 노력은 어떻게 해야 하는가?

이 질문은 세네카가 『호의에 대하여』에서 탐구하는 것의 핵심이다. 선의와 감사의 교환에는, 교환에 담긴 태도와 감정을 알아차리는 것이 중요하다.

"스토아주의자로서 우리가 더 존중하거나 기운을 내기 위해 더 많이 행하는 덕이 있는가? 인간적 우애의 신성함에 대해 우리가 강조하는 것보다 더 적합한 사람이 있을까?"

그의 에세이는 '자유주의자'에 어울린다. 하지만 우리는 곧 '자유'나 관대함이 웅장함이나 장엄함에 달려 있지 않음을 알게 된다. 가장 중요한 것은, 선물의 크기나 화려함이 아니라 그것을 전하는 태도다.

"마음은 작은 것을 높이 쌓고, 거무칙칙한 것 위에 빛나는 것을 드리우며, 위대하고 값진 것을 불신하는 것이다."

이어서 세네카는 태도는 감정을 통해 표현된다고 말한다. 그래서 스토아적 삶의 기술에는 당연히 감정 표현에 대한 가르침(감정을 드러내는 법과, 때로는 감정을 숨기는 법)이 담겨 있다. 여기에는 다른 이의 감정을 파악하는 것도 포함된다. 혹자는 스토아학파가 특이한 데 심취해 있다고 중얼거릴지도 모른다. 하지만 실제로는 그렇지 않다. 스토아학파는 감정과 감정적 행동의 조언자다. 그들은 실망과 슬픔을 누그러뜨리기 위해 인지적 초점을 전환하는 법이나, 곧바로 관대함이나 결핍을 표현하고 읽는 법을 가르쳐 주기도 한다. 스토아학파는 우리가 얼굴 표정이나 목소리의 억양을 표현하는 것에서 강한 의지를 엿본다. 우리는 감정 표현의 미묘한 변화에 주의를 기울임으로써 삶에서 필요한 다양한 역할(혹은 페르소나)을 더 잘 맡을 수 있다. 키케로는 훌륭한 배우처럼 우리도 재능에 "가장 적합한" 연극을 선택해야 한다고 강조한다. 때로는 우리에게 어떤 역할이 주어지든 그것을 맡아서 수행해야 할 때도 있다.

세네카는 우리가 선물을 줄 때 다른 사람이 우리를 어떻게 보는지 지켜봐야 한다고 말한다.

"선물은 훌륭했다. 하지만 상대가 그것을 주면서 머뭇거리고, 미적거리고, 헛기침을 하고, 거만하게 자랑했다면, 그것은 내가 아니라 자신의 야망을 위해 선물을 준 것이다."

우리는 "침묵"하거나 "떨떠름한 표정"을 지음으로써 상대방의 호의를 "거절한다." 그 다음으로, 우리가 남기는 인상과 상대방의 행동거지를 통해 우리가 얻는 것을 생각해 보라. 키케로 역시 비슷한 조언을 한다.

"우리는 눈빛, 눈썹의 수축이나 이완… 목소리의 높낮이를 통해 적합한 행동을 판단할 수 있다."

감정 신호에 대한 이러한 견해는, 약 2천 년 후에 태동할 감정 표현에 대한 다윈Darwin의 기념비적 업적은 물론이고 얼굴 표정에 대한 어빙 고프만Erving Goffman, 폴 에크먼Paul Ekman, 월리스 프리즌Wallace Friesen 등의 현대 이론의 토대가 되는 것이다.

세네카는 선물을 줄 때는 적절한 감정 표현과, 반응에 따른 조정이 필요하다고 가르친다. 그는 선물을 주는 것은 일종의 댄스와 같다고 말한다. 원을 그리며 손을 잡고, 부드럽고 조화롭게 움직이며, 주고받고 돌아오는 미의 3여신처럼 말이다.

"한 손에서 다른 손으로 전해지는 일련의 친절함이 있다. 이는 주는 사람에게도 되돌아온다. 이 과정의 한 곳이라도 끊기면 전체적인 아름다움은 사라진다."

발레 『백조의 호수』의 군무단을 이루는 무용수들을 생각해 보라. 앙상블은 각 댄서의 순차적인 동작에 따라 한 몸에서 다른 몸으로 물결치며 하나의 덩어리로 움직인다. 이는 전부 연결된 채 틈이라고는 찾아 볼 수 없다. 우리는 앞서 스토아학파, 특히 마르쿠스가 전장의 생생한 신체 이미지를 통해 인간들의 유기적인 연결을 호소한 것을 봤다.

세네카는 선의의 교환은 캐치볼과 같다며 다른 이미지를 떠올린다.

"캐치볼을 잘하는 사람은 키가 큰 상대와 작은 상대에게 공을 다르게 던진다."

만약 당신이 상대가 공을 잡기 바란다면 상대의 키에 맞게 던질 것이고, 그렇게 던지면 공을 다시 돌려받을 확률이 높아진다. 만약 당신이 운동장에서 아이들을 가르치는 코치나 부모라면, 어린 포수의 키와 기술 수준에 맞춰 게임을 조절할 것이고, 아이들이 자신에게 맞는 수준부터 시작할 수 있도록 격려할 것이다. 캐치볼은 단순히 던지고 받는 기술로만 하는 게임이 아니다. 거기에 들어 있는 재미, 좌절, 격려와 응원의 필요성 등을 고려하면, 부모에게는 감정을 읽고 아이에게는 감정을 다스릴 수 있는 순간이기도 하다. 감정 교환의 미묘한 윤곽을 고려하는 것이 흔한 현대 스토아주의의 실천 방식은 아니다. 현대 스토아주의는 두려움이나 실망, 거절이나 슬픔을 극복하기 위한 라이프핵에 대해 주로 얘기한다. 정신적 지침을 얻기 위해 스토아주의로 눈을 돌리는 이들에게서 "자기계발"이나 "개인적 성장" 같은 말을 자주 들을 수 있다. 하지만 고대 스토아학파는 항상 사회적 관점에서 성취와 번영을 이루는 방법과 내용에 관심을 가졌다. 덕을 지니고 사는 것은 다른 사람들과 함께 잘 사는 것이다. 세네카는 사회적 동료애는 정교하게 짜여 있어서, 미간을 찌푸리고, 거만하고, 신음하고, 망설이는 것을 알아차릴 수 있고, 긍정적 모습으로는 미소나 웃음의 따뜻함을 파악할 수 있다고 주장한다.

오늘날 우리는 발달심리학 연구 성과를 통해서, 사람이 유아기 때부터 상대방의 몸짓을 추적하고, 이를 통해 스스로 회복탄력성, 신뢰, 상호간의 사랑을 터득한다는 것을 알고 있다. 우리는 얼굴에 있는 무수히 많은 근육을 매우 예리하게 해독함으로써, 세상 속에서 안전하거나 위험한 방향을 가늠한다(여러 감각들을 통한 블라인드 트랙). 평생에 걸친 발전과 사회적 지향성에 대한 스토아적 기본 개념인 '세상 속 집에 존재하기(오이케이오시스)'를 구현하기 위해서는, 세네카의 말처럼 선의의 징후를 해독하는 능력이 필요하다. 우리는 감정의 징후와 신호를 통해 상대방의 의도를 읽는 "독심술사"가 되어야 한다. 세네카는, "호의의 가장 좋은 부분이 빠진 채 호의를 가진다고 할 수는 없다. 그것은 바로 호의에 대한 판단이다."라고 말한다. 현대 철학자 P.F. 스트로슨 역시 이 점을 강조한다.

"우리의 행동으로 인한 이득이나 손실이 태도에 의해 얼마나 크게 좌우되는지 잘 생각해야 한다."

세네카는 태도의 표현 자체에 실천적 속성이 있다고 가르친다. 태도는 감정으로 뚜렷하게 나타난다. 어떤 태도는 솔직하고 어떤 것은 가장되며, 어떤 것은 비위를 맞추는 것처럼 느껴진다. 태도에도 노력이 필요하다.

감정을 아는 것은 알아차리고 주의를 기울이는 또 다른 방법이다. 그것은 우리의 내면이 아닌, 세상 속에서 함께 살고 있는 다른 사람들에게 관심을 기울이는 것이다.

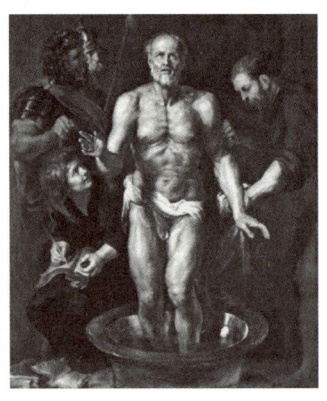

페테르 파울 루벤스, <세네카의 죽음>, 1612-1613. 캔버스에 오일

아홉 번째 수업

건강한 현대 스토아주의

가장 가능성이 낮은 마지막 시험

'자전거 타는 사람 vs 사슴'. 간호사가 내게 건내 준 진료 보고서 제목이다. 내가 이 책을 완성하고 있을 무렵, 내가 제대로 리허설한 적이 없었던 마지막 시험이 다가왔다. 내 남편 마샬은 집에서 멀지 않은 락크릭 공원에서 사슴이 어느 길로 건너야 할지 결정을 못 내리고 있던 순간에 자전거를 타고 있었다. 사슴은 한쪽 길로 출발해서 거의 반대쪽까지 갔다가, 차가 오는 것을 본 뒤 다시 뒤돌아서 왔던 길을 건넜다. 이때 남편이 사슴과 충돌했다. 사슴은 부상 없이 달아났다. 남편은 갈비뼈가 7개 부러지고, 무기폐가 생기고, 어깨가 탈구됐다. 내가 그 소식을 듣고 정신이 혼미해 있을 때, 응급실 의사는 남편이 심한 충돌을 당해서 워싱턴 DC에 있는 트라우마센터로 이송될 예정이라고 말했다.

당시는 코로나19가 기승을 부리던 때였다. 남편과 나는 모든 예방 조치를 준수하며 5개월째 갇혀 지내고 있었고, 이제는 큰 도시의 병원을 향하고 있었다.

스토아주의자로서 나는 이 상황을 어떻게 생각해야 할까? 에픽테토스가 귀에 대고 "단지 그의 몸이 다쳤을 뿐이오."라고 속삭이는 소리가 들렸다.

나는 농담이려니 생각했다. 그의 뇌가 그냥 그의 몸이라니. 우리는 의사 친구들을 통해 '허탈된 폐', 폐렴의 위험성, 신경학적 문제, 인지적 측면에서 주의해야 할 사항 등에 대해 도움을 받았다. 그들은 혹시 남편에게 인지장애가 생겼는지 물었다. '단지 그의 몸일 뿐이라고?' 스톡데일은 적에게 사로잡힌 해군 비행사로서, 다리를 다쳐 제대로 사용할 수 없는 상태에서도 7년 이상을 전쟁 포로로 고문을 당했다. 그는 한때 노예였고 동료 장애인이기도 한 에픽테토스에게서 구원을 찾았다. 하지만 남편은 전쟁 포로가 아니었다. 내가 가장 최근까지 걱정했던 것은 우리 모두가 최선을 다해 현명한 전투를 벌이고 있던 나쁜 바이러스였다. 나는 그의 몸이 우유부단한 사슴의 공격을 받을 것이라고는 상상조차 못했다.

'심한 충돌'이 자꾸 머릿속을 맴돌았다. 나는 일주일 내내 노예화된 로마인의 인정사정없는 스토아적 해설에 몰두했다. 스토아학파는 신체적 고통을 등한시하는 것으로 유명하다. 그들은 불운으로 겪는 고통과 불의한 이들로부터 겪는 고통도 잘 구분하지 않는다. 당신이 조심해서 양심적으로 자전거를 타다가 사슴과 부딪히는 것은 불운이다. 노예화된 신분으로 매를 맞거나 고문을 당하는 것은 불의에 해당한다.

세네카는 노예화된 로마인들을 잔인하게 대하는 것을 반대했다고 널리 알려져 있다. 하지만 이는 인간적이기보다는 이기적인 이유 때문이었다. 그의 목적은 노예화된 사람이 자신을 노예로 만든 이에게 대들지 못하게 하려는 것이었다. 이를 위해서는 노예화된 자들이 두려움보다는 감사를 느끼도록 호의를 베푸는 편이 낫다. 그렇게 하면 그들은 호의를 호의로 갚을 것이다. 어쩌면 주인 대신 죽을 수도 있을 정도로 말이다.

"주인의 안전을 위해 자신의 안전을 아랑곳하지 않고 싸우는 사람의 모습을 떠올려 보라. 그는 상처투성이에 핏기 어린 내장이 쏟아져 나오는 중에도, 주인이 빠져나갈 수 있는 시간을 벌기 위해 자신의 목숨을 희생하려고 한다."

여기서의 도덕적 교훈은, 노예도 자비를 베풀 수 있다는 것이다. 세네카가 동료 엘리트들에게 보내는 정치적 교훈은, 하인을 채찍질하고 싶은 생각이 들 때 자신의 분노를 억제하는 것이 스스로에게 더 이득이라는 것이다. 온전한 몸의 중요성, 통증의 고통, 인간성에 의거한 존중은 그의 도덕적 또는 정치적 교훈 그 어디에도 담겨 있지 않다.

스토아학파는 우리가 모두 외부 권력에 의해 노예화되어 있다고 가르친다. 그들은 또한 우리 중 몇몇은 다른 사람들보다 더 많은 세속 권력을 지니고 있다고도 가르친다. 도덕성은 합법성과 사회적 현실과는 별개의 것이다. 스토아학파는 결코 노예 제도에 반대하지 않았다.

이제 최종 결론을 내릴 때가 됐다. 우리는 어떻게 하면 고대 그리스와 로마 문화의 토대 위에 건강한 현대 스토아주의를 건설할 수 있을까? 억압의 기념비가 허물어진 오늘날 '손절 문화'에서, 우리가 노예화를 묵인하며 내면의 자유가 가장 숭고한 해방이라고 칭송한 고대 철학자들과 함께해야 하는 이유는 무엇인가?

스토아학파의 상징적 인물인 견유학파 디오게네스는, 여장을 하고, 공공장소에서 신체 일부를 드러내고, 관습으로서의 결혼을 거부했지만, 그렇게 파격적이고 본인이 노예화된 당사자였음에도 불구하고 노예 제도에 반대하지 않았다. 그는 다른 유형의 자유와 통제력을 추구했다. 그는 경매대 위에 서서 군중 속의 코린토스 사람을 가리키며 말했다.

"나를 저 사람에게 파시오. 그는 주인이 필요하오."

내적 통제력이야말로 진정한 해방에 이르는 길이었다. 가장 유명한 노예화된 스토아주의자인 에픽테토스는 교육을 잘 받았고, 황제를 포함한 수십 명 추종자들의 스승이 되었다. 하지만 그는 결코 노예 제도를 반대하지 않았다. 만약 노예화된 사람을 매질하는 것이 도덕적으로 바람직하지 않다고 한다면, 그것은 매질당한 사람을 생각해서가 아니라 매질한 사람의 수준이 낮아진다고 봤기 때문이다. 그의 스승인 무소니우스 루푸스는 노예화된 여성과의 간통 성교도 이와 비슷한 맥락에서 바라본다. 그는 이 경우 여성을 부당하게 이용한 것이 아닌, 남성 간통자가 약한 의지를 가진 것이 문제라고 가르쳤다. 노예화된 사람의 진정한 힘은 운명과 폭압으로부터 자유로워지는 데서 나온다. 노예화된 여성이나, 유부녀 또는 미혼녀가 노예화된 남성과 어울리는 것이 죄가 되는 이유는, 그들이 욕망을 제대로 통제하지 못했기 때문이다. 이는 성평등적인 것처럼 보이지만, 남자의 의지가 약한 것을 진정한 죄이자 더 악한 것으로 본다.

노예화는 보편적 현상이다. 우리는 모두 육체적 욕망과 운명의 인질이다. 자유 또한 보편적이다. 우리는 모두 인간성과 이성을 공유한다. 아리스토텔레스의 가르침과 달리, 스토아학파는 노예화를 정당화하는 본질적인 근거가 없다는 주장을 진부한 것으로 취급했다. 우리는 공통의 기원과 운명을 지니는 공동체 안에 살고 있다.

그럴 수 있다. 하지만 정신의 평등은 평범한 일상의 사회적 평등과 다르다. 세네카는 대부분의 삶을 부유하게 살았다. 그가 소유한 노예화된 가정부들의 숫자를 보면, 다운튼 애비(역주: 영국 드라마 『다운튼 애비Downton Abbey』의 무대가 되는 대저택으로, 귀족들의 시중을 드는 많은 하인들이 거주한다.)의 일손이 적어 보일 정도다. 스토아학파는 우리가 강해지기 위해서는 공동체에 참여하고 다른 사람에 의지해야 한다고 가르친다. 하지만 실제로 그런 의존이 항상 좋은 것만은 아니다. 에픽테토스의 설교에 따르면, 인간의 몸은 "과중한 짐을 싣고 있는 가난한 당나귀"와 같아서, "짐 안장"과 "고삐"에

짓눌려 있다. 그것은 "공익사업에 투입"될 수 있는 도구다.

"저항하거나 투덜대지 마라. 그러면 매를 맞을 것이다."

이것은 노예화된 사람이 당사자로서 한 말이다.

그래서 우리가 현대 스토아주의의 가르침 대한 결론을 내는 지금, 아직 준비가 부족할 수도 있지만 내 의견을 밝히고자 한다. 나는 고대와 현대의 윤리학을 가르치고 글을 쓴다. 나는 텍스트를 좋아하고, 자세히 살펴보고, 논쟁한다. 나는 내 학생들에게도 텍스트를 주의 깊게 읽고 격렬히 논쟁할 것을 권한다. 나는 정통 스토아주의자(그게 현대에서 의미하는 바가 무엇이든)도 아니고 그저 텍스트를 해설하기만 하는 사람도 아니다. 나는 스스로를 고대 스토아학파의 엑기스와 현대 스토아학파의 가치 있는 가르침을 포착하는, 호기심 많고 탐구적인 신스토아주의자neo-Stoic라고 여긴다.

나는 건강한 현대 스토아주의를 구성하기 위해서는 다음의 몇 가지 암묵적 원칙에 근거해야 한다고 생각한다.

1. 인간의 취약성을 희생시켜 심리적 통제력을 얻을 수는 없다.
2. 타인에 대한 의존도는, 협력, 존중, 지지해 줄 수 있는 공동체에 달려 있다.
3. 정신적·신체적 고통을 부정한다고 해서 끈기를 기를 수 있는 것은 아니다.
4. 빠른 경로로 전달되는 느낌을 모니터링하기 위해서는, 욕망뿐만 아니라 두려움과 분노에 의해 발생하는 왜곡과 편견까지 잘 지켜봐야 힌다.

나는 이 책에서 위의 원칙들에 따라, 우리가 어떻게 스토아 텍스트를 딛고 설 수 있는지 살펴봤다. 이는 각각 감정의 다양한 계층, 공감과 전세계

인류의 연결성에 대한 개념, 심리적·도덕적 고통과 자비가 치유에서 차지하는 역할, 노력해서 주의를 기울이는 것과 관련된다. 나는 스토아 텍스트를 존중한다. 그러면서도 나는 그들이 우리에게 말을 걸고, 우리도 그들에게 말을 걸고 질문하며, 이를 통해 스토아 텍스트를 새롭게 적용하는 법을 알아보았다.

하지만 우리는 여전히 노예 제도에 대한 스토아학파의 입장이 무엇인지 충분히 따져 보지 않았다. 우리의 노예화 역사 안에서 자신을 돌아본다면, 우리는 이 점을 따져 봐야 한다. '흑인의 목숨도 소중한' 시대에 현대 스토아주의를 어떻게 평가해야 할까?

우리는 특히 세네카가 『서간집』의 47번째 편지에서 한 말에 주목한다. 과거의 학자들은 그의 발언을 현대 인문학적 사고에 대한 계몽적이고 고전적 토대로 여겼지만, 지금은 대체로 그 정반대로 받아들이고 있다. 세네카가 노예화된 사람들에 대한 인도적 대우를 강력히 촉구했을지는 몰라도, 이는 사회적 양심보다는 편의성 때문이었다. 노예 제도는 로마의 엘리트들에게 매우 중요했다. 네로 황제의 고문인 세네카는 정확히 '현상 유지'에 더 중점을 뒀다.

"'그들은 노예다.' 아니다, 그들은 사람이다."

세네카는 루킬리우스에게 보내는 편지에서, 집에서 노예를 대하는 법에 대해 얘기한다. 그는 혼자서 빠르게 말을 주고받는다.

"'그들은 노예다.' 아니다, 그들은 한 집에 사는 동거인이다. '그들은 노예다.' 아니다, 그들은 태생이 천한 친구다."

다음의 말은 핵심적인 도덕적 교훈을 제공한다.

"'그들은 노예다.' 아니다, 동료 노예다. 운명 앞에서는 그들이나 그대나 똑같은 권리가 있음을 명심하라… 우리는 같은 종자에서 태어났다. 고귀한 귀족이 재앙을 겪은 뒤 신분이 떨어질 수도 있다…"

공통의 운명과 보편적 인간성은 조정자의 역할을 한다.

그럼에도 불구하고, 세네카는 아리스토텔레스의 말처럼 상류층 귀족은 고용인이고 노예화된 자는 도구로 여긴다. 심지어 현대 스토아주의자도 노예화를 관습과 우연의 일치에 의한 도구로 본다. 그런데 대체 무엇에 쓰는 도구란 말인가? 노예는 연회에서 손님이 침 뱉고 토한 것을 치우며, 값비싼 새를 관리하고, 와인잔을 들고 다니며, 공공장소에서 술을 제공하고, 남몰래 주인의 욕정을 채워 준다. 세네카의 글을 살펴보자.

"그는 연회석에서는 소년이 되고 침실에서는 남자가 된다."

노예는 주인의 취향도 파악해야 한다.

"노예는 주인이 어떤 음식에 입맛이 살아나고 어떤 음식에 역겨움을 느끼는지, 주인이 어떤 음식을 갈망하고 어떤 음식을 좋아하는지 알고 있다… 노예는 자신이 함께 식사할 만한 사람이 누구인지, 자신이 함께 식사하기에는 신분이 안 맞는 사람이 누구인지 안다."

위의 내용은 권력의 편에서 은밀히 전해진 지식으로, 세네카가 생활 습관과 가정 경제를 노예 노동자들에게 의존하고 있는 동료들을 위해 쓴 것이다.

세네카가 집안 하인들을 위해 손수 작성한 목록은 계속 이어진다.

"요리사, 제빵사, 안마사, 목욕 도우미, 개인 트레이너, 집사…"

그의 호화로운 집에는 미용사, 접객원, 객실 종업원, 짐꾼과 안내원, 청소부, 병자와 정신이상자들의 출입을 제지하는 자들도 있었을 것이다. 그는 아침에 잠에서 깰 때부터 밤에 깊은 생각에 잠길 때까지 노예의 도움에 의존했다. 그는 고상한 일상을 누리기 위해, 즉 집에서는 모든 변덕과 필요를 충족하고 집 밖에서는 정원과 땅을 관리하기 위해 노예를 필요로 했다.

"도망간 노예들의 행방을 강박적으로 쫓고… 그들의 주인이 그런 재산 손실을 결코 가볍게 여기지 않은" 것도 놀랄 일은 아니다. 노예화된 일꾼을 잃는 것은 가정생활과 경제에 큰 타격이었다.

세네카에게는 저녁 식사 때 너무 시끄럽게 떠들거나 집주인이 가계부를 정리할 때 걸리적거리는 노예 일꾼을 채찍질하는 것이 전혀 이상하지 않았기 때문에, 밤에(혹은 더 안식에 어울리는 표현으로, 스스로 말한 것처럼 '빛이

꺼지고 아내가 조용해질 때') 가정부에 대한 화를 억누르는 방법에 대해 명상하고 있었는지도 모른다. 어쩌면 노예화된 사람이 도망가거나 잔인한 고문에 의한 배신을 방지하기 위해 밤이나 아침에 절제를 리허설했을 수도 있다.

세네카가 살았던 시대의 사회적 여건에서는, 이것이 노예화된 로마인들을 인도적으로 대하는 것이었다. 이는 관습에 따른 것이다. 하지만 우리 모두 노예화된 존재라는 점에서 보면, 도덕적으로는 더 고귀하게 대해야 한다.

"노예가 아닌 사람이 있다면 내게 보여라! 누군가는 욕망의 노예요, 또 어떤 이는 탐욕의 노예이며, 우리 모두는 두려움에 사로잡힌 노예다."

노예화는 정신적 상태이며, 바로 그 부분에서 보편성을 지닌다.

"그러니 친구를 포룸이나 원로원에서만 찾지 마라… 친구들은 당신 집 뒤뜰과 집안 사람들 중에서도 찾을 수 있다. 옷이나 사회적 지위가 진정한 자유를 의미하지는 않는다… 진정 자유로워야 하는 것은 마음이다."

이것은 스토아주의의 매력이자 아쉬운 점이기도 하다. 나는 이 책을 통해 현대 스토아주의가 세상 속에서 존재하기, 사람들과의 연결, 이성과 인간성의 공유를 통해 외부 현실에 호응할 수 있도록 했다. 나는 의지와 관심의 폭을 넓혀서, 우리의 웰빙(혹은 에우다이모니아)에 영향을 끼치는 더 폭넓은 범위의 느낌도 다루었다. 세상에서 선과 악의 기준을 스스로 탐구하고 교차검증하는 것이야말로, 스토아주의와 소크라테스가 남긴 유산을 온전히 활용하는 것이다. 스토아학파에게 있어서 '거짓' 선이나 악은, 외재적 요인이나 '무관한 것'처럼 진정한 이성에 따른 선이나 완벽한 미덕 밖에 있는 것들이다.

하지만 스토아학파는 결코 이성이 외부 자원에 무관심한 것이 아니며, 오히려 정반대로 본성에 부합하는 것을 선택하거나 선호하는 것이라고 가르친다. 이는 대개 질병보다 건강, 빈곤보다는 물질적 풍요, 악하기보다는 선한 아이와 친구처럼, 우리가 얻기 바라는 것들이다. 우리의 덕은 복잡한 현실 세계에서 '선호하는 것'을 표현하는 방식에서 구체적으로 발현된다. 이성과 그 탁월함 혹은 완벽함은, 우리의 집단적 웰빙의 기본이 되기 때문에 진정한 선이다. 우리는 분명 모든 결과를 통제할 수 없다. 하지만 이성, 호기심, 진실에 대한 존중, 그리고 모든 사람이 이성을 함양하기에 충분한 자원을 지닐 자격이 있다는 믿음은 양성할 수 있다. 이것은 스토아 시대에 뿌려지지는 않았지만 스토아적 씨앗이다.

과연 스토아주의는 난관을 헤치고 현대적 스토아주의를 구성할 수 있을까?

유럽의 합리적 계몽주의 전통에 있는 칸트는, 『유럽의 이성적 계몽주의 European Rational Enlightenment』에서 이 작업을 시작한다. 그는 이성의 개념을 보편적인 것으로 발전시킨다. 이를 통해 신, 자연, 우주가 아닌, 우리 스스로 창조하는 도덕 법칙의 토대가 된다. 그것은 편의나 사리사욕에 구애받지 않고 우리를 묶어 주는, 보편적으로 지속되는 도덕적 의무와 책임의 근원이다. 세네카의 책이 나온 지 거의 2천 년이 지나 칸트가 쓴 이 책은, 모든 인간의 해방을 위한 순수한 모델은 아니더라도 사람들을 그저 가격표가 매겨진 수단으로 취급하는 것을 막기 위해 인간성에 대한 강력한 원칙을 고안한다.

텍스트와 맥락

그럼 우리는 도덕적으로 문제 있는 텍스트를 어떻게 다뤄야 할까? 그 부분을 삭제해야 하나? 그것만 가르치지 말아야 하나? 혹은 더 근본적으로 작품 자체를 완전히 없애야 하나? 아니면 스토아학파가 가르치는 더 나은 것, 즉 도전에 맞설 수 있는 판단력과 유연성에 초점을 맞추려고 노력해야 하나? 나의 선택은 맨 마지막이다. 우리가 당면한 문제는, 다른 시대나 그 시대적 상황의 영향을 받은(때로는 너무 심하게 받은) 관점을 이해하는 것이다.

철학은 아무리 아닌 척해도 결코 역사와 무관할 수 없다. 설령 철학이 '미지에서 온 것'이라는 관점을 취하더라도, 철학자는 대개 그가 놓인 문화, 관습, 선조들의 영향을 받고 그에 반응한다.

철학은 스스로를 논쟁의 학문이라고 자부한다. 하지만 그 실천은 결코 순수한 주장에 머무르지 않는다. 그것은 아테네, 서늘한 채색 주랑, 라이시움의 체육관, 아카데미에 모인 이들처럼 신실한 추종자와 제자를 모으는 규율이다.

그럼에도 불구하고, 로마 스토아학파는 아리스토텔레스나 플라톤, 심지어 채색 주랑에서 모였던 고대 그리스 스토아학파와도 다른 유형의 철학자들이다. 그들은 논쟁도 하지만 설교하고 훈계도 한다. 이는 그들이 오랜 역사를 걸쳐 인기를 얻은 비결 중 하나이자, 오늘날 스토아주의의 위대한 부흥의 배후이기도 하다. 스토아 철학은 기성 종교의 영향을 받지 않은 채, 선과 도덕적 진보에 초점을 맞춰 영적인 실천을 하는 세속 종교가 될 수도 있었다.

하지만 역사적으로 보면, 그 영향력은 확실히 정반대로 갔다. 초기 유대-기독교 사상가들은 이교도 철학의 일부를 흡수했다. 이는 스토아주의가 여전히 많은 이들에게 매우 친숙하게 느껴지는 이유이기도 하다. 스토아주의에 담긴, 유혹과 갑작스러운 충동이나 느낌을 다스리기 위한 감정 통제와 끈질긴 의지에 대한 이론은, 초기 서양 종교 사상가들에게 호소력이 있었다. 그들은 스토아주의를 활용해 성경을 해석하고 도덕적 진보를 이루고자 했다.

스토아주의는 누군가를 추앙하기보다는 깊이 생각하는 전통을 확립한다. 스토아적 명상은 동양적 전통에서 흔히 하듯이 마음의 수다를 잠재우는 것은 아니다. 궁극적으로 그것은 일상 생활에서 겪는 상당하지만 그렇다고 너무 크지는 않은 어려움을 다룰 수 있는 평온을 찾기 위한 것이다. 이는 두려움이 아닌 신중함을 훈련하는 것이다. 신중함은 강박적인 것이 아니다. 신중함은 평온에 이르는 길이다.

앞으로 나아갈 길

우리는 불안의 시대를 살고 있다. 정치 개념은 전도됐다. 민주주의는 위협받고 있다. 질병에 대한 통제력은 시험대에 올랐다. 경제, 사회, 건강의 불평등이 미국의 노예화의 죄악과 짐 크로우Jim Crow의 유산(역주: 짐 크로우법은 미국 내 흑인과 백인을 분리한 인종차별적 법으로, 1876년부터 1965년까지 존속했다.)을 드러낸다. 거리에는 도덕적 분노가 들끓는다. 실업률은 대공황 이후로 가장 높다. 이 모든 것은 우리가 앞으로 나아가야 할 방향을 가늠하기 어렵게 한다. 우리에게는 리더, 교육, 과학, 그리고 더 많은 평등이 필요하다.

스토아주의는 우리가 이 모든 것들을 다 할 수 있도록 도와줄 수는 없지만, 일정 부분 우리에게 위안을 줄 수는 있다. 죽음에 대한 가르침, 두려움을 마주하는 라이프핵, 파괴적 감정을 다스리는 법, 갑작스러운 운명의 변화에 더 잘 대비할 수 있는 방법, 회복탄력성을 뒷받침하는 유대감, 삶에서 자비와 감사의 공간을 마련하는 것이 그것이다. 세네카의 호소인 인간성의 함양은 미완의 사업이다. 우리는 개개인의 영혼뿐만 아니라 사회도 치유해야 한다.

"우리가 의지대로 할 수 있는 것이 있고, 그럴 수 없는 것이 있다."

중요한 것은 당신에게 일어나는 일이 아니라, 당신이 그에 대해 반응하는 방법이다. 이것은 에픽테토스의 유명한 가르침이다. 하지만 우리는 에픽테토스가 노예화된 사람이라는 역사적 사실이 우리의 퇴보를 정당화하는 것을 받아들일 수 없다. 지금 시대의 우리의 존재와 우리가 직면하고 있는 심오한 도덕적·정치적 도전을 고려할 때, 이는 비겁한 것이다. 우리가 받아들일 수 없는 것이 있다면 우리 스스로 그것을 바꿔야 한다. 이를 위해 우리는 개개인뿐만 아니라 집단으로서의 우리를 규정하는 제도와 사회 구조를 변화시켜야 한다. 이것은 사회적 끈기와 인류의 통합에 대한 믿음을 요하는 사회적 프로젝트다. 이는 또한 마르쿠스가 전쟁터에서 상상했던 모습, 즉 흩어진 신체 부위처럼 찢어져 있는 사람들과는 정반대되는 것이다. 마르쿠스는 우리가 공동체와 사회 전체의 웰빙으로부터 자신을 단절시킬 때 이런 일이 일어난다고 했다. 이는 마치 스스로를 인류로부터 '따돌림' 시키는 것과 같다.

스토아학파는 거짓된 영광, 탐욕, 과도한 물질주의와 같은 가치의 타락에 대해 경고한다. 세네카는 맹목적 충성을 요구하는 폭군에 대해 경고한다. 그는 궁중 살인에 대한 기사를 쓰면서도, 라이벌을 살해하는 것이 더 많은 유혈사태의 끝이 아닌 시작일까 봐 걱정하는 대중을 진정시키기 위해 자비에 대한 내용을 쓰는 연설 작가를 알고 있다. 세네카가 바로 그 연설 작가이고, 그는 자신의 손을 더럽혔다. 그의 철학적 저술에는 권력과 그것을 상실하는 것에 대한 두려움, 충성과 그 대가, 풍요와 금욕에 대한 두려움이 팽팽히 맞서 있다. 한편 그의 글은 구원을 위한 기도이기도 하다. 그의 저작은 자유를 위한 것이다.

스토아주의는 외부로부터의 엄격한 통제가 우리의 존재를 위협할 때, 내면의 덕을 인내하고 함양하는 기법이다. 이는 그 시대에 부합하는 철학이었다. 하지만 우리는 현대인이다. 우리는 고대인들로부터 배울 점이 많지만, 그들의 실수는 피해야 한다. 스토아적 규율과 회복탄력성, 덕, 이성과 합리성은, 우리가 개인적 및 보편적 역경을 마주할 수 있게 서로를 단합시킨다. 하지만 이는 오직 이성의 혈관 안에 공감과 자비가 흐를 때만 가능하다. 그것이 바로 우리가 건강한 현대 스토아주의자로서 나아가야 할 방향이자 길이다.

감사의 말

나는 팬데믹 시기에 캘리포니아에 사는 자녀들과 손자들, 친구들과 동료들로부터 격리된 채 이 책을 썼다. 격리된 곳에서 내게 유일한 희망은 방해물이 없다는 것이었다. 나는 우연히도 안식년과 연구 휴가가 더해지면서 이 책을 쓸 수 있었다. 꾸준히 제도적 지원을 해준 조지타운 대학교 당국과, 훌륭한 학과장이신 빌 블래트너 교수님께 깊은 감사를 드린다. 그는 이 어려운 시기에 탁월하고 유쾌하게 우리 학과를 이끌어 주셨다. 조지타운 대학교의 잭 디지오아 총장님, 밥 그로브스 부총장님, 크리스 셀렌자 학장님께도 감사의 말씀을 드린다. 특히 우리는 모두 새로운 방식으로 교육, 학습, 연구 커뮤니티를 구성하는 방법을 모색했다.

이 책은 2019년 가을 스토아 윤리대학원 세미나에서 시작됐다. 이 수업에는 학생과 교수가 텍스트를 중심으로 놓고 활발히 참여했다. 그 안에는 스토아주의에 대한 열광적 동조자들도 있었고 강성 회의주의자들도 있었다. 나는 텍스트에 새로운 생명을 불어넣는 것을 도와준 모든 수업 참가자들에게 감사드린다. 그중에서도 특히 가을 학기 수업에 함께해 준 철학자들인 레이첼 싱푸왈라(매릴랜드 대학교), 마커스 헤달, 마이클 굿(이상 미 해군사관학교) 교수님들께 감사드린다. 학생들에게도 감사하고, 낯설고 어려운 텍스트에 몰두한 대학원생들(베바 시브랄릭, 크리스토퍼 코체바, 엘리사 레버만, 메간 리츠, 앤디 설리번, 제프리 초이, 아리 왓슨)에게도 감사의 마음을 전한다.

한때 내 연구 조교였고 지금은 버크넬 대학교 조교수로 있는 캐서린 워드에게 특별한 감사를 전한다. 그녀는 이 프로젝트 내내 예의 침착함과 효율성, 놀라운 연구 기술, 훌륭한 판단력을 발휘해 도움을 줬다.

이 책에 실린 아이디어 중 일부는 내가 국내외 세미나와 강연에서 이미 언급한 것들이다. 당시 활발한 대화를 나눌 수 있어서 정말 좋았고, 나를 초대해 주신 모든 분들께 감사드린다. 해당 강연과 기관은 다음과 같다. 매케인 기조 강연(미국 해군사관학교), 블레건 강연(바사르 칼리지), 진 비어 블루먼펠드 윤리학센터(조지아 주립대학교), 세계군사윤리학회 유럽 지부(비엔나), 덴마크 국제관계연구소(코펜하겐), ARQ 국립 정신트라우마센터(암스테르담), 전쟁과 평화의 윤리학 기조 강연(미국 육군사관학교), 서양-중국의 전쟁과 평화의 윤리학(버지니아 대학교), 인문학의 귀환에 대한 대화를 위한 국립 기금과 뉴아메리카재단(에머슨 칼리지) 존 다이 북 페스트(텍사스 대학교 법과대학, 여기서는 『철학과 현상학적 연구』 책 심포지엄의 "수치심과 죄책감: 다이에서부터 스트로슨과 흄, 그리고 현대 스토아학파에 이르기까지" 부분을 다룸), 문화 유산과 전쟁의 윤리학 기조 강연, 인문학 연구 위원회(영국, 팬데믹 때문에 글만 발표함), 미국 국립보건원 생명윤리부 생명윤리 연합 세미나(베세즈다).

특히 암스테르담의 ARQ 국립 정신트라우마센터의 아넬리케 드로겐디크, 잭키 준 테르 하이디, 마를레네 판 데 펜에게 깊이 감사드린다. 아르트 판 오스텐의 사례를 연구한 바르트 나우타에게 감사드린다. 도덕적 부상과 그 치료에 대한 대화와 관련하여 샌프란시스코 재향군인병원의 쉬라 매권과 동료들, 그리고 보스턴 재향군인병원의 브렛 리츠에게 감사드린다. 회복탄력성과 도덕적 부상에 대해 더 많이 생각할 기회를 준 덴마크 국제관계연구소의 로빈 쇼트, 요하네스 랑, 요안나 부르케에게 감사드린다.

현대 스토이주의에 관심 갖고 나를 밥 심버, 도비 헤리온, 제프 뢰슈, 샤미 셰스에게 소개해 준 사이먼 드루에게 감사드린다. 나를 라디오 포럼 『혼돈 속의 평온: 스토아학파의 이야기』에 초청하고, 마시모 피글리우치와 도널드 로버트슨을 게스트로 초청한 BBC 월드 서비스에도 감사드린다. 나는 이 프로그램을 통해 스토아주의와 나와의 복잡한 관계에 대해 다시 생각해 보게 됐다.

이 책이 나오기까지 옥스퍼드 대학교 출판부 담당 편집자인 피터 올린이 큰 역할을 해 주었다. 그는 시종일관 열정적이었고, 각 장의 수업마다 한 줄 한 줄 꼼꼼하고 예리하게, 그러면서도 빠르게 읽어 나갔다. 남아 있는 실수는 모두 내 잘못이지만, 피터 덕분에 더 많은 실수를 피할 수 있었다. 특히나 이런 고립된 시기에 그와 긴밀히 작업할 수 있었던 것은 큰 기쁨이었다. 이 책의 시작 단계에서부터 그 가능성을 눈여겨본 에이전트 짐 레빈에게도 감사드린다. 중요한 순간에 그의 날카로운 판단력은 매우 큰 역할을 했다.

원고를 검수해 준 옥스퍼드 대학교 출판사의 편집보조인 에밀리 뱅에게도 감사드린다.

세네카는 우리에게 감사를 표하는 방식이 중요하다고 가르친다. 내 남편 마샬 프레서는 매우 재치 있고 유머러스한 사람이다. 나는 그의 유머 감각을 조금이라도 닮고 싶다. 만약 그랬다면 나는 바로 지금 감사와 사랑을 표하기에 딱 적당한 농담을 했을 것이다. 하지만 농담은 내가 아닌 그의 몫이다. 마샬, 나는 우리가 에든버러를 떠나 외국에서 살면서 만났을 때 이후로 우리가 공유해 온 삶에 감사하고, 당신을 만나 우리 가족(경이로운 아이들인 칼라와 조나단, 그들의 멋진 배우자들인 조나단의 아내 일레인과 칼라의 남편 오스틴, 그리고 조나단과 일레인의 사랑스러운 꼬마 맥스)을 이룬 것에 대해서도 감사해요.

2020년 8월 27일
**매릴랜드 킹스턴에서,
낸시 셔먼**

옮긴이의 말

책을 우리말로 다 옮기고 나니, 문득 내가 철학에 처음으로 애정을 느꼈던 때가 생각난다. 의과대학에 입학해서 의예과 2년 동안 다양한 경험을 쌓을 수 있었는데, 철학도 그때 본격적으로 접했다. 버트런드 러셀의 서양철학사는 마치 역사책을 읽는 재미가 있었다. 현대철학으로 넘어오면서는 자연스레 프로이트와 니체, 마르크스에 관심을 가지게 되었다. 각종 현대철학 사상에는 인간의 본성과 이성의 한계에 대한 놀라운 통찰이 담겨있었다. 현대철학을 더 깊이 이해하기 위해 언어학과 교수님의 기호학 강의도 수강해서 듣는 등, 철학에 진심이었던 기억이 새삼 되살아난다.

그러고 나서 한동안, 거의 20년을 철학과 가까이 지내지 못했던 것 같다. 나는 직접 환자를 진료하고 치료하는 임상의학으로 진로를 정했고, 정신의학을 전공하면서 우울증, 양극성장애, 조현병 같은 주요 정신질환의 연구와 치료에 매진하게 되었다. 일찍이 쑨원은 "작은 의사는 병을 고치고, 더 나은 의사는 사람을 고치고, 진정 큰 의사는 나라를 고친다."라고 말했지만, 매일 진료실에서 대하는 환자분들의 병을 치료하기에도 빠듯한 나날이 이어졌다. 작은 의사의 역할이나마 잘하기 위해 약물치료와 기본적인 정신치료 외에도 더 다양하게 활용할 수 있는 치료 기법을 찾아보게 되었고, 자연스레 변증법적 행동치료dialectical behavioral therapy와 수용전념치료acceptance and commitment therapy 같은 인지행동치료 기법들에도 관심을 갖게 되었다.

스토아철학은 바로 이 인지행동치료를 통해 20년 만에 다시 접하게 되었다. 인지행동치료는 자신과 타인과 세상에 대한 신념을 교정함으로써 부정적 감정을 조절하고, 이를 통해 우울과 불안을 비롯한 각종 정신적 어려움을 치료하는 것을 그 목표로 한다. 생각만 바꿔도 마음의 병이 낫는다고? 최근의 인지행동치료 기법들은 생각의 내용보다는 틀을 바꾸고, 생각 자체보다는 생각과의 관계를 재설정하는 데 더 중점을 두기는 하지만, 이 역시도 결국은 생각을 통해 접근할 수밖에는 없다. 그런 점에서 보면, 세상에는 "우리가 의지대로 할 수 있는 것이 있고, 그럴 수 없는 것이" 있으며, 진정한 자유는 외적인 조건이나 신분이 아닌 내면으로부터 비롯된다는 에픽테토스의 가르침은 현대 인지행동치료와 상통한다. 감정에 대한 세네카의 깊은 관심과 자세한 묘사는 마치 변증법적 행동치료 교과서를 보는 듯한 착각을 불러일으킨다. 스토아철학이 오늘날 실리콘밸리를 비롯한 각종 현대 문명 사회에서 부흥해서 유행처럼 번져 나가는 이유가 바로 여기에 있었던 것일까?

시중에 나와 있는 수많은 스토아철학 서적들은 이러한 스토아철학의 특성과 장점을 충실히 담고 있는 것처럼 보인다. 세상보다는 나에게 초점을 맞추고, 외적 조건과 무관하게 자기수양을 통해 자유로운 마음을 가질 수 있는 여정을 도와주는 지도의 역할을 해 준다. 그런데 이 책,『오늘날 스토아주의자로 살아간다는 것』은 이러한 개인적 접근에만 머무르기를 당당히 거부한다. 이 책의 저자 낸시 셔먼은 스토아철학은 원래 그런 철학이 아니라고 말한다. 스토아철학의 기저에는 '세계시민'으로서의 초연결성이 있다. 회복탄력성은 혼자만의 극기가 아닌, 공감과 지지를 통한 사회적 유대감을 전제로 한다.

낸시 셔먼은 여기서 더 나아간다. 스토아철학으로 현대 사회의 부조리와 불평등을 직시하고 개선할 수 있을까? 미국의 인종차별 문제에 직접적으로 문제를 제기하고, 소셜미디어에 난무하는 가짜 뉴스를 배척하며, 코로나19로 인해 단절된 관계를 회복하는데 스토아철학이 역할을 할 수 있을까? 셔먼은 당연히 그렇다고, 아니 그래야 한다고 말한다. 진정 현대 사회를 살아가는 스토아주의자라면 혼자만의 수양과 극기가 아닌, 세계시민으로서 전세계적 유대감을 바탕으로 전지구적 문제에 관심을 가지고 바꿀 수 있는 것을 바꿔야 한다고 말한다.

현대 정신치료 역시 갈수록 관계, 지지, 공감을 중시하고 있다. 우리는 사회로부터 동떨어져 지낼 수 없으며, 우리가 느끼고 호소하는 정신 증상들의 상당수는 우리가 접하는 사회와 관련 있다. 나의 고통이 다른 사람 때문이라고 투사하고 탓하는 것은 도움이 안 되지만, 나에게 중요한 사람들에 관심을 가지고 상호지지적 커뮤니티를 만들고 유지해 나가는 것은 그 어떤 약보다도 값진 치유 효과를 지닌다.

부디 이 책이 오늘날 스토아철학의 역할을 새롭게 재조명하고, 사람을 위한 커뮤니티를 잘 만들어 나가는 데 도움이 되었으면 한다.

2023년 1월 8일
옮긴이 씀

노트

첫 번째 수업

11쪽: 적합한 '운영 체계' https://www.wired.co.uk/article/susan-fowler-uber-sexism-stoicism.
16쪽: 사람이 자신이 속한 세상으로부터 '스스로를 단절시킬 때'의 모습. Aurelius (2011, 8,34).
16쪽: "나는 세계의 시민이오." Laertius (1925, 6.63).
18쪽: 스토아학파의 자기통제 개념. Woelfel (2011).
21쪽: 『헤라클레스의 광기Hercules Furens』이 희곡을 세네카가 쓰지 않았다는 소수 의견에 대해서는 토마스 (2003)를 참조할 것. 이 부분에 대한 의견을 제시해 준 마가렛 그레이버, 마사 누스바움, 에이미 리치린에게 깊이 감사드린다.
27쪽: 필론Philo은 (…) 스토아적 역설을 정확히 담고 있다. 다음을 참조할 것. Garnsey (1996, p. 157).

두 번째 수업

32쪽: 그는 (…) 좋은 음식과 와인을 즐겼다. Wilson (2007, p. 72ff.).
32쪽: 아리스토파네스Aristophanes는 (…) 이렇게 풍자한다. 『구름Clouds』에 대한 윌슨 번역본을 활용하였다. Wilson (2007, p. 73)
33쪽: 들창코는 "양쪽 눈 사이의 바리케이드"를 치워 버리고. Xenophon (2013, 5.4-5.7).
33쪽: 소크라테스 식 아이러니. 블라스토스는 이를 "복합적 아이러니"라고 불렀다. Vlastos (1991, p. 31).
33쪽: "나는 내가 모르는 것을 안다고 생각하지 않는다." Plato (1978, 21d).
33쪽: 소크라테스의 아이러니는 무지도 지식의 한 형태라는. Vlastos (1991, p. 36). 향연의 마지막 부분에서 소크라테스의 덕에 대한 알키비아데스의 갈망을 보라. Plato (1997a).
34쪽: 우리 모두는 행복에 필요한 지식을 얻을 수 있도록 만들어졌다고 본다. Frede (1987, pp. 151–153).
34쪽: 제논이 바로 스토아학파의 첫 번째 수장이다. Long (1999, p. 623).
34쪽: 그는 스토아 열전에서 종종 소크라테스와 비슷한 급인 준현인 반열에 있다. Long (1999, p. 623).
34쪽: 여름에는 뜨거운 모래 위에 통을 굴리고. Laertius (1970, 6.22–24). 이에 대한 멋진 그림은 다음을 참조할 것. Gérôme (1860). (역주: https://www.wikiart.org/en/jean-leon-gerome/diogenes-1860)
34쪽: 의복에 대한 견유학파의 규율에 따라. Laertius (1970, 6.22).
35쪽: 애비 호프만이 (…) 유명한 일화를 떠올리게 한다. Boissoneault (2017).
35쪽: "온 세계가 전부 내 집이다." Schofield (1999b, p. 64).
35쪽: 남녀공용이나 신체 부위를 자유롭게 드러내는 옷을 옹호했다. Laertius (1970, 7.32–34).
36쪽: "선동가는 사람들의 종" Laertius (1970, 6.41; 6.74).
36쪽: 행동의 오류 역시 근본적으로 없앨 수 없음을. Laertius (1970, 6.42).
36쪽: "무식한 부자" Laertius (1970, 6.48).
36쪽: 해방시켜 주었다고 한다. Laertius (1970, 6.43).
36쪽: "큰 도둑들이 작은 도둑을 끌고 가고 있구나." Laertius (1970, 6.46).

36쪽: "미친 소크라테스" Laertius (1970, 6.54).

36쪽: **디오게네스의 가르침을 모두.** Laertius (1970, 6.70 – 71).

37쪽: "그 어떤 것에도 완벽한 승리를 거둘 수 있다." Laertius (1970, 6.71).

37쪽: **사람들도 (…) 학교를 설립했다.** 아고라에서 고대 철학의 변화에 대한 훌륭한 입문서로는 롱과 세들리의 저작을 참조할 것. Long & Sedley (1987b).

38쪽: **말콤 스코필드**Malcom Schofield. Schofield (1999a, 1999b).

38쪽: **제논은 (…) 이상적인 국제도시의 모습을 그리고 있다.** 플루타크(1034F)의 저작을 스코필드가 인용함. Schofield (1999b, p. 25).

38쪽: **인간에게 "유익하고, 친절하고, 호의적인"** 에우세비오스의 저작에 있는 아리우스 디디무스의 말을 스코필드가 인용함. Schofield (1999b, p. 67). 스코필드가 인용한 키케로의 『신의 본성에 관하여De Natura Deorum』에 대해서는 다음 저술도 참조할 것. Schofield (1999b, p. 67).

39쪽: **인간은 본질적으로 사회적·정치적 동물이다.** Aristotle (1984a, NE 1097b11); Laertius (1970, 7.24).

39쪽: "죽은 자들과 교류하라." Laertius (1970, 7.2).

39쪽: **그는 세상에서 가장 불행한 젊은이일 것.** Laertius (1970, 7.21).

39쪽: **그리스 스토아 사상의 핵심적인 세 가지 철학 분야인 논리학, 물리학, 윤리학.** 이 학문 영역들이 어떻게 연결되어 있는지에 대한 논쟁은 줄리아 애나스의 『행복의 도덕The Morality of Happiness』을 참조할 것. Annas (1995), Cooper (1995), Sherman (1995a).

40쪽: "상황을 전체적으로 보지 못하게" Laertius (1970, 7.111-112).

41쪽: "혼자 제논의 모든 짐을 짊어질 만큼 체력이 강하다." Laertius (1970, 7.171).

41쪽: "양적인" 면에서 "모든 이를 능가했다." Laertius (1970, 7.171).

42쪽: **감정을 잘 다루지 못하는 것을 (…) 현대 사상의 일부가 되었다.** 위대한 이성계몽주의 철학자인 임마뉴엘 칸트는 윤리학 저작을 통해, 감정은 과도하고 비이성적으로 표출될 수 있으며 이 때문에 신뢰할 수 있는 도덕적 동기부여 요인이 될 수 없다는 규범적 관점을 제시하며 스토아주의에 동조했다. 칸트가 스토아주의로부터 감정에 대해 배운 점과, 현대 사회에서 감정의 중요성에 대한 칸트의 과소평가와 복합적인 관점에 대한 비판에 대해서는 다음을 참조할 것. Sherman (1997b).

42쪽: **그의 저작인 『최고선악론**On Moral Ends**』과 『의무론**On Duties**』은 스토아학파의 입장을 설명하는 유럽 정치 사상사의 필독서가 되었다.** 미리엄 그리핀(1991)과 킹(1927)의 키케로에 대한 개론을 참고하였다.

43쪽: **긴장은 세네카의 삶과 저술에서 반복되는 주제다.** Seneca (2015, 108.15 – 16). 이 부분에 대한 생생한 묘사는 다음을 참조할 것. Wilson (2019). 이 부분과 관련해 M. 그리핀의 고전적 연구도 크게 도움이 되었다. Griffin (1976).

44쪽: **그녀에 대한 감사는 거의 표하지 않았다.** Wilson (2019).

45쪽: **거울은 그 자신이 아닌 바깥쪽으로 향하고.** Wilson (2019).

45쪽: **세네카는 (…) 실용주의자였다.** 특히 『서간집』 102와 79.13을 참조할 것. 후자의 부분에서 세네카는 "영광은 덕의 그림자다."라고 말한다(Seneca, 2015). 세네카가 재구성한 영광에 대해서는 에드워즈(2017)의 탁월한 논의의 도움을 받았다. Edwards (2017).

45쪽: **그가 오늘날 잊혀진.** 1947년 코라 루츠의 중요한 번역이 있었다. Rufus (1947). 최근에는 C. 킹이 번역 작업을 했다. King (2011). 누스바움의 탁월한 에세이의 부록에 실린 번역을 참조할 것. Nussbaum (2002).

46쪽: "네로 시대 궁정의 거친 소용돌이 속에서 자신들의 차례가 올 때까지 조용히 기다렸다." 타키투스의 『연대기Annales』 xvi.32, Tac.Hist.i.14; 17. 파커의 인용을 참조함. Parker (1986).

46쪽: **에픽테토스도 그중 한 명이었다.** Parker (1986).

46쪽: **남성과 여성 모두 똑같이 뛰어나다.** Nussbaum (2002, p. 287).

47쪽: **이 저작들은 비공식적인 것이며.** 마거릿 그레이버의 탁월한 저작인 『스탠포드 철학 백과사전』의 에피테토스 부분을 볼 것. Graver (2017).

47쪽: 그가 대중적인 사람이기는 했지만. 이 짤막한 전기와 관련하여 토니 롱의 에픽테토스에 대한 탁월한 저작을 참조했는데, 특히 다음을 참조할 것. Epictetus (2018), Long (2002).

47쪽: 천부적 재능을 타고난 사람들은 쉽사리 나가지 않았다. Epictetus (1995, 3.6.10).

48쪽: 그의 기념비적인 기마상은. 고대 시대에서부터 남아 있는 거의 유일한 기마상이다. 이 기마상의 모형을 소장하고 있는 볼티모어의 월터스 아트 뮤지엄의 소개 글을 보자(역주: 원본은 이탈리아 카피돌리니 미술관 안에 있다). "서기 176년에 만들어졌다. 고대 시대에서부터 남아 있는 거의 유일한 기마상이다. 첫 번째 기독교인 로마 황제인 콘스탄티누스를 나타내는 것으로 여겨졌기에, 대포를 만들기 위해 녹아내리는 것을 피할 수 있었다. 1500년대 초, 기마 위의 인물이 로마 황제 마르쿠스 아우렐리우스라는 사실이 새롭게 밝혀졌다." (마르쿠스 아우렐리우스의 기마상)

48쪽: 상호 의존에 대한 그의 견해는. Inwood (1999, p. 676).

49쪽: 울기도 전에 스스로를 억제했다. Philo (1953, 4.16 – 19; 4.73).

49쪽: 사전 감정pre-emotion을 싹 틔울 수 있다. 이와 관련하여, 세네카 역시 초기 스토아 문헌에서 언급한 것과 비슷하게 감정의 역치를 설명한 바 있다. Graver (1999), Sorabji (2000).

50쪽: 사회적 연결의 경계가 폴리스 너머의 인류 전체로 확장된다는. 스코필드의 인용과 논의를 참조함. (1999b, p. 108). 원본과 관련해서는 다음을 참조할 것. Aristotle (1984a, NE I.7 1097b7 – 11).

50쪽: 중간 정도의 죄. Sorabji (2000, pp. 8 – 9).

50쪽: 타락한 천사나 악마가 유혹을 위해 육체적 동요를 유발. "기독교적 유혹에 대한 스토아적 동요"의 복잡한 뿌리를 찾기 위해서는 다음을 참조할 것. Sorabji (2000). 소랍지는 사악한 악마가 동요를 일으킨다는, 포르피리우스 같은 이교도의 기록에 주목한다. Sorabji (2000, p. 348).

51쪽: "완벽하게 현명한 사람"은 (…) 그저 알아차리기만 한다는. Erasmus (1501/1905, pp. 10, 88 – 119).

51쪽: 이는 치안을 유지하는 데 있어서도 중요한 부분이다. Stoughton (2015).

52쪽: 무조건적인 금욕주의는 아니다. Montaigne (1957/1595, 1.14), Schaefer (2001). 몽테뉴의 삶의 방식에 대한 저술은 다음을 참조할 것. Montaigne (1957/1595, 3.13). 음주에 대한 저술은 다음을 참조할 것. Montaigne (1957/1595, 2.2).

52쪽: 그는 또한 현대의 의심과 오류가능주의에 대해 (…) 확신을 가졌다. Schneewind (1990, pp. 224 – 236). 데카르트와 스토아주의에 대한 후아핑 루-아들러와의 대화가 큰 도움이 되었다.

52쪽: 모든 사람은 보편적 인간성을 지니고 있기 때문에 존중받아야 한다는 (…) 칸트의 유명한 개념은. 칸트에 대한 스토아주의의 영향력을 더 찾아보고 싶으면 다음을 참조할 것. Sherman (1997b, esp. Ch. 3, "Stoic Interlude").

53쪽: "덕을 이롭게 하기 위해 입는 옷" Kant (1974, p. 147). 이 부분은 간략하다. 칸트의 감정 연구를 더 상세히 알고 싶으면 다음 셔먼의 저술들을 참조할 것. Sherman (1990, 1995b, 1995c, 1997a, 1997b, 1998).

53쪽: 미국을 건국한 아버지들. Montgomery (1936).

세 번째 수업

58쪽: 미국 국립보건원의 감염병 대응 수장. 정확히는 미국 국립알레르기감염병연구소 소장.

58쪽: 우리도 비록 지금은 여기 있지만, 감염이 있을 곳에 가 있을 겁니다. 정확히는 미국 국립알레르기감염병연구소 소장. Baker (2020).

58쪽: "미리 앞서 경험해 보는" Cicero (2002, p. 222).

58쪽: 하지만 경고는 없었다. Sanger, Lipton, Sullivan, & Crowley (2020). 유출된 리포트 초안에 따르면, 리포트 전체에 걸쳐 조율 주체와 메시지의 부재와 함께 "혼돈"이 언급되어 있었다(Lipton et al., 2020). 머리기사는 다음과 같다. "그는 다가올 것을 내다볼 수 있었다: 바이러스에 대한 트럼프의 대응 실패 이유"

59쪽: 자립을 강조하는 말이라고 해석한다. Epictetus (1925, 1.6.30). 한 예로, 도널드 로버트슨은 에픽테토스의 이 말을 다음과 같이 해석했다. "우리는 다른 사람의 도움을 기다리지 말고 자립심을 배워서 필요할 때 직접 행동할 수 있어야 한다."

59쪽: **우리는 종종 (…) 전적으로 의존해야 할 때가 있다.** 이는 스토아학파가 아리스토텔레스처럼 노예화를 옹호했는지에 대한 문제를 제기한다. 나는 아홉 번째 수업에서 이를 다룬다. 스토아 텍스트에 대한 종설로 다음을 참조할 것. Robertson (2017). 이에 대한 획기적 접근으로는 다음을 참조할 것. Finley (2017. 1980년에 초판 발행).

59쪽: "나는 관계적 존재를 구성하고 있는 시스템의 한 부분이다." Aurelius (2011, 7.13). 살짝 편역하였다.

60쪽: 우리가 상호의존적임을 주장하는 스토아적 관점. Luna, St. John, Wigglesworth, Lin II, & Shalby (2020).

60쪽: 우리가 "공통의 끈"에 의해 "함께 묶여" 있다고 말한다. Aurelius (2011, 7.9).

61쪽: "누워서 잠만 자는 것" (…) 과 다를 바 없을 것이다. Aristotle (1984a, NE 1.5 1095b33ff).

61쪽: 가장 위대하고 훌륭한 것을 운에 맡기는. Aristotle (1984a, NE 1.9 1099b24).

62쪽: 고문대 위에서도 행복할 수 있다거나. Aristotle (1984a, NE 1.10 1101a5–7). 아리스토텔레스가 제기하는 행복과 선함의 약함에 대한 선구적 연구로 다음을 참조할 것. Nussbaum (1986).

62쪽: "우리는 인식에 따라 결정한다." Aristotle (1984a, NE 1109b22, 1094b25, 1094b21). 아리스토텔레스의 윤리학에 대한 더 폭넓은 논의를 위해서는 다음을 참조할 것. Sherman (1989, 1997b).

62쪽: 더 정밀하고 명확한 표지자를 추구하는 것. Long (1968). 제논이 폴레몬의 제자였던 점을 주목하라. 제논은 아리스토텔레스가 라이시움을 설립하기 전까지 20년 동안 수학했던 학원의 세 번째 수장이었다. 따라서 그는 아리스토텔레스의 관점에 익숙했을 것이다(Rist, 1983).

62쪽: 그것들은 "선호된다." (…) 반대되는 것들은 "선호되지 않는다." "일반적으로", 모든 것은 우리가 선호하거나 선호하지 않는 것으로 분류할 수 있다. 하지만 그 본성상 우리가 특정한 방향에 대한 선호도가 없기에 딱히 선호하거나 멀리하지도 않는 것도 있다. 한 예로, "머리카락이 짝수이거나 홀수인" 경우가 있다(Long & Sedley, 1987b, 58B; Diogenes Laertius 7.104–5, SVF 3.119).

63쪽: **새로운 가치의 틀을 안정화하기 위해 노력하는 것.** 열망에 대한 길의 유용한 언급을 참조할 것(Gill, 2019, Ch. 2). 그의 관점은 도덕적 진보자의 삶에 대한 나의 관점과 일치한다. 나 또한 열망을 그저 현자로서 이상적으로 살기 위한 준비물이 아닌, 그 자체로 중요한 삶의 방식으로 여긴다.

59쪽: **마치 현자가 성인처럼 과대평가될 수도 있지만.** 이는 아리스토텔레스가 윤리학에서 자주 걱정하는 부분이다(Aristotle, 1984a, 10.7–8). 다음도 참조할 것. Sherman (1989, pp. 94–106).

64쪽: 제2차 세계 대전 전사자 숫자보다 더 많은 미국인의 목숨을 앗아간. https://www.washingtonpost.com/history/2020/11/19/ranking-covid-deaths-american-history/, https://www.businessinsider.com/more-americans-dead-covid-19-us-battle-deaths-wwii-2020-12

64쪽: 이 세상에는 우리가 의지대로 할 수 있는 것이 있고, 그럴 수 없는 일이 있다. Epictetus (2018, Encheiridion 1).

66쪽: 화는 의심할 여지 없이 잘못된 느낌에 따라 움직이게 한다. Seneca (1995a, 2.3–4).

66쪽: **따라서 감정은 일종의 자발적인 행동인 것이다.** Seneca (1995a, 2.4). 66쪽: **사람을 괴롭히는 것은 사물 자체가 아니라** Epictetus (2018, Encheiridion 5).

67쪽: '인식론적 관점' 이를 훌륭하게 다룬 현대 철학 문헌으로 다음을 참조할 것. Ward (2020). 이 영역에 대한 비판적 작업으로는 다음을 참조할 것. Fricker (2007).

67쪽: **우리가 늘 자유롭게 그런 관점을 취할 수 있는 것은 아니다.** 필론은 느낌에 동의하는 정신적 통제의 중요한 측면으로서 시간을 강조한다. 그는 아브라함이 사라가 아들을 낳을 것이고 이듬해 다시 찾아오겠다고 약속한 세 천사를 맞이하러 달려나간 부분(창세기 18:2)을 설명하면서 이렇게 말한다. "이는 그곳에서 일어나는 일을 살피거나 생각하지 않고, 성찰이나 생각 없이 당장에 일어나는 일에만 급급하며 존재하는 사람들에 대한 경고다. 이는 우리에게 정말 중요한 것이 무엇인지 확실히 파악하기 전까지는 서두르지 말라는 교훈을 전한다." (Philo, 1953, 4.3).

67쪽: '은밀한 설득자' 밴스 패커드가 다음 저작에서 처음 사용한 용어다(Packard, 1957).

67쪽: 극한 상황에서 스토아적 삶. 스톡데일에 대한 더 자세한 논의와 인터뷰 내용에 대해서는 다음을 참조할 것. Sherman (2005b). 스톡데일의 스토아주의에 대해서는 여섯 번째 수업에서 더 자세히 다루고 있다.

68쪽: 그는 자진 사퇴의 대가를 잘 알고 있었다. 세네카의 공직 생활과 은퇴에 대해서는 다음을 참조할 것. Griffin (1976, pp. 315 – 366).

68쪽: 업무를 그만두기 위해서는 (…) 명분이 있어야 했다. Seneca (1935, On Leisure 4,1).

68쪽: "완전히 악에 지배됐을" Seneca (1935, On Leisure 3,3).

68쪽: "문제는 일을 행하는 사람이 아니라, 일 자체에 있다." Seneca (1935, On Leisure 6,3).

71쪽: '정말 대단한 사람이야!' Epictetus (1995, 3,12,16).

72쪽: 이것은 내가 어떤 현명한 사람으로부터 배운 것이다. Cicero (2002, 3,29).

72쪽: 이를 사전에 자주 리허설함으로써. Cicero (2002, 3,30).

73쪽: 프로스파토스Prosphatos는 (…) '날것'의 느낌을 담은 표현이다. Cicero (2002, 3,52); Long & Sedley (1987a, 65B; Andronicus, On Passions 1, SVF 3,391, part).

73쪽: '미리 경험해 보기' Cicero (2002, p. 222).

73쪽: 상상에 빠져들어야. 이렇게 삶을 모방하는 것은 고대 비극의 전통적이고 교육적인 역할이다. 이에 대한 고찰과 아리스토텔레스의 시에서의 비극적 사건에 대해서는 다음을 참조할 것. Sherman (1992).

75쪽: 사전 리허설은 (…) 사전 노출의 일종이다. Cicero (2002, 3,58).

71쪽: (스토아주의에 그 뿌리를 두고 있는) 인지행동치료. 초기 형태 CBT의 창시자인 앨버트 엘리스와 아론 벡 모두 이를 인정하고 있다(Beck, 1975; Ellis, 1962). 한 가지 주목할 만한 것은, 군대 내에서는 외상후스트레스장애PTSD에서 다양한 낙인을 불러일으킬 수 있는 장애Disorder, D를 뺀 채 외상후스트레스PTS라는 용어를 사용한다는 것이다. 이를 지지하는 주장 중 하나는, 전쟁터에서 다리가 다쳐 귀환한 군인이 '사지 부상'을 당했다고 하지 '사지 장애'라고는 안 한다는 것이다. 심리적 부상 역시 비슷한 관점으로 볼 수 있다. 또 다른 주장으로, 외상후스트레스는 비정상적 상황에 대한 정상적 반응을 나타내는 것이므로, "장애"라는 용어는 잘못된 용어라는 것이다. 나는 앞의 논의에서는 내가 인용한 문헌들이 PTSD라는 용어를 사용했기 때문에 일관성을 유지하기 위해 나 역시도 PTSD라는 용어를 사용했다. 하지만 그 외의 부분에서는 D를 떼고 사용했다.

75쪽: 회피가 아닌 반복적인 접근을 통해 (…) 탈조건화 된다. Hendriks, de Kleine, Broekman, Hendriks, & van Minnen (2018).

75쪽: '주의 편향' Badura-Brack et al. (2015); Lazarov et al. (2019); Ilan Wald et al. (2013).

76쪽: 이스라엘 방위군에서 (…) '주의 편향 수정 훈련' I. Wald et al. (2016, p. 2633).

77쪽: "할 수 있었다." Cicero (2002, 3,58).

77쪽: 우리는 이해할 수 없는 것을 이해하기 위해 도덕적 책임을 지는다. 나는 이를 '사건 죄책감'이라고 부른다. Sherman (2010, 2011).

77쪽: 도덕적 부상. 이에 대한 더 많은 논의는 다음을 참조할 것. Sherman (2010, 2015a).

79쪽: 목욕탕에 가면 거기서 벌어질 일들을 상상하라. Epictetus (2018, 4).

79쪽: '만약 처음부터' (…) 라고 말한다면. Epictetus (2018, 4).

80쪽: 당신이 아기나 아내에게 뽀뽀할 때. Epictetus (2018, 3).

80쪽: 만약 내 발이 마음을 지니고 있다면 Epictetus (1925), 다음 번역을 사용함. Long & Sedley (1987b, 58J).

81쪽: 우리가 어떤 일이 일어날지 미리 알 수 없다면. 다음을 참조할 것. Epictetus (1925, 2,10,5 – 6); Klein (2015, pp. 267 – 268), Oldfather의 번역에 따라 수정함.

82쪽: "막아야 할 일이 하나도 일어나지 않는다면" 그리스어는 huperairesis이고, 흔히 라틴어 exceptio로 번역된다. 다음을 참조할 것. Inwood (1985, pp. 119 – 126). 마음의 여지를 남기는 것이 조건화된 충동을 포함하지 않아서 스토아주의의 논리와 심리학의 시너지 효과를 기대할 수 없다는 상반되는 견해에 대해서는 다음을 참조할 것. Brennan (2000).

82쪽: "방해만 안 받는다면 내 사업은 성공할 것이다." Seneca (1932b, 13.2 – 3). 본문의 강조 표시는 저자가 한 것임.

83쪽: "편한 마음으로 그냥 약간의 충동과 혐오의 여지만 남겨 둬라." Epictetus (2018), 다음 번역을 참조함. Brennan (2000, p. 151).

83쪽: 그는 매사에 여지를 남기기 때문에. Long & Sedley (1987b, 65E: 65W, SVF 3,564), Stobaeus (1999, 2,115.5 – 9).

83쪽: 이러한 생각은 (…) 너무 좋아 보인다. 이 비평에 대한 감명 깊고 사려 깊은 논평은 다음을 참조할 것. Brennan (2000).

84쪽: 현자는 (자신이 바라는) 미래의 상황에 동조하지 않는다. Brennan (2000, p. 164).

85쪽: 평온의 적이다. Seneca (1932b, 13.3 – 14.1).

87쪽: 궁수의 예. Cicero (2001, 3.22). 애나스와 울프의 주석도 참조할 것. 목적(혹은 대상)과 목표(혹은 성과)의 차이에 대한 논의는 다음을 참조할 것. Inwood (1986).

87쪽: 불의의 사고가 (…) 덕이나 선의 전체 목적은 건드릴 수 없다. 이것은 스토아학파가 아리스토텔레스와 단절하는 핵심 부분이다. 스토아학파는 아리스토텔레스와 달리, 외재적 선과 우호적 세계의 협력이 우리가 행복한 삶을 실현하거나 잘 살아가는 데 필수는 아니라는 입장을 견지한다. 덕만 있으면 된다.

88쪽: 암스테르담의 정신트라우마센터. ARQ라고도 불린다. 정식 명칭은 다음과 같다. National Psychotrauma Center in Diemen (Amsterdam), Netherlands. 내게 기조 연설의 기회를 준 ARQ과 그곳 동료들에게 깊이 감사드린다.

88쪽: 소방관 아르트 판 오스텐. 나는 아르트와의 인터뷰 요약 및 번역에 바르트 나우타의 작업을 참조하였다(내가 수정한 부분은 아주 일부다). 인터뷰 원본은 다음을 참조할 것. Nauta (2019).

90쪽: 스토아학파는 덕을 훌륭한 의사가 되는 데 필요한 기술과 같다고 본다. 이 생각은 아리스토텔레스와 비슷하다(Aristotle, 1984c, Rhetoric 1355b10 – 13). 그는 몇몇 기술은 기계와 같다고 했다. "기계가 하는 일은 건강한 것들을 생산하는 것이 아니라, 최대한 그런 방향으로 이끄는 것이다." 이 기술들은 '확률적'인 것으로, 목적을 달성하는 것이 꼭 기술의 완벽함과 관련 있지는 않다. 우리는 기술을 완벽하게 실천하더라도 원하는 목적을 달성하는 데 실패할 수 있다. 이에 대한 논의로 다음을 참조할 것.

90쪽: 보스턴 브리검 여성병원. Lamas (2020).

91쪽: 앤서니 파우치 박사. 바바로가 파우치와 인터뷰한 팟캐스트 내용을 떠올리며 적었다. Barbaro (2020a).

92쪽: '삶의 예술' Von Arnim (1964, SVF 2,117, SVF 3,95 [Stobaeus Eclogae] 2,58).

네 번째 수업

95쪽: 이 모든 반응은 전부 자연스러운 것들. Egan (2020).

96쪽: 가족들을 감염시킬 수 있다는 두려움. 뉴욕타임스 기사를 인용함. (Editorial Board, 2020).

97쪽: 감정 경험에는 뚜렷하게 구분되는 세 층이 있다. 이것은 일반적 관점으로, 실제 현상을 단순화한 것임을 명심해야 한다. 스토아 사상은 거의 500년에 걸쳐 있으며, 그 안에서 서로 크고 작은 논쟁과 공감이 이루어지는 것이 특징이다.

97쪽: 이러한 감정 및 그에 속한 다양한 느낌들. 이렇게 네 가지로 분류된 감정의 하위 집합의 예로는 다음을 참조할 것. Long & Sedley (1987b, 65E), Stobaeus (1999, 2,90, 19,9; 3VF 3,394, part).

97쪽: 당신이 동의하는 느낌. 다음을 참조할 것. Brennan (2005).

98쪽: 화는 잘못된 느낌을 받아들임으로써 시작된다. Seneca (1995a, 2.1.3 – 4).

98쪽: 감정은 (…) 2단계로 이루어진다. Cicero (2002, 3.75 – 76). 추가적인 논의는 다음을 참조할 것. Sherman (2005b, pp. 143 – 149).

99쪽: 비정상적 인식. tou logou diastrophas (Von Arnim, 1964; SVF 1,208). 다음도 참조할 것. Seneca (1995a, 3.15);

"departure from reason."

99쪽: **달리기 선수의 비유.** Long & Sedley (1987b, 65J, Galen, On Hippocrates' and Plato's doctrines 4.2.10 – 18: SVF 3.462, part).

99쪽: **몸이 '자유낙하'하는 것.** (1995a, 1.74; 2015, 3.14; also 3.16.2).

100쪽: **"이성적 기쁨"을 (…) "희열".** 그레이버는 세네카가 기쁨을 "희열", "마음의 고양"으로 부르는 것에 주목한다. 이는 평범한 사람이 아이가 태어나거나 선거에서 이겼을 때 느끼는 감정과 같다. 다음을 참조할 것. Graver, "Ethics II: Action and Emotion" in Damschen (2014, 272.3).

100쪽: **"이성적 경고"** Long & Sedley (1987b; 65F Diogenes Laertius 7.116; SVF 3.431).

100쪽: **현명한 사람은 친근하고.** Stobaeus, 2.7.11M, 다음에서 약간만 수정하여 옮김. Graver (2007, p. 179).

100쪽: **상호 호혜적 태도.** 마가렛 그레이버가 얘기한 것처럼, 여기서 언급한 감정들인 선의eunoia, 애정agapēsis, 관대함aspasmos 같은 것들은 현자, 그중에서도 특히 선을 추구하는 것을 지향하고 중시하는 이성적 소망을 지닌 사람들이 함양하는 선한 감정들에 속한다. (Graver, 2007, pp. 179, 58).

101쪽: **"그것들은 허락 없이 왔다가 허락 없이 떠난다."** Seneca (2015, 11.7).

102쪽: **가장 용감한 사람도 갑옷을 입으며 창백해질 때가 있고.** Seneca (1995a, 2.3.2 – 3).

102쪽: **사라가 (…) 웃었던 것처럼.** Philo (1953, 4.16).

103쪽: **"모든 역경을 이겨 내는 현명한 사람도 사전 감정을 느낀다."** Seneca (2015, 9.3).

102쪽: **선장이 갑작스레 닥친 태풍에 하얗게 질린다고 해서.** Gellius (1927, Vol. 3, 19.1).

102쪽: **사전 감정**propatheiai**이 신경생물학자인 조셉 레두스의 저작**(LeDoux, 1996, 2015)**에서 언급한 "낮은 길 감정" 혹은 편도를 통한 빠른 과정과 비슷한 것이라는 관점에 대해서는 다음을 참조할 것.** Sorabji (2000, pp. 145 – 150), LeDoux (1996, pp. 138 – 178). 세네카가 언급한 감정들이 다양하다는 근거로, 이러한 유사성을 회의적으로 보는 시각에 대해서는 다음을 참조할 것. Graver (2007, p. 97).

103쪽: **감정을 신념이나 판단의 일종으로 여기는 인지이론.** 철학자 및 심리학자 내에서 가장 보편적으로 받아들여지는 감정 이론은 인지이론이다. 철학에서 인지이론에 대해서는 다음을 참조할 것. Roberts (2009), Deigh (1994), Nussbaum (2001). 심리학에서 인지이론에 대해서는 다음을 참조할 것. Nico Frijda (N. H. Frijda, 1986) 니코 프리자의 저작에 영향을 받은 다음 저작들도 참조할 것. Ortony (1988), Oatley (1992), Scherer (2005).

105쪽: **눈은 이글거리고 번뜩이며.** Seneca (1995a, 1.1.4).

105쪽: **마음속에 조금의 품위도 지니고 있지 않은 사람.** Homer (1999, 22.398 – 405; 24.64 – 65).

106쪽: **올가미에 걸린 동물이 몸부림칠수록.** Seneca (1995a, 3.16.1; 3.27 – 26; 2.34.1).

106쪽: **젖이 안 나올 때 공격자를 벌주기 위해 "나쁜" 가슴을.** M. Klein (1984, p. 68).

107쪽: **반응적 태도 및 감정과.** Strawson (1962). 도덕적 부상에 대한 반응적 태도에 대해서는 다음을 참조할 것. Sherman (2010, 2015a).

107쪽: **조지 플로이드를 (…) 잔혹하게 살해한.** Hill et al. (2020). 이와 관련하여, 아프리카계 미국인들이 집을 사고 소유할 수 없도록 한 레드라이닝 관행에 대한 대서양 에세이에서 타네히시 코츠가 항의한 것에 담긴 분노의 위치를 참조할 것(Coates, 2014). 아프리카계 미국인들의 시위에서 분노의 위치에 대한 상반된 견해에 대한 초창기 논의(특히 Booker T. Washington과 W. E. B. Dubois 사이의 논쟁)는 다음을 참조할 것. Boxill (1976).

107쪽: **"좋은 소란"** Lewis (2020).

107쪽: **정치적 정의의 영역에서 분노.** Nussbaum (2015, 2016).

108쪽: **오직 명성과 지위만 중시할 뿐.** Nussbaum (2015, p. 49).

108쪽: **그런 보복을 통해 재균형을 이뤄서 다시 번영(혹은 에우다이모니아**eudaimonia**)을 이룰 수 있다고.** Nussbaum (2015, p. 49).

108쪽: **현대 사회에는 (…) 필수 요건들로 인식되는 내재적 선이 있다.** 인간의 존엄성을 유지할 수 있는 삶을 위한 최소한의 10가지 핵심 능력 목록은 다음을 참조할 것. Nussbaum (2011, pp. 31 – 35).

109쪽: **합리적이고 건설적으로 (…) 불의에 맞서려는 노력을 해야 한다.** 누스바움은 "이행분노"라는 개념에 이러한 임페투스를 담고 있다. (Nussbaum, 2015).

109쪽: **브렛 크로지어**Brett Crozier **해군 대령.** Gafni & Garofoli (2020), Ismay (2020).

110쪽: **이런 배의 지휘관을.** Garland (2020).

110쪽: **"덕의 원동력"으로서 응당 "분연히 일어날 수 있다.** Seneca (1995a, 3.3.1–5). 아리스토텔레스는 『니코마코스 윤리학』에서 분노를 다루고 있다. (Aristotle, 1984a, 2.9 and 4.5). 그는 해당 서적의 2.9에서, 주어진 상황에서 어떤 분노를 얼마나 표출할지는 실용적 지혜의 문제라고 주장한다. 즉, "인식에 따라 판단하는 것"이다 (1109b15–25).

110쪽: **"중용을 지키는 것"** Aristotle (1984a, 2.9 1109b15–25).

110쪽: **"금주하며 취하지 않은"** Plutarch (2000, 464c–d: 453d), Seneca (1995a, 2.12.3–4).

111쪽: **'걱정, 짜증, 정신적 고통, 속상함'** Long & Sedley (1987b, 65E, Stobaeus 2.90, 19–91, 9, SVF 3.394, part).

111쪽: **크리스틴 블레이시 포드**Christine Blasey Ford **박사.** 이 부분에 대해서는 의회 앞에서 블레이시 포드 박사를 대리한 데브라 카츠 변호사의 강연 내용을 많이 참조했다. 해당 강연은 워싱턴 DC에서 2020년 4월 26일에 행해졌다.

111쪽: **두려움 경고 시스템.** "포드가 성폭행 혐의를 떠올리며 해마를 언급하다" (2018).

112쪽: **시민적 의무.** Zhouli (2018).

112쪽: **"100%"** Associated Press (2018).

112쪽: **적대적이면서 공격적.** 그의 몇몇 대학 친구들이 말한 것처럼, 그는 술에 취했을 때 그렇게 되었다. (New York Times, 2018).

112쪽: **그의 목소리는 크고 (…) 얼굴은 때때로 일그러졌으며.** 특히 그가 술에 취해 "블랙아웃"되었는지를 질문한 에이미 클로부차 상원의원에게 대답한 것을 참조할 것. "캐버노가 술에 취한 상태에서 '공격적'이었다는 관점에 반박하다" 2018.

112쪽: **화의 초기 및 잔류 감정.** "우리가 잘못했다고 생각할 때 가장 먼저 영향을 주는 첫 번째 정신적 충격"은 "가장 현명한 사람"에게도 일어날 수 있다(Seneca, 1995a, 2.2.2).

112쪽: **화는 (…) 건설적인 행동을 위한 추동력.** 하지만 우리가 분노를 사전 감정으로 간주하더라도, 그것은 단지 정신적 혹은 육체적 전율보다 인지적으로 더 강력할 수 있다. 세네카는 다양한 예비 효과 모음을 제시한다. 거기에는 앞서 우리가 언급했던 창백함, 눈물, 흠칫함, 얼굴 빨개짐, 다리 후들거림, 흥분, "정신적 충격", "신체적 초조" 등이 있다. 하지만 인지적으로 더 풍성한 "감정의 전주곡"도 있다. 그래서 그는 동시대인들에게 공화국의 지난 수십 년 간의 사건들을 읽는 상상을 해 보라고 한다. "우리는 종종 클로디우스가 키케로를 추방하거나, 안토니우스가 키케로를 죽이는 장면에서 그들에게 화를 낸다. 과연 마리우스의 무기나 술라의 추방을 보면서 화나지 않을 사람이 있을까? 데오도투스와 아킬라스, 혹은 소년답지 않은 범죄를 저지른 다른 소년들에게 분노를 느끼지 않을 사람이 누가 있을까?" 이것들은 "움직임에 대한 긍정적 소망이 없는 마음의 움직임"이기 때문에 감정의 전주곡이다. (Seneca, 1995a, 2.2.3–5). 감정에서 상당 부분 생략된 것은 사고 과정이 아니라, 오늘날 심리학자들이 '행동 경향'이라고 부르는 것의 부재이다 (Nico H. Frijda, 1987).

113쪽: **감정은 선택이며.** 키케로가 슬픔을 애도하는 행동의 예에서 2차적 판단을 수정한 것은 다음을 참조할 것. Cicero (2002, 3.76).

113쪽: **『그리고 베를린에서』**Unorthodox **.** Winger (2020).

114쪽: **움푹 꺼진 '수축된' 느낌이다.** 마음에 대한 스토아적 모델은 물리적이다. 감정은 종종 이성의 '긴장'이 변화되는 것으로 설명되며, 이는 '수축, 응크림, 눈물, 부풀어 오름, 팽창'으로 나타난다(Long & Sedley, 1987b, 65K, Galen, On Hippocrates' and Plato's doctrines 4.3.2–5: Posidonius fr. 34, part).

115쪽: **애도할 필요성.** 병원 간호사들이 근무 중 쓰러진 사람들의 이름을 알지 못하여 애도하지 못하는 것에 대해서는 다음을 참조할 것. Jewett & Szabo (2020).

116쪽: **부어오른 마음에 대해.** Cicero (2002, 3,76).

116쪽: **『투스쿨룸 대화』** Cicero (2002, p. xv). 나는 늘 이 책에 대한 마가렛 그레이버의 서문과 번역, 그리고 중요한 언급에 대해 깊은 감사의 마음을 지니고 있다.

117쪽: **지금은 그런 교훈을 가르칠 적절한 때가 아니다.** Cicero (2002, 3,77).

117쪽: **이들을 설득하기는 굉장히 어렵다.** Cicero (2002, 3,79).

118쪽: **어느 정도의 눈물은 흘려도 된다.** Seneca (2015, 63,1).

118쪽: **따끔한 아픔은 (…) 지나간 감정의 흔적이다.** Seneca (2015, 99,14) 세네카는 살을 에는 느낌을 스토아적으로 사용한다. "당신이 느끼는 것은 슬픔이 아니라 살을 에는 느낌이다. 그 느낌을 슬픔으로 만들고 있는 것은 바로 당신이다."

118쪽: **눈물은 (…) 우리 안에서 만들어진다.** Seneca (2015, 99,18 – 19).

119쪽: **눈물은… 자신도 모르게 흘러내린다.** Seneca (2015, 99,18   19).

119쪽: **눈물을 쥐어짜서.** Seneca (2015, 99,21). 지속적인 애도 반응에 대한 통찰력 있는 임상연구로 다음을 참조할 것. Boelen (2019). 그는 치료가 필요한 고위험군을 파악하는 데 첫 6개월이 중요하다고 강조한다. 그리고 상실한 대상을 계속해서 갈망하는 고위험군의 유병률을 제시한다. 갈망과 집착은 스토아학파가 통제에서 벗어나는 열쇠로 지목하는 태도다.

119쪽: **새로운 친구를 사귀는 것이 우는 것보다 낫다.** Seneca (2015, 63,11).

119쪽: **마치 태어난 순서가 우리의 운명을 결정하는 것처럼 말이다!** Seneca (2015, 63,14).

120쪽: **"나도 병이 있다."** Seneca (2015, 27,1).

120쪽: **의사가 아니라 환자다.** Seneca (2015, 68,9).

다섯 번째 수업

126쪽: **이 이야기는 타라 웨스트오버의 생생한 회고록인 『배움의 발견Educated』에 나오는 것이다.** Westover (2018).

126쪽: **"무엇이든 좋은 것을 원한다면, 스스로 그것을 얻어라."** Epictetus (1995), 29,4.

128쪽: **현대 심리학 저술에서 회복탄력성은.** 다음을 참조할 것. Bonanno (2004), Fleming & Ledogar (2008), Konnikova (2016), Reivich & Shatte (2002).

131쪽: **사회적 지지의 기본부터.** Stanton (1968).

131쪽: **말은 달리고, 사냥개는 뒤쫓고,** Aurelius (2011, 5,6; 5,30; 6,7; 7,74; 5,6, 6,42). 그림은 유기적이고, 지역 문화와 국가적 차이에 뿌리를 둔 유기적 공동체가 항상 인류애의 확장을 추구하는 것은 아니다. 이것은 마르쿠스가 정치적 성찰에서 다루지 않은 현대적 논쟁이다. 우리 사회의 현대적 논쟁에 대해서는 다음을 참조할 것. Nussbaum & Cohen (1996/2002).

132쪽: **"나는 이성적 존재들로 구성된 시스템의 일원이다."** Aurelius (2011, 7,13).

132쪽: **무대를 공유하는 군무단처럼.** 춤과 전투에서의 움직임의 공명과 공시성에 대한 성찰은 다음을 참조할 것. Sherman (2018, 2020).

132쪽: **"서로 긴밀히 연결된 움직임"** Aurelius (2011, 7,9; 6,42).

132쪽: **자신을 격려하고 싶으면 언제든.** Aurelius (2011, 6,48). 다음도 참조할 것. Caston (2016); Gill (2016).

133쪽: **나는 안토니우스의 가르침을 따라야 한다.** Aurelius (2011, 6,30).

133쪽: **올바른 대답이란 "잘못을 지적하는 것"이 아니라.** Aurelius (2011, 1,1 – 17).

136쪽: **심지어 도시마저도 사회 계약이 아닌 자연에 따른 작용과 파트너십.** Aristotle (1984b, 1,1 – 2); Annas (1993, pp. 148 – 149).

136쪽: **발전 이야기는 복잡하기는 해도.** 이에 대한 탁월한 개론으로 다음을 참조할 것. J. Klein (2016).

136쪽: **"소개해 준 사람보다 소개받아 알게 된 사람의 가치를 더 높이 평가하게 된다."** Cicero (2001, 3,23). 더 전반적으로는 해당 문헌의 3.20 – 23 부분을 참조. 자연으로서의 사회성에 대해서는 다음을 참조할 것. Cicero. (2001, 3.66 – 70).

137쪽: "공동선"을 추구하기 위해 "가장 훌륭한 행동을 목표로 하는 덕행" Aristotle (1984a, 9.8, 1168b29 – 69a11).

137쪽: 모든 이가 함께 누리는 것을 제외한 오직 자기만의 것이란 없음. Seneca (2015, 73.7 – 8).

137쪽: 우리를 서로 연결하는 구체적이고 감정적인 유대. 예를 들어, 스토아주의에 깊은 영향을 받은 계몽주의 철학자 임마뉴엘 칸트는, 실천이성의 원리에 따라 이상적인 도덕 공동체를 구성하도록 한 것으로 유명하다. 그는 우리가 상호 지지적 관계에서 단합하거나 강하게 성장해 나가는 방법까지 완전히 발전시키지는 못한다. 그럼에도 불구하고, 그는, 어떻게 하면 더 완벽한 구상을 할 수 있을지에 대한 많은 힌트를 제시하고 있다. 다음을 참조할 것. Sherman (1997b).

138쪽: 내가 친구들에게 헌신할 때는. Seneca (2015, 62.2).

138쪽: 반신demigod 헤라클레스. Fitch (1987).

138쪽: 현자가 500년에 한 번 나타나는 불사조 같은 빈도로 출현한다. Seneca (2015, 42.1).

139쪽: 가장 가능성이 낮고 위험해 보이는 출산에 대한 불안. Philo (1953, 4.16).

139쪽: 매번 편지가 올 때마다. Seneca (2015, 67.2). 서간문의 관계에 대한 그레이버와 롱의 서론도 참조할 것.

139쪽: "선의 근원" Seneca (2015, 102.18).

140쪽: 정말 뿌듯하고 기쁘다. Seneca (2015, 67.2, 34.1).

140쪽: 사랑하는 사람이 없는 동안에도 기쁨을 느낀다. Seneca (2015, 35.3).

140쪽: 당신이 원하는 대로 그 사람을 볼 수 있을 때. Seneca (2015, 35.3).

142쪽: 사춘기 후반. Cicero (1991, 1.107 – 125), Epictetus (1983, 17). 다음도 참조할 것. Gill (1988).

142쪽: 얄팍한 예의범절 이상. 이에 대한 더 자세한 내용은 다음을 참조할 것. Sherman (2005b, Ch. 3, "Of Manners and Morals").

142쪽: 가르침은 스승의 성장과 즐거움으로 돌아온다. Seneca (2015, 36.4).

142쪽: 코언 씨, 당신은 많은 실수를 저질렀고. Baltimore Sun Staff (2019).

145쪽: "우리 아이들은 우리가 결코 보지 못할 미래에 대한 메시지입니다." 다음을 참조할 것. CNN Politics (2019), C-Span (2019).

147쪽: 우리는 계속해서 바깥쪽 원에 있는 것들을 우리가 속한 원 안으로 옮겨 담는다. Long & Sedley, (1987b, 57G: Hierocles [Stobaeus 4.671], 7-673, 11).

148쪽: 자신이 아는 모든 여성을 '우리 엄마'라고 부르고. Plato (1997a, Republic 5); Aristotle (1984d, Politics 2.1, 1262b16).

149쪽: 우리는 마치 전염되는 것처럼 상대방의 감각을 느낀다. Hume (1968, 579).

149쪽: 우리는 다른 사람의 입장이 되는 상상을 통해 그 모든 고통을 견디는 것을 상상하며. Smith (2000, 1.1., pp. 3 – 4; 1.2., p. 23).

152쪽: 그의 거대한 야망을 꺾으리! Seneca (2010, 75 – 108).

152쪽: 내가 지하 세계를 지배하기 바랐다면. Seneca (2010, 610).

152쪽: 나에게는 더 많은 과업이 남아 있다. Seneca (2010, 635).

153쪽: '유령들'을 본다. Seneca (2010, 1148).

153쪽: 불행은 네 잘못이 아니다. Seneca (2010, 1200).

153쪽: "사고를 범죄라고 말하는 사람이 있는가?" Seneca (2010, 1236 – 1238).

154쪽: 스스로를 용서해야 한다. Seneca (2010, 1265).

155쪽: 너의 영웅적 용기를 발휘해서. Seneca (2010, 1275).

155쪽: 내가 너를 보고 만지는 기쁨을 느낄 수 있게 해 다오. Seneca (2010, 1248-1250).

156쪽: 이것은 인간적 수준의 비극적 초상이지만. ARQ 국립트라우마센터에서 이 사례를 발표하고 이후 서신을 보내 준 재키 준터 하이데에게 깊이 감사드린다.

여섯 번째 수업

162쪽: 앞으로 최소 5년 간은. "Courage Under Fire," in James B. Stockdale (1995, p. 189).

163쪽: 7년 반 동안 (…) 고위 죄수로 생활. Yablonka (2006).

165쪽: 그들은 각자의 방식으로, 그러면서 함께 불굴의 힘을 발휘했다. 스톡데일의 초기 스토아주의에 대한 설명에 대해서는 다음을 참조할 것. Sherman (2005b, especially Ch. 1, "A Brave New Stoicism" and notes). 시빌과 짐의 회고록은 다음을 참조할 것. James B. Stockdale & Stockdale (1990).

165쪽: "사소한 영광"을 차지하기 위해. Epictetus (1995, 2.22.11).

167쪽: 도덕적 부상을 "(…) 분노, 사기 저하 증후군"으로 정의한다. Litz, Lebowitz, Gray, & Nash (2016, p. 21). 다음도 참조할 것. Litz, Stein, Delaney, Lebowitz, Nash, et al. (2009); Maguen & Litz (January 13, 2012). 나는 지난 수년 동안 함께 대화를 나누고 함께 학술 교류를 나눈 빌 내쉬, 브렛 리츠, 쉬라 매권에게 깊은 감사를 표한다.

168쪽: "만약 당신이 내 사진을 찍으면, 난 당신을 영원히 원망할 거요." 이 이야기는 댄 오브라이언의 희곡 "미국인의 시체The Body of an American"에서 다시 나온다. 나는 2016년 3월에 이 연극을 워싱턴 DC의 씨어터 J에서 관람했다.

169쪽: 레인 맥도웰은 조종석에 앉는 것이 꿈이었다. Chivers (2018, pp. 6 – 24, 119 – 121). 나는 『전사들The Fighters』에서 언급된 이 부분에 대해 크리스 치버스와 나눈 서신과 대화에 깊이 감사드린다. 조지타운에서 나와, 치버스와, 다른 이들(『디 애틀랜틱』의 제임스 팔로우즈를 포함)이 나눈 도덕적 부상에 대한 대화에 대해서는 다음 영상을 참조할 것(이는 2015년 『전후Afterwar』를 출간했을 때다). Sherman (2015b).

172쪽: 하지만 군대에서의 도덕적 부상의 전부 혹은 대부분을 자의식 과잉 때문으로 돌리는 것은. 도덕적 부상을 철학적 관점에서 더 광범위하게 살펴보고 싶으면 다음을 참조할 것. Sherman (2015a).

175쪽: 소크라테스야말로 (…) 수치심의 눈물을. Plato (1989, 216a – b). 이에 대한 통찰력 있는 연구는 다음을 참조할 것. Graver (2007, pp. 191 – 211).

176쪽: 알키비아데스는 (…) 의지가 약하거나 통제가 안 되는 유형은 아니다. 알키비아데스의 의지와 포부의 유약함을 재현한 것에 대해서는 다음을 참조할 것. Callard (2018).

176쪽: 키케로는 독자들에게 『향연』의 구절을 상기시킨다. Cicero (2002, 3.77, 34 – 35).

177쪽: 어떤 사람이 자신이 용기, 책임감, 진실성 등의 덕이 부족한 것에 대해 화가 나 있다고 가정해 보자. Cicero (2002, 4.61 – 62).

179쪽: 스스로 매우 큰 위험을 감수했음. 허용 가능한 부수적 살상에 대해서는 다음을 참조할 것. "이중 효과는… 오직 다음 두 가지 요건이 충족될 때만 옹호할 수 있다. 첫째, '선의'가 담겨 있어야 한다. 둘째, 예측 가능한 악이 최대한 억제되어야 한다." Walzer (1977, pp. 155 – 156).

179쪽: 이는 그들이 양심에 따라 살상을 저지르는 것에 대해 자신에게 책임을 지우는 방법이다. 전 네이비실 중사였던 에디 갤러거의 태도를, 살상을 좋아하는 그의 태도에 대해 그의 부대원이 지니고 있는 올바른 도덕적 혐오감과 비교해 보라. 데브 필립스의 다음 기사를 참조할 것. Philipps (2019).

180쪽: "너의 영웅적 용기를 사용하라." Seneca (2010, p. 1275).

180쪽: 더 정당한 짐을 짊어지기 바란다. 나는 2019년 가을에 테스먼(2019)과 함께 웨스트포인트에서 도덕적 부상에 대한 기조연설 기회를 준 것에 대해 감사드린다. 리사 테스먼은 내가 여기서 언급한, 적합하지만 불공평한 반응적 제도의 개념에 대해 토론했다. 전쟁으로 인해 보이지 않는 상처를 입고 돌아와 회복을 위해 노력하는 군 복무자들의 이야기를 더 보려면 다음을 참조할 것. Sherman (2015a, 2010).

181쪽: "합당한 처벌을 면제해 주는" Seneca (1985, 2.6.3 – 7.1).

182쪽: 우리는 모두 죄를 지었다. Seneca (1985, 1.7).

182쪽: 이 스토아 가정교사는, 선량한 농부처럼. Seneca (1985, 2.4.4; 2.7.4 – 5).
183쪽: 왕족이라는 멍에를 쓴 노예. Seneca (2010b, 748).
183쪽: "나도 자비로웠으면 좋겠지만 그럴 수 없소." Seneca (2010b, 764).
185쪽: 때로는 자비로운 관중이 지닌 자애가 우리의 도덕적 자아의 일부가 돼야 할 때도 있다. 그리고 이는 임상가들이 특히 '적응적 공유'라 부르는 기법으로 치료적으로 활용하며 도덕적 복구를 꾀한다. (Litz, Lebowitz, Gray, & Nash, 2016; Griffin, Worthington, Davis, Hook, & Maguen, 2018; Griffin, Cornish, Maguen, & Worthington, Jr., 2019; Purcell, 2018). 나는 군인의 자기용서와 적응적 공유에 대해 함께 대화를 나눈 브렛 리츠, 빌 내쉬, 쉬라 매귄, 브랜든 그리핀, 나탈리 퍼셀에게 다시 한번 감사드린다.

일곱 번째 수업

191쪽: 키티온의 제논은 염료 상인으로. Laertius (1970, 7.2).
191쪽: 스토아 마케팅 담당자. 나는 몇 년 전 라이언 홀리데이의 인터뷰에 응한 적이 있었다(Holiday). 나는 『미디엄』의 기술 분야 기자인 제프 버코비치가 자신의 기사인, "실리콘밸리의 최신 라이프핵: 죽음"에 대한 인터뷰를 제안한 것을 계기로 스토아주의와 라이프핵에 대해 생각하게 되었다(Bercovici, 2018). 나는 이 수업에서 실리콘밸리의 스토아주의에 대한 관심을 다루는 다음의 이야기들도 함께 다룬다. Alter (2016); Benzinga (2020); Bowles (2019); Carr & McCracken (2018); Dowd (2017); Fowler (2017); Goldhill (2016); Margolis (2019); Richards & Feloni (2017); Rosenberg (2020); Schein (2019).
192쪽: 핵Hack: 1. Raymond (1991, p. 189).
193쪽: 2011년이 되자 라이프핵은 (…) 『옥스포드 사전 온라인판』에 등재됐다. "Lifehack" (2020).
193쪽: 그는 이미 2017년 기준으로 700만 조회수가 넘은 TED 강연에서. Ferriss (2017). Western, D.도 참조할 것.
194쪽: 앞으로 일어날 수도 있는 일을 지금 불러와. Cicero (2002, p. 222). 갈렌이 히포크라테스와 플라톤의 가르침을 인용해 크리시포스 또는 포시도니우스를 언급함.
194쪽: 우리가 의지대로 할 수 있는 것이 있고. Epictetus (1983, p. 1).
194쪽: 페리스는 번잡한 사업. Western, D.
197쪽: 도시 국가인 폴리스 전체의 목표를 달성하는 것이 더 훌륭하고 신성한 것이다. Aristotle (1984a, 3.7; 1.2).
197쪽: 신종 바이러스가 (…) 오래된 바이러스로 고통받아 온 사람들을. 아동청소년 연구자들이 밝혔다시피, 인종차별주의는 아동, 청소년, 젊은 성인, 그리고 그들의 가족의 건강 상태에 심대한 영향을 끼치는 건강의 사회적 결정 요인이다. 다음을 참조할 것. Trent, Dooley, & Dougé (2019).
197쪽: 몬테피오레 헬스시스템의 최고 경영자인 필립 오주아. Ozuah (2020).
198쪽: "아프리카계 미국인이 내 목숨을 위협하고 있어요." Maslin Nir (2020).
198쪽: 코리 부커. Corasaniti (2020).
199쪽: 안면 인식 시스템. Timberg (2016).
199쪽: "습관과 지속적인 관심" Seneca (1995a, 2.4).
200쪽: 가장 사나운 병사의 무릎도 전투 개시 신호가 울리면 살짝 후들거린다. Seneca (1995a, 2.3).
200쪽: "의식적인 결정"을 할 수 있는 공간을 확보. Seneca (1995a, 2.3).
200쪽: 빠르면서도 느리게 생각하며. Kahneman (2011).
201쪽: 몸의 증상으로 다시 나타날 것이다. 장-뇌 축을 구성하는 내분비, 뇌, 신경계의 양방향 경로에 대해서는 다음을 참조할 것. Clapp et al. (2017).
203쪽: 사이먼 드루Simon Drew의 『실전 스토아The Practical Stoic』 Drew (2020a, 2020b, 2020c).
203쪽: 기능적 및 역기능적 가족. 살바도르 미누친이 수행한 가족에 대한 획기적 연구도 참조할 것. (Minuchin, 1974).

204쪽: 그는 평소 트랙을 달리면서 자유를 만끽한다. 이 이야기는 NPR의 노엘 킹이 진행하는 『Morning Edition』에 나온 것이다. (N. King, Kwong, Westerman, & Doubek, 2020).

206쪽: "존경심을 지녀야 한다 (…) 이는 사람들을 결속하는 데 제격이다." Cicero (1991, 1.99).

207쪽: 회복탄력성을 향상시키는 신경회로를 새로 구축하기 위해서다. Benzinga (2020).

208쪽: 겨울에 토론토에서 한번 그렇게 해 보시죠, 회장님." Braun (2019).

208쪽: 트위터의 미션은, (…) 전세계적인 대화를 향상시키고. Twitter (2020).

208쪽: '오버튼의 창 Overton Window' 이에 대한 논의는 다음을 참조할 것. Astor (2019).

208쪽: 확성기가 내는 소음. Warzel (2020).

208쪽: 880만 개의 트윗에 '흑인의 목숨도 소중하다'라는 해시태그가 달렸다. M. Anderson, Barthel, Perrin, & Vogels (2020).

208쪽: 센트럴 파크에서 벌어진 인종 갈등 영상. Maslin Nir (2020). 트위터에서의 난리는 에이미 쿠퍼를 향상 비난으로 이어졌고, 그녀는 다니고 있던 투자 회사에서 해고당했다. 이는 크리스찬 쿠퍼를 불편하게 만들었다. "저는 누군가를 그 사람이 단 몇 초 동안 했던 행동을 정의하는 것이 불편합니다. 그것이 인종차별적인 행동이었다는 것은 변명의 여지가 없습니다. 그건 분명히 인종차별적이었으니까요. 하지만 그게 그녀의 전체 삶을 규정할 수 있을까요? 저는 잘 모르겠습니다. 그 일이 그녀의 삶 전체를 규정할 수 있는지는 오직 그녀만이 얘기할 수 있겠죠. 그녀가 앞으로 무엇을 할 것이며, 과거에 무엇을 했는지를 바탕으로요. 그래서 저는 그 난리가 불편한 겁니다" 녹취록은 NYT 팟캐스트 『더 데일리』에 저장되어 있다. (Barbaro, 2020c).

209쪽: 함께 무언가를 만드는 데 도움을 줄 수도 있다. 디지털 서비스가 유발하는 사회적 행동을 통해 만들어 내는 악은 확실히 있다. 잭 도시가 트위터의 실수에 대해 성찰하는 것에 대해서는 『더 데일리』 팟캐스트의 마이클 바바로와의 인터뷰를 보라. Barbaro (2020b). 트위터에서 소셜 미디어의 분노를 억제하고 협력을 모색하는 것에 대한 통찰력 있는 사례 연구에 대해서는 다음을 참조할 것. Barbaro (2020d). 이 책이 출간될 즈음에 트위터와 페이스북은 트럼프 대통령이 2021년 1월 6일 국회의사당 포위를 선동한 것을 계기로 그의 계정을 영구 정지시켰다.

209쪽: 저는 모든 것이 연결되어 있다는 원칙에 따라 살고 있습니다. Cuccinello (2020).

209쪽: 구글 스프레드시트에 실시간으로 적어 공개. Schleifer (2020).

209쪽: "자신이 기부한 것을 수혜자에게 계속 상기시키면서 짜증나거나 우울하게 하는" Seneca (1995b, 2.10 – 11).

209쪽: 시골뜨기에게 책을 선물. Seneca (1995b, 1.11.6; 1.12.3).

210쪽: 고대에는 선물을 주는 것을 사회적 결속의 핵심으로 여겼다. Warzel (2020).

210쪽: 호의를 가지고, 물질적이고 감정적인 전달을 통해. Seneca (1995b, 2.18). 세네카가 선물에 대해 논의하는 더 완전한 내용을 보고 싶다면 다음을 참조할 것. Sherman (2005a, Ch. 3, "Manners and Morals").

210쪽: "당신의 마음을 탐지하라." Cicero (2001, 2.118).

210쪽: 중요한 것은 '이익'을 제공하는 태도다. Strawson (1993, p. 49).

211쪽: 죽음을 정복하는 것이다. 이에 대한 통찰력 있는 글로 다음을 참조할 것. Bercovici (2018).

211쪽: 죽음을 두려워하는 사람은. Seneca (1932, 11.6).

212쪽: "철학은 죽는 것과 죽음을 연습하는 것이다." Plato (1997b, 64a).

212쪽: 우리도 불이 꺼졌던 것처럼 다시 꺼진다. Seneca (1995b, 1.11.6; 1.12.3).

212쪽: "현재의 시간은 매우 짧다." Seneca (1932a, 10 – 12).

213쪽: "네, 전 영원히 살고 싶어요." Recode Staff (2017).

213쪽: 불가능한 것을 선택할 수는 없다. Aristotle (1984a, 3.2 1111b20ff). 해당 문헌의 내용을 약간 다듬어 번역하였다.

213쪽: 많은 억만장자들이 그를 추종하며 칼로리 섭취를 조절한다. 바이오해킹 기업가로 변신한 기술 업계 투자자 데이브 에스프리도 스토아 지지자다. Garfield (2016).

214쪽: 우리 스스로 적응적 존재가 되도록 해야 한다. Seneca (1932b, 14).

214쪽: 죽음에 대한 방탄으로서의 경직된 최종 목표. 실제로 죽음을 이기기 바라는 한 바이오해커는 자신의 상품을 "방탄"이라 이름 붙였다. Garfield (2016).

214쪽: 삶으로부터 "이성적으로 벗어나는". Laertius (1925, 7,130).

215쪽: 미친 개에 물린 사람의 예. Kant (1964, 6:424).

216쪽: 저커버그가 (…) 한탄하는 것은 옳다. Zuckerberg (2018, p. 48).

216쪽: 커티스 도치어Curtis Dozier. Dozier (2017).

217쪽: 교육을 통해 선을 함양하는 기회는 모두에게 열려 있어야 한다. 나는 이에 대한 그란-빌더의 논의에 감사드린다. Grahn-Wilder (2018, pp. 245 – 246).

217쪽: 무소니우스 루푸스는 남성뿐만 아니라 여성도 교육해야 한다는 주장을. 이 부분은 마사 누스바움의 번역을 따랐다. Nussbaum (2002, pp. 316 – 317). 누스바움은 이 논문에서 무소니우스가 "불완전한 페미니즘"을 지니고 있다고 주장한다.

여덟 번째 수업

225쪽: 세네카는 (…) 잠들기 전 명상은 자신을 "심문하는" 것이라고 말했다. Seneca (1995a, 3,36).

225쪽: 칼 라이너. Martin (2020).

226쪽: 가능한 엄격하게 자신을 추궁하라. Seneca (2015, 28,10). 그레이버와 롱의 번역 중에서, "자신을 공격하라."를 좀 더 의미에 맞게 "자신에게 가혹해져라."로 수정하였다.

226쪽: 프로소케prosokhē. Sorabji (2000, p. 13).

226쪽: 결점이 전혀 없는 것이 가능한가? Epictetus (1995, 4,12).

226쪽: 현대 심리학 연구 결과와는 반대로, "인지적 부하"와 자기통제의 약화에 대한 심리학 연구로 다음을 참조할 것. Kahneman (2011, esp. Ch. 3, "The Lazy Controller," pp. 31 – 49).

227쪽: 나를 하루를 돌아보며. Seneca (1995a, 3,36 – 38). 원문을 약간 변형하여 번역함.

229쪽: 잠이 얼마나 (…) 생각해 보라! Seneca (1995a, 3,36,2; 3,37,3).

229쪽: 거울에 "비친 모습"은. Seneca (1995a, 2,36), Sorabji (2000, p. 213).

230쪽: 매우 큰 불안을 대가로 치러야 한다. Seneca (2015, 59,15). "불안Anxietas"은 부담이나 문제를 뜻하며 동사로 사용될 경우 "조이다", "조르다", "쥐어짜다" 등의 의미를 나타내는 그리스어 angh에서 기원한 스토아 용어다. 여기에서 유래된 "협심증angina"은 가슴이 답답하고 쥐어짜는 듯한 통증을 뜻하는 의학용어다. 불안anxiety의 기원에 대한 생생한 논의를 위해서는 다음을 참조할 것. Le Doux (2015).

230쪽: "세상에 대해 일관되고, 덕이 있고, 오류가 없는 관점" Brennan (2005, p. 71). 현자의 인식론적 무적과 파악표상kataleptic impression에 대한 "강한 동의"의 역할에 대해서는 앞의 문헌의 69 – 73쪽을 참조할 것.

230쪽: "윤리적이고 인식론적으로 우월한 존재" Brennan (2005, p. 73).

230쪽: "저 세상 천국" Seneca (2015, 59,16).

231쪽: 불만족스러운 소크라테스가 되는 것이 낫다. Mill (1979, Ch. 2).

231쪽: 인지행동치료. 현대 인지행동치료의 창시자인 앨버트 엘리스(1950년대)와 아론 벡(1960년대)은 모두 감정에 대한 스토아학파의 관점에 영향을 받았고, 스토아주의를 현대 인지치료의 시조로 보았다. 그들의 관점은 "합리정서정신치료"로 불렸다(Beck, 1975; Ellis, 1962). 스토아주의와 인지행동치료에 대한 현대적 관점에 대해서는 다음을 참조할 것. Robertson (2019).

232쪽: 이야기를 통한 스토아 명상은 그들의 말처럼 열정의 치료다. 스토아학파는 단지 탐색에 그치지 않고, 훈계에 관심을 가졌다. 대부분의 현대 정신치료자들은 종종 환자들이 그들을 찾아오게 하는 죄책감이나 고통을 쌓지 않으려고 한다. 정신분석에서의 자기이해와 도덕적 관점에 대한 논의는 다음을 참조할 것. Sherman (1995d).

233쪽: 여기에는 신경생물학적 및 의학적 근거가 있다. 베다 명상이 스트레스 감소에 효과가 있다는 오랜 경험에 바탕을 둔 과학적 근거가 있다. 다음을 참조할 것. Hartley, Mavrodaris, Flowers, Ernst, & Rees (2014), Walton, Schneider, & Nidich (2004). 군대에서 마음챙김, 외상 연구, 마음챙김 기반 신체 단련에 대해서는 다음을 참조할 것. Stanley (2019). 다양한 종류의 명상이 정신 상태, 과정, 기능에 끼치는 영향을 이해하려는 뇌영상 연구들이 상당히 많이 있다. 하지만 연구 용어들에는 아직 모호한 부분이 있으며, 실제로 연구에서 조사하고 측정하는 것과 명상가들이 다양한 전통에 기반해 오랜 기간 실천하고 있는 것 사이에는 아직 명확한 교차점이 없다. 이에 대한 좋은 개론으로 다음을 참조할 것. Dam NTV (2018).

233쪽: 샤미 세스. 2020년 5월 20일에 있었던 샤미 세스와의 인터뷰. 소개를 맡아 준 사이먼 드루에게 감사드린다.

234쪽: '삶의 기술' Von Arnim (1964, SVF 2.117; 1964, SVF 3.95 [Stobaeus Eclogae] 2.58).

235쪽: 『삶과 죽음에 대한 티베트 서』The Tibetan Book of Living and Dying』 Rinpoche (1992). See also Thurman (1984); Guenther (1989).

235쪽: '사심 없음' 혹은 '공' Thurman (1984, pp. 245 – 246).

235쪽: 동의하는 행위를 통해 신념과 감정을 형성한다. 마음 상태로서의 느낌과, 신념 및 감정에 대한 더 자세한 논의는 다음을 참조할 것. Brennan (2005, pp. 65 – 69).

236쪽: 도비 헤리온Dobbie Herrion. 2020년 1월 3일에 있었던 도비 헤리온과 밥 심버와의 줌 인터뷰. 소개를 맡아 준 사이먼 드루에게 감사드린다.

237쪽: 월터 미첼Walter Mischel의 유명한 '마시멜로 테스트' Mischel & Ebessen (1970). 이 실험은 스탠포드의 빙 너서리 학교에서 이루어졌다. 원래 실험은 프레첼 다섯 개를 즉각적 보상으로 주고, 지연된 보상으로는 5개의 프레첼에 더해서 쿠키 2개를 더 주는 것이었다. 행동 모드 시뮬레이션은, 글라우콘이 플라톤의 『국가』의 첫 번재 책(2.359dff)에서 얘기한 기게스의 반지를 떠올리게 한다. 손가락에 끼었을 때 투명인간이 되는 반지가 있다면, 정의로운 사람과 그렇지 않은 사람은 과연 다르게 행동할까? 글라우콘의 질문처럼, 보상과 제재가 강제되지 않고 관찰되지도 않는 상황에서 그들은 어떻게 행동할까?

238쪽: 더 오래 기다리는 아이일수록 나중에 어른이 되어서 더 우수한 학업 및 직업을 지니고. Mischel, Ayduk, et al. (2011), Murray (2016), Konnikova (2014), Healy (2018).

239쪽: 첫 번째 정신적 동요. Seneca (1995a, 2.4.2).

214쪽: 우리 스스로 적응적 존재가 되도록 해야 한다. 스토아적으로 충동과 감정을 유용하게 풀어 내는 것에 대해서는 다음을 참조할 것. Brennan (2005, p. 87).

239쪽: '시스템 1' Kahneman (2011, p. 21).

239쪽: '갑자기 눈 앞이 번쩍하는' Seneca (1995a, 2.2 – 4).

239쪽: 시스템 1이 어려움이 처하면. Kahneman (2011, p. 24).

Page 195

241쪽: 본받을 사람이 필요하다면, 소크라테스를 보라. Seneca (2015, 104.26 – 33; 98.17).

241쪽: 로마인들은 그보다 훨씬 더 많은 모범 사례를 가지고 있다. Cicero (1991, 3.47; 2001, 2.62), Mayer (2008, p. 302).

241쪽: 로마인들은 "도덕적 수행에서 더 주목할 만한 모범을 만든다" Quintilian (12.2.30).

242쪽: 만약 지혜를 전수받는 조건이 오직 자기만 간직한 채 누구에게도 드러내지 말아야 한다는 것이라면. Seneca (2015, p. 6).

242쪽: 폼페이우스나 칼리굴라. Seneca (2015, 4.6 – 7).

243쪽: "만약 그 일이 일어날 가능성이 있다면, 당장 오늘이라도 일어날 수 있다." Seneca (2015, 63.15).

243쪽: 미라이 학살My Lai Massacre. 나는 휴 톰슨과 1998년부터 2004년 사이에 여러 차례 인터뷰를 했고, 내 책에서 그의 이야기를 길게 쓰기도 했다. Sherman (2005b). 나는 경찰의 만행과, 경찰과 대치한 침묵 시위대의 슬품에 대해 생각하면서 톰슨의 경우를 떠올렸다. 이에 대해서는 다음을 참조할 것. Ackerman (2020).

247쪽: 그는 몇 년 전 베트남에 갔던 얘기를 들려줬다. 톰슨이 미라이 마을을 방문한 이야기에 대해서는 마이크 월러스가 톰슨과 60분 동안 진행한 인터뷰를 참조할 것. Anderson (1998). 빌튼의 중요한 탐사 저널리즘도 참조할 것. Bilton (1992), Angers (1999).

248쪽: 무고한 민간인을 구하는 것. Nussbaum (2015, 2016). 스토아주의와 복수에 대한 누스바움의 논의는 다음을 참조할 것. Nussbaum (2016, esp. pp. 35 – 38).

248쪽: 그는 그들의 속죄 없이는 그들을 용서할 준비도 되어 있지 않았다. 캘리는 2009년에야 처음으로 사죄했다. 휴 톰슨은 2006년 1월에 죽었다. 나는 『스토아 전사』(2005)을 출간하고 얼마 안 돼서 그의 죽음을 알게 되었다.

251쪽: 스토아주의자로서 우리가 더 존중하거나 기운을 내기 위해 더 많이 행하는 덕이 있는가? Seneca (1995b, 1.15.2).

251쪽: 마음은 작은 것을 높이 쌓고. Seneca (1995b, 1.6.2).

251쪽: 우리도 재능에 "가장 적합한" 연극을 선택해야 한다고. Cicero (2001, 1.114). 알맞은 행동에 중요한 제스처의 섬세함에 대해서는 위의 책 1.124 – 46을 참조할 것. 삶에서의 역할에 대한 키케로의 통찰력 있는 논의에 대해서는 다음을 참조할 것. Gill (1988).

252쪽: 선물은 훌륭했다. 하지만 상대가 그것을 주면서 머뭇거리고. Seneca (1995b, 1.6 – 7).

252쪽: 우리는 "침묵"하거나 (…) 거절한다. Seneca (1995b, 2.3).

252쪽: 우리는 눈빛, (…) 적합한 행동을 판단할 수 있다. Cicero (2001, 1.146).

252쪽: 감정 신호에 대한 이러한 견해는. Darwin (1872), Ekman (1982), Ekman & Friesen (1980), Goffman (1959). 감정 표현에 대한 철학적 연구에 대해서는 글레이저를 참조할 것. Glazer (2014, 2016, 2017).

252쪽: 한 손에서 다른 손으로 전해지는 일련의 친절함이 있다. Seneca (1995b, 1, 3.2).

253쪽: 캐치볼과 같다며. Seneca (1995b, 2.17.3 – 7).

253쪽: 발달심리학 연구. Emde, Gaensbauer, & Harmon (1976), Greenspan (1989), Stern (1985).

254쪽: 호의의 가장 좋은 부분이 빠진 채 호의를 가진다고 할 수는 없다. Seneca (1995b, 1.15.6).

254쪽: 태도에 의해 얼마나 크게 좌우되는지. Strawson (1993, p. 49).

254쪽: 태도에도 노력이 필요하다. 앨리 러셀 혹실드의 "감정 노동"에 대한 통찰력 있는 개념이 떠오를 수도 있다. Hochschild (1983). 하지만 그녀가 제시했던 개념은 원래 여성의 일과 관련한 것으로, 커다란 개인적 대가를 치르며 상업적 이익을 얻는 감정 노동에 대한 것이었다. 이러한 "피상적 행위"의 결과로 인한 스트레스와 불안은, 확실히 고대 스토아학파가 다루지 못하는 부분에 이의를 제기한다.

아홉 번째 수업

259쪽: 주인의 안전을 위해 자신의 안전을 아랑곳하지 않고 싸우는 사람의 모습을 떠올려 보라. Seneca (1995b, 3.19).

259쪽: "나를 저 사람에게 파시오. 그는 주인이 필요하오." Epictetus (1995, 4.1.119).

260쪽: 무소니우스 루푸스. Rufus (1947, Fragment 12).

260쪽: 스토아학파는 (…) 진부한 것으로 취급했다. M. Griffin, (1976, p. 257), Seneca (1995b, 3.28). 그리핀은 노예제도와 관련해서 세네카에 대해 전반적으로 조심스럽고 균형 잡힌 관점을 제시한다. 앞의 책 256 – 285쪽을 참조할 것.

260쪽: 정신의 평등은 평범한 일상의 사회적 평등과 다르다. 로마의 위계적 구조와 엘리트 중심 경제의 맥락에서 세네카의 인본주의적 언급에 대한 통찰력 있는 관점에 대해서는 다음을 참조할 것. Bradley (2008).

260쪽: "과중한 짐을 싣고 있는 가난한 당나귀" Epictetus (1995, 4.1.79 – 80).

262쪽: 지금은 대체로 그 정반대로 받아들이고 있다. Bradley (2008, p. 335), Finley (2017, p. 189).

262쪽: '현상 유지' M. Griffin (1976, pp. 256, 284). 네로 궁정의 세네카에 대한 미리엄 그리핀의 고전적 연구와, 1980년에 처음 발표된 모지스 핀리의 기념비적 연구(Finley, 2017)는 없어서는 안 될 저작이다. 브래들리의 연구는 사회적 맥락을 무시하는 것이 얼마나 해로운지 확실히 일깨워 주었다. Bradley (2008)

263쪽: '그들은 노예다.' Seneca (2015, 47.1).

263쪽: 우리는 같은 종자에서 태어났다. Seneca (2015, 47.10). 번역을 약간 다듬었다.

263쪽: 노예화된 자는 도구로 여긴다. Aristotle (1984b, 1253b32 – 54a9). 세네카는 노예화된 사람을 타고난 도구로 여기는 관점을 다음과 같이 반박한다. '직업은 우연히 정해지는 것이다. 성격은 자기 스스로 부여하는 것이다.' (Seneca, 2015, 47.15).

263쪽: 손님이 침 뱉고 토한 것을 치우며. Seneca (2015, 47.6 – 7).

264쪽: 요리사, 제빵사, 안마사. Bradley (2008, p. 346).

264쪽: 도망간 노예들의 행방을 강박적으로 쫓고. Finley (2017, p. 179).

265쪽: 아내가 조용해질 때. Seneca (2015, 122.15).

265쪽: 우리 모두는 두려움에 사로잡힌 노예다. Seneca (2015, 47.17).

265쪽: 옷이나 사회적 지위가 진정한 자유를 의미하지는 않는다. Seneca (2015, 47.16).

266쪽: 인간의 해방을 위한 순수한 모델은 아니더라도, 최근에는 식민주의와 인종의 계급에 대한 칸트의 관점에 관심이 모아지고 있다. 식민 지배와 노예화에 대한 칸트의 언급에 대해서는 다음을 참조할 것. Flikschuh (2014).

270쪽: "우리가 의지대로 할 수 있는 것이 있고, 그럴 수 없는 것이 있다." Epictetus (1983, 1.5).

270쪽: 스스로를 인류로부터 '따돌림' 시키는 것과 같다. Aurelius (2011, 8.34).

참고문헌

Ackerman, E. (2020, June 4). The Police Will Be Part of the Solution, Too. *New York Times.* Retrieved from https://www.nytimes.com/2020/06/04/opinion/police-violence-reform-protests.html.

Alter, A. (2016, December 6). Ryan Holiday Sells Stoicism as a Life Hack, Without Apology. *New York Times.* Retrieved from https://www.nytimes.com/2016/12/06/fashion/ryan-holiday-stoicism-american-apparel.html?smid=em-share.

Anderson, M., Barthel, M., Perrin, A., & Vogels, E. A. (2020, June 10). #BlackLivesMatter surges on Twitter after George Floyd's death. *Pew Research Center.* Retrieved from https://www.pewresearch.org/fact-tank/2020/06/10/blacklivesmatter-surges-on-twitter-after-george-floyds-death/.

Anderson, T. (1998). Back to My Lai. *60 Minutes* (M. Wallace). New York, NY.

Angers, T. (1999). *The Forgotten Hero of My Lai.* Lafayette, LA: Acadia House.

Annas, J. (1993). *The Morality of Happiness.* New York, NY: Oxford University Press.

Annas, J. (1995). Reply to Cooper. *Philosophy and Phenomenological Research, 55*(3), 599–610. doi:10.2307/2108441.

Aristotle. (1984a). Nicomachean Ethics (NE) (W. D. Ross & J. O. Urmson, Trans.). In J. Barnes (Ed.), *The Complete Works of Aristotle: The Revised Oxford Translation* (Vol. 2). Princeton, NJ: Princeton University Press.

Aristotle. (1984b). Politics. In J. Barnes (Ed.), *The Complete Works of Aristotle: The Revised Oxford Translation* (Vol. 2). Princeton, NJ: Princeton University Press.

Aristotle. (1984c). Rhetoric. In J. Barnes (Ed.), *The Complete Works of Aristotle: The Revised Oxford Translation* (Vol. 2). Princeton, NJ: Princeton University Press.

Aristotle. (1984d). *The Complete Works of Aristotle: The Revised Oxford Translation* (J. Barnes, Ed.). Princeton, NJ: Princeton University Press.

Associated Press. (1998, March 7). 3 Honored for Saving Lives at My Lai. *New York Times.* Retrieved from https://www.nytimes.com/1998/03/07/us/3-honored-for-saving-lives-at-my-lai.html.

Associated Press. (2018, September 27). Christine Blasey Ford Says She Is "One Hundred Percent" Certain Kavanaugh Assaulted Her. *New York Times.* Retrieved from https://www.nytimes.com/video/us/politics/100000006131149/sexual-assault-kavanaugh-ford.html.

Astor, M. (2019, February 26). How the Politically Unthinkable Can Become Mainstream. *New York Times.* Retrieved from https://www.nytimes.com/2019/02/26/us/politics/overton-window-democrats.html.

Aurelius, M. (2011). *Meditations* (R. Hard, Trans.). New York, NY: Oxford University Press.

Badura-Brack, A. S., Naim, R., Ryan, T. J., Levy, O., Abend, R., Khanna, M. M., . . . Bar-Haim, Y. (2015). Effect of Attention Training on Attention Bias Variability and PTSD Symptoms: Randomized Controlled Trials in Israeli and U.S. Combat Veterans. *The American Journal of Psychiatry, 172*(12), 1233–1241. doi:10.1176/appi.ajp.2015.14121578.

Baker, S. (2020, March 10). Fauci: We Can't Be Doing the Kinds of Things We Were Doing a Few Months

Ago. *Axios*. Retrieved from https://www.axios.com/anthony-fauci-coronavirus-risk-containment-1f8aca36-f190-4f4d-aa2e-4d69408fdd33.html.

Baltimore Sun Staff. (2019, February 28). Full transcript: Rep. Elijah Cummings' Closing Statements at Michael Cohen Hearing. *Baltimore Sun*. Retrieved from https://www.baltimoresun.com/politics/bs-md-cummings-transcript-20190228-story.html.

Barbaro, M. (2020a, April 4). Calling Dr. Fauci. *New York Times*, p. 2. Retrieved from https://www.nytimes.com/2020/04/03/podcasts/daily-newsletter-fauci-coronavirus.html?searchResultPosition=5.

Barbaro, M. (2020b, August 7). *Jack Dorsey on Twitter's Mistakes*. Retrieved from https://www.nytimes.com/2020/08/07/podcasts/the-daily/Jack-dorsey-twitter-trump.html.

Barbaro, M. (2020c). *The Daily*. Retrieved from https://www.nytimes.com/2020/08/10/podcasts/the-daily/cancel-culture.html?showTranscript=1.

Barbaro, M. (2020d, August 11). *The Daily*. Retrieved from https://www.nytimes.com/2020/08/11/podcasts/the-daily/cancel-culture.html.

Beck, A. (1975). *Cognitive Therapy and the Emotional Disorders*. Madison, CT: International Universities Press.

Benzinga, S. M. W. (2020, January 24). The Silicon Valley Stoic: A Glimpse into Jack Dorsey's Bizarre Morning Routine. *Yahoo Finance*. Retrieved from https://finance.yahoo.com/news/silicon-valley-stoic-glimpse-jack-163022397.html.

Bercovici, J. (2018, July 18). Silicon Valley's Latest Lifehack: Death. Retrieved from https://onezero.medium.com/game-over-bf20324ba420.

Bilton, M., & Sim, K. (1992). *Four Hours in My Lai*. New York, NY: Penguin.

Boelen, P. A., & Lenferink, L. I. M. (2019). Symptoms of Prolonged Grief, Posttraumatic Stress, and Depression in Recently Bereaved People: Symptom Profiles, Predictive Value, and Cognitive Behavioural Correlates. *Social Psychiatry and Psychiatric Epidemiology*, 55, 765–777. doi:https://doi.org/10.1007/s00127-019-01776-w.

Boissoneault, L. (2017, August 24). How the New York Stock Exchange Gave Abbie Hoffman His Start in Guerrilla Theater. *Smithsonian Magazine*. Retrieved from https://www.smithsonianmag.com/history/how-new-york-stock-exchange-gave-abbie-hoffman-his-start-guerrilla-theater-180964612/.

Bonanno, G. A. (2004). Loss, Trauma, and Human Resilience: Have We Underestimated the Human Capacity to Thrive after Extremely Aversive Events? *American Psychologist*, 50(1), 20–28.

Bowles, N. (2019, March 26). Why Is Silicon Valley So Obsessed with the Virtue of Suffering? *New York Times*. Retrieved from https://www.nytimes.com/2019/03/26/style/silicon-valley-stoics.html?smid=em-share.

Boxill, B. R. (1976). Self-Respect and Protest. *Philosophy & Public Affairs*, 6(1), 58–69.

Bradley, K. R. (2008). Seneca and Slavery. In J. Fitch (Ed.), *Seneca: Oxford Readings in Classical Studies* (pp. 335–347). New York, NY, and Oxford, UK: Oxford University Press.

Braun, L. (2019, May 12). Silicon Valley Billionaires Adopt Fasting as a Way of Life. *Toronto Sun*. Retrieved from https://torontosun.com/news/local-news/braun-silicon-valley-billionaires-adopt-fasting-as-a-way-of-life.

Brennan, T. (2000). Reservation in Stoic Ethics. *Archiv für Geschichte der Philosophie*, 82, 149–177.

Brennan, T. (2005). *The Stoic Life*. Oxford, UK: Oxford University Press.

C-Span (Producer). (2019, October 17). House Leadership Tributes to Representative Elijah Cummings.

Retrieved from https://www.c-span.org/video/?465290-5/house-leadership-tributes-representative-elijah-cummings.

Callard, A. (2018). *Aspiration*. New York, NY: Oxford University Press.

Carr, A., & McCracken, H. (2018, April 4). "Did We Create This Monster?" How Twitter Turned Toxic. *Fast Company*. Retrieved from https://www.fastcompany.com/40547818/did-we-create-this-monster-how-twitter-turned-toxic.

Caston, R. R. (2016). *Hope, Joy, and Affection in the Classical World*. New York, NY: Oxford University Press.

Chivers, C. J. (2018). *The Fighters: Americans in Combat in Afghanistan and Iraq*. New York, NY: Simon & Schuster.

Cicero. (1927). *Tusculan Disputations* (J. E. King, Trans. Vol. 8). Cambridge, MA, and London, UK: Harvard University Press.

Cicero. (1991). *On Duties* (E. M. Atkins, Trans.; M. T. Griffin, E. M. Atkins, Ed.). Cambridge, UK: Cambridge University Press.

Cicero. (2001). *On Moral Ends* (R. Woolf, Trans.; J. Annas, Ed.). Cambridge, UK: Cambridge University Press.

Cicero. (2002). *Cicero on the Emotions: Tusculan Disputations 3 and 4* (M. Graver, Ed.). Chicago, IL: University of Chicago Press.

Clapp, M., Aurora, N., Herrera, L., Bhatia, M., Wilen, E., & Wakefield, S. (2017). Gut Microbiota's Effect on Mental Health: The Gut-Brain Axis. *Clinics and Practice*, 7(4), 987– 987. doi:10.4081/cp.2017.987.

CNN Politics (Producer). (2019, February 27). Rep. Cummings Makes Fiery Speech in Defense of Democracy. Retrieved from https://www.cnn.com/videos/politics/2019/02/27/elijah-cummings-closing-michael-cohen-testimony-sot-vpx.cnn.

Coates, T.-N. (2014, June). The Case for Reparations. *The Atlantic*. Retrieved from https://www.theatlantic.com/magazine/archive/2014/06/the-case-for-reparations/361631/.

Cooper, J. M. (1995). Eudaimonism and the Appeal to Nature in the Morality of Happiness: Comments on Julia Annas, The Morality of Happiness. *Philosophy & Phenomenological Research*, 55(3), 587– 598.

Corasaniti, N. (2020, June 13). Cory Booker on Newark Pride, Black Lives Matter and "This Distraught Present." *New York Times*. Retrieved from https://www.nytimes.com/2020/06/13/us/politics/cory-booker-racism-black-lives-matter.html.

Cuccinello, H. C. (2020, April 15). Jack Dorsey, Bill Gates and at Least 75 Other Billionaires Donating to Pandemic Relief. *Forbes*. Retrieved from https://www.forbes.com/sites/hayleycuccinello/2020/04/15/jack-dorsey-bill-gates-and-at-least-75-other-billionaires-donating-to-pandemic-relief/?sh=4792c9cb21bd.

Dam NTV, v. V. M., Vago, D. R., Schmalzl, L., Saron, C. D., Olendzki, A., Meissner, T., Lazar, S. W., Kerr, C. E., Gorchov, J., et al. (2017). Mind the Hype: A Critical Evaluation and Prescriptive Agenda for Research on Mindfulness and Meditation. *Perspectives on Psychological Science*, 13(1), 36– 61.

Damschen, G. A. H. (Ed.). (2014). *Brill's Companion to Seneca: Philosopher and Dramatist*. Leiden, the Netherlands, and Boston, MA: Brill.

Darwin, C. (1872). *The Expression of the Emotions in Man and Animals*. London, United Kingdom: John Murray.

Deigh, J. (1994). Cognitivism in the Theory of Emotions. *Ethics: An International Journal of Social, Political, and Legal Philosophy*, 104(4), 824– 854.

Dowd, M. (2017, October 21). With . . . Susan Fowler. She's 26, and Brought Down Uber's C.E.O. What's

Next? *New York Times*. Retrieved from https://www.nytimes.com/2017/10/21/style/susan-fowler-uber. html?smid=em-share.

Dozier, C. (2017). White Supremacists Use Parthenon for Logo. Retrieved from https://pages.vassar.edu/pharos/2017/11/21/white-supremacists-use-parthenon-for-logo/.

Dozier, C. (2020a, June 3). *The Practical Stoic*. Retrieved from https://practicalstoicpodcast.podbean.com/e/prof-nancy-sherman-the-life-teachings-of-seneca/.

Dozier, C. (2020b, March 6). *The Practical Stoic*. Retrieved from https://www.simonjedrew.com/nancy-sherman-on-stoic-emotion-and-senecas-humanity/.

Dozier, C. (2020c). *The Practical Stoic*. Retrieved from https://podcasts.apple.com/us/podcast/the-practical-stoic-with-simon-j-e-drew/id1278694631.

Editorial Board. (2020, April 23). A Breath of Fresh Air. *New York Times*. Retrieved from https://www.nytimes.com/2020/04/23/opinion/coronavirus-fresh-air-fund.html?searchResultPosition=2.

Edwards, C. (2017). Seneca and the Quest for Glory in Nero's Golden Age. In S. Bartsch, K. Freudenburg, and C. Littlewood (Ed.), *The Cambridge Companion to the Age of Nero* (pp. 164–176). Cambridge: Cambridge University Press.

Egan, E. (2020, January 2). Writing a Book Is a Solitary Endeavor: Publishing One Is a Group Effort. *New York Times*. Retrieved from https://www.nytimes.com/2020/01/02/books/review/inside-the-list-the-making-of-a-bestseller.html.

Ekman, P. (1982). *Emotion in the Human Face* (2nd ed.). Cambridge, UK; New York, NY; Paris, France: Cambridge University Press; Editions de la Maison des Sciences de l'Homme.

Ekman, P., & Friesen, W. (1980). Relative Importance of Face, Body, and Speech in Judgments of Personality and Affect. *Journal of Personality and Social Psychology*, *38*(2), 270–277.

Ellis, A. (1962). *Reason and Emotion in Psychotherapy*. Oxford, UK: Lyle Stuart.

Emde, R., Gaensbauer, T. J., & Harmon, R. J. (1976). Emotional Expression in Infancy: A Biobehavioral Study. *Psychological Issues*, *10*(1).

Epictetus. (1925). *The Discourses as Reported by Arrian, The Manual, and Fragments* (W. A. Oldfather, Trans.). Cambridge, MA, and London, UK: Harvard University Press.

Epictetus. (1983). *Handbook of Epictetus* (N. White, Trans.). Indianapolis, IN: Hackett.

Epictetus. (1995). *The Discourses* (R. Hard, Trans.; C. Gill, Ed.). London, UK: Everyman.

Epictetus. (2018). *How to Be Free: An Ancient Guide to Stoic Life. Encheiridion and Selections from Discourses* (A. A. Long, Trans.). Princeton, NJ: Princeton University Press.

Equestrian Statue of Marcus Aurelius. Retrieved from https://art.thewalters.org/detail/20970/equestrian-statue-of-marcus-aurelius/.

Erasmus. (1501/1905). *The Manual of a Christian Knight* (A Book Called in Latin Enchiridion Militis Christiani and in English the Manual of the Christian Knight Replenished with Most Wholesome Precepts Made by the Famous Clerk Erasmus of Rotterdam to the which is Added a New and Marvellous Profitable Preface ed.). London: Methuen.

Ferriss, T. (2017, April). *Why You Should Define Your Fears Instead of Your Goals* [Video]. TED Conferences. https://www.ted.com/talks/tim_ferriss_why_you_should_define_your_fears_instead_of_your_goals.

Finley, M. I. (2017). *Ancient Slavery and Modern Ideology* (Expanded Edition, Brent Shaw, Ed.). New York, NY: Marcus Weiner Publications.

Fitch, J., Trans. (1987). *Seneca, Hercules Furens: A Critical Text with Introduction and Commentary*. Ithaca,

NY: Cornell University Press.

Fleming, J., & Ledogar, R. J. (2008). Resilience, an Evolving Concept: A Review of Literature Relevant to Aboriginal Research. *Pimatisiwin*, *6*(2), 7–23.

Flikschuh, K., & Ypi, L. (Eds.). (2014). *Kant and Colonialism: Historical and Critical Perspectives*. New York, NY, and Oxford, UK: Oxford University Press.

Ford Cites Hippocampus in Recollection of Alleged Assault. (2018). In: ABC News. Retrieved from https://abcnews.go.com/Politics/video/ford-cites-hippocampus-recollection-alleged-assault-58123603.

Fowler, S. (2017). Reflecting on One Very, Very Strange Year at Uber. Retrieved from https://www.susanjfowler.com/blog/2017/2/19/reflecting-on-one-very-strange-year-at-uber.

Frede, M. (1987). Stoics and Skeptics on Clear and Distinct Impressions. In *Essays in Ancient Philosophy* (pp. 151–176). Minneapolis: University of Minnesota Press.

Fricker, M. (2007). *Epistemic Injustice: Power and the Ethics of Knowing*. New York, NY: Oxford University Press.

Frijda, N. H. (1986). *The Emotions*. Cambridge, UK: Cambridge University Press.

Frijda, N. H. (1987). Emotion, Cognitive Structure, and Action Tendency. *Cognition and Emotion*, *1*(2), 115–143. doi:10.1080/02699938708408043.

Gafni, M., & Garofoli, J. (2020, March 31). Captain of Aircraft Carrier with Growing Coronavirus Outbreak Pleads for Help from Navy. *San Francisco Chronicle*. Retrieved from https://www.sfchronicle.com/bayarea/article/Exclusive-Captain-of-aircraft-carrier-with-15167883.php#.

Garfield, L. (2016, October 9). The Founder of Bulletproof Coffee Plans to Live to be 180 Years Old—Here's His Daily Routine. *Business Insider*. Retrieved from https://www.businessinsider.com/dave-asprey-bulletproof-coffee-routine-2016-10#:~:text=The%20founder%20of%20Bulletproof%20Coffee,old%20%E2%80%94%20here's%20his%20daily%20routine&text=Dave%20Asprey%20wants%20to%20cheat,for%20a%20very%20long%20time.

Garland, C. (2020, April 6). In Speech to USS Roosevelt Crew, Modly Calls Fired Captain Either "Stupid" or Knowingly Negligent. *Stars and Stripes*. Retrieved from https://www.stripes.com/news/in-speech-to-uss-roosevelt-crew-modly-calls-fired-captain-either-stupid-or-knowingly-negligent-1.625061.

Garnsey, Peter. (1996). *Ideas of Slavery from Aristotle to Augustine*. Cambridge, UK: Cambridge University Press.

Gellius, A. (1927). *The Attic Nights* (J. C. Rolfe, Trans.). Cambridge, MA, and London, UK: Loeb Classical Editions.

Gill, C. (1988). Personhood and Personality: The Four Personae Theory in Cicero, De Officiis I. *Oxford Studies in Ancient Philosophy*, *6*, 169–199.

Gill, C. (2016). Positive Emotions: Are They Enough? In R. Caston & R. Kaster (Ed.), *Hope, Joy, and Affection in the Classical World*. New York: Oxford University Press.

Gill, C. (2019). *Stoic & Modern Ethics*. Unpublished

Glazer, T. (2014). Can Emotions Communicate? *Thought: A Journal of Philosophy*, *3*(3), 234–242.

Glazer, T. (2016). Looking Angry and Sounding Sad: The Perceptual Analysis of Emotional Expression. *Synthese*, *194*(9), 1–25.

Glazer, T. (2019). Epistemic Violence and Emotional Misperception. *Hypatia*, *34*(1), 59–65.

Goffman, E. (1959). *The Presentation of Self in Everyday Life*. New York, NY: Anchor Random House.

Goldhill, O. (2016, December 17). Silicon Valley Tech Workers Are Using an Ancient Philosophy Designed for

Greek Slaves as a Life Hack. *Quartz.* Retrieved from https://qz.com/866030/stoicism-silicon-valley-tech-workers-are-reading-ryan-holiday-to-use-an-ancient-philosophy-as-a-life-hack/.

Grahn-Wilder, Malin. (2018). *Gender and Sexuality in Stoic Philosophy.* Cham, Switzerland: Palgrave Macmillan.

Graver, M. (1999). Philo of Alexandria and the Origins of the Stoic "propatheiai". *Phronesis: A Journal of Ancient Philosophy, 44*(4), 300–325.

Graver, M. (2007). *Stoicism and Emotion.* Chicago: University of Chicago Press.

Graver, M. (2017). Epictetus. *The Stanford Encyclopedia of Philosophy.* https://plato.stanford.edu/entries/epictetus/.

Greenspan, S. I. (1989). *The Development of the Ego: Implications for Personality Theory, Psychopathology, and the Psychotherapeutic Process.* Madison, CT: International Universities Press.

Griffin, B., Cornish, M., Maguen, S., & Worthington, E. L., Jr. (2021). Forgiveness as a Mechanism of Repair Following Military-Related Moral Injury. In J. Currier, K. Drescher, & J. Nieuwsma (Ed.), *Addressing Moral Injury in Clinical Practice* (pp. 71–86). Washington, DC: APA Publishing.

Griffin, B., Worthington, E., Davis, D., Hook, J., & Maguen, S. (2018). Development of the Self-Forgiveness Dual-Process Scale. *Journal of Counseling Psychology, 65*(6), 715–726.

Griffin, M. (1976). *Seneca: A Philosopher in Politics.* Oxford: Oxford University Press.

Griffin, M. (1986a). Philosophy, Cato, and Roman Suicide: I. *Greece & Rome, 33*(1), 64–77.

Griffin, M. (1986b). Philosophy, Cato, and Roman Suicide: II. *Greece & Rome, 33*(2), 199–202.

Guenther, H. (1989). *Tibetan Buddhism in Western Perspective.* Berkeley, CA: Dharma Publishing.

Hartley, L., Mavrodaris, A., Flowers, N., Ernst, E., & Rees, K. (2014). Transcendental Meditation for the Primary Prevention of Cardiovascular Disease. *Cochrane Database of Systematic Reviews* (12), Cd010359. doi:10.1002/14651858.CD010359.pub2.

Healy, M. (2018, June 26). The Surprising Thing the "Marshmallow Test" Reveals about Kids in an Instant-Gratification World. *Los Angeles Times.* Retrieved from https://www.latimes.com/science/sciencenow/la-sci-sn-marshmallow-test-kids-20180626-story.html.

Hendriks, L., de Kleine, R. A., Broekman, T. G., Hendriks, G.-J., & van Minnen, A. (2018). Intensive Prolonged Exposure Therapy for Chronic PTSD Patients Following Multiple Trauma and Multiple Treatment Attempts. *European Journal of Psychotraumatology, 9*(1), doi:10.1080/20008198.2018.1425574.

Hill, E., Tiefenthäler, A., Triebert, C., Jordan, D., Willis, H., & Stein, R. (2020, May 31). How George Floyd Was Killed in Police Custody. *New York Times.* Retrieved from https://www.nytimes.com/2020/05/31/us/george-floyd-investigation.html.

Hochschild, A. R. (1983). *The Managed Heart: Commercialization of Human Feeling.* Berkeley: University of California Press.

Holiday, R. Stoicism in the Military: An Interview with Professor Nancy Sherman. Retrieved from https://dailystoic.com/nancy-sherman/.

Homer. (1999). *The Iliad* (R. Fagles, Trans.). New York, NY: Penguin.

Hume, D. (1968). *A Treatise of Human Nature.* London, UK: Oxford University Press.

Inwood, B. (1985). *Ethics and Human Action in Early Stoicism.* Oxford, UK: Oxford University Press.

Inwood, B. (1986). Goal and Target in Stoicism. *Journal of Philosophy, 83*(10), 547–556.

Inwood, B. (1999). Stoic Ethics. In K. Alglra, J. Barnes, J. Mansfeld, & M. Schofield (Eds.), *The Cambridge History of Hellenistic Philosophy* (pp. 675–705). New York, NY: Cambridge University Press.

Ismay, J. (2020, April 5). Navy Captain Removed from Carrier Tests Positive for Covid-19. *New York Times Magazine*. Retrieved from https://www.nytimes.com/2020/04/05/magazine/navy-captain-crozier-positive-coronavirus.html.

Jewett, C., & Szabo, L. (2020, April 15). Coronavirus Is Killing Far More US Health Workers Than Official Data Suggests. *The Guardian*. Retrieved from https://www.theguardian.com/us-news/2020/apr/15/coronavirus-us-health-care-worker-death-toll-higher-official-data-suggests.

Kahneman, D. (2011). *Thinking, Fast and Slow* (1st ed.). New York, NY: Farrar, Straus and Giroux.

Kant, I. (1964). *The Doctrine of Virtue, Part II of the Metaphysics of Morals* (M. J. Gregor, Trans.). Philadelphia: University of Pennsylvania Press.

Kant, I. (1974). *Anthropology from a Pragmatic Point of View* (M. J. Gregor, Trans.). The Hague, NL: Nijoff.

Kavanaugh Challenges Notion That He Was "Belligerent" While Drinking. (2018). In *PBS NewsHour*: PBS.

King, C. (2011). *Musonius Rufus*: William Irvine at CreateSpace.com. Retrieved from https://www.youtube.com/watch?v= qsVtXJtl7lw&ref=hvper.com&utm_ source=hvper.com&utm_ medium=website.

King, N., Kwong, M., Westerman, A., & Doubek, J. (2020, June 3). How a Mother Protects Her Black Teenage Son from the World. *NPR*. Retrieved from https://www.npr.org/2020/06/03/868173915/how-a-mother-protects-her-black-teenage-son-from-the-world.

Klein, J. (2015). Making Sense of Stoic Indifferents. *Oxford Studies in Ancient Philosophy*, *49*, 227– 281.

Klein, J. (2016). The Stoic Argument from *Oikeiosis*. *Oxford Studies in Ancient Philosophy*, *50*, 143– 199. doi:10.1093/acprof:oso/9780198778226.001.0001.

Klein, M. (1984). *Envy and Gratitude and Other Works: 1946– 1963*. New York, NY: Free Press.

Konnikova, M. (2014, October 9). The Struggles of a Psychologist Studying Self-Control. *The New Yorker*. Retrieved from https://www.newyorker.com/science/maria-konnikova/struggles-psychologist-studying-self-control.

Konnikova, M. (2016, February 11). How People Learn to Become Resilient. *The New Yorker*. Retrieved from https://www.newyorker.com/science/maria-konnikova/the-secret-formula-for-resilience.

Laertius, D. (1925). *Lives of Eminent Philosophers* (R. D. Hicks, Trans., Vol. 2). London, UK, and Cambridge, MA: Harvard University Press.

Laertius, D. (1970). *Lives of Eminent Philosophers* (Vol. 2). Cambridge, MA: Loeb Classical Library, Harvard University Press.

Lamas, D. J. (2020, April 3). Who Gets a Ventilator? *New York Times*, p. 27. Retrieved from https://www.nytimes.com/2020/04/02/opinion/coronavirus-ventilator-shortage.html.

Lazarov, A., Suarez-Jimenez, B., Abend, R., Naim, R., Shvil, E., Helpman, L., . . . Neria, Y. (2019). Bias-Contingent Attention Bias Modification and Attention Control Training in Treatment of PTSD: A Randomized Control Trial. *Psychological Medicine*, *49*(14), 2432– 2440. doi:10.1017/S0033291718003367.

LeDoux, J. (1996). *The Emotional Brain*. New York, NY: Simon & Schuster.

Le Doux, J. (2015). *Anxious: Using the Brain to Understand and Treat Fear and Anxiety*. New York, NY: Viking.

Lewis, J. (2020, July 30). Together, You Can Redeem the Soul of Our Nation. *New York Times*. Retrieved from https://www.nytimes.com/2020/07/30/opinion/john-lewis-civil-rights-america.html.

Life hack. (2020). In *Wikipedia*. https://en.wikipedia.org/wiki/Life_ hack.

Lipton, E., Sanger, D. E., Haberman, M., Shear, M. D., Mazzetti, M., & Barnes, J. E. (2020, April 11). He

Could Have Seen What Was Coming: Behind Trump's Failure on the Virus. *New York Times*. Retrieved from https://www.nytimes.com/2020/04/11/us/politics/coronavirus-trump-response.html.

Litz, B., Lebowitz, L., Gray, M. J., & Nash, W. (2016). *Adaptive Disclosure: A New Treatment for Military Trauma, Loss, and Moral Injury*. New York, NY, and London, UK: Guilford Press.

Litz, B., Stein, N., Delaney, E., Lebowitz, L., Nash, W. P., et al. (2009). Moral Injury and Moral Repair in War Veterans: A Preliminary Model and Intervention Strategy. *Clinical Psychology Review*, 29(8), 695–706.

Long, A. A. (1968). Aristotle's Legacy to Stoic Ethics. *Bulletin of the Institute of Classical Studies*, 15, 72–85.

Long, A. A. (1999). The Socratic Legacy. In K. Algra, J. Barns, J. Mansfeld, & M. Schofield (Ed.), *The Cambridge History of Hellenistic Philosophy* (pp. 617–641). Cambridge: Cambridge University Press.

Long, A. A. (2002). *Epictetus: A Stoic and Socratic Guide to Life*. Oxford, UK: Oxford University Press.

Long, A. A., & Sedley, D. N (1987a). *The Hellenistic Philosophers* (Vol. 2). Cambridge, UK: Cambridge University Press.

Long, A. A., & Sedley, D. N. (1987b). *The Hellenistic Philosophers* (Vol. 1: Translations of the Principal Sources with Philosophical Commentary). Cambridge, UK: Cambridge University Press.

Luna, T., St. John, P., Wigglesworth, A., Lin II, R.-G., & Shalby, C. (2020, March 20). L.A. County Confirms 61 New Coronavirus Cases, Says Median Age among All Patients Is 47. *Los Angeles Times*. Retrieved from https://www.latimes.com/california/story/2020-03-19/gavin-newsom-california-1-billion-federal-aid-coronavirus.

Maguen, S., & Litz, B. (2012, January 13). Moral Injury at War. Retrieved from http://www.ptsd.va.gov/professional/pages/moral_ injury_ at_ war.asp.

Margolis, R. (2019, April 17). Why Are Silicon Valley Billionaires Starving Themselves? *The Week*. Retrieved from https://theweek. com/articles/835226/why-are-silicon-valley-billionaires-starving-themselves.

Martin, S. (2020, July 9). Carl Reiner, Perfect. *New York Times*. Retrieved from https://www.nytimes.com/2020/07/09/movies/steve-martin-carl-reiner.html.

Maslin Nir, S. (2020, June 14). How 2 Lives Collided in Central Park, Rattling the Nation. *New York Times*. Retrieved from https://www.nytimes.com/2020/06/14/nyregion/central-park-amy-cooper-christian-racism.html.

Mayer, R. G. (2008). Roman Historical Exempla in Seneca. In J. Fitch (Ed.), *Seneca: Oxford Readings in Classical Studies* (pp. 299–315). New York, NY, and Oxford, UK: Oxford University Press.

Mill, J. S. (1979). *Utilitarianism*. Indianapolis, IN: Hackett.

Minuchin, S. (1974). *Families and Family Therapy*. Cambridge, MA: Harvard University Press.

Mischel, W., Ayduk, O., et al. (2011). "Willpower" over the Life Span: Decomposing Self-Regulation. *Social Cognitive and Affective Neuroscience*, 6(2), 252–256.

Mischel, W., & Ebessen, E. B. (1970). Attention in Delay of Gratification. *Journal of Personality and Social Psychology*, 16(2), 329–337.

Montaigne. (1957/1595). *Essays* (D. Frame, Trans.). Stanford, CA: Stanford University Press.

Montgomery, H. C. (1936). Washington the Stoic. *The Classical Journal*, 31(6), 371–373.

Murray, J., Theakston, A., & Wells, A. (2016). Can the Attention Training Technique Turn One Marshmallow into Two? Improving Children's Ability to Delay Gratification. *Behavior Research and Therapy*, 77, 34–39.

Nauta, B. (2019). Hoe gaan we de kinderen eruit halen? Aart van Oosten— brandweerman. In B. Nauta, H. Te Brake, & I. Raajimakers (Ed.), *Dat ene Dilemma: Persoonlijke verhalen over morel keuzes op de werkvloer* (pp. 31–39). Amsterdam: Amsterdam University Press with ARQ National Pyschotrauma Centrum.

New York Times. (2018, September 30). Chad Ludington's Statement on Kavanaugh's Drinking and Senate Testimony. *New York Times*. Retrieved from https://www.nytimes.com/2018/09/30/us/politics/chad-ludington-statement-brett-kavanaugh.html.

Nussbaum, M. C. (1986). *The Fragility of Goodness: Luck and Ethics in Greek Tragedy and Philosophy*. Cambridge and New York: Cambridge University Press.

Nussbaum, M. C. (2001). *Upheavals of Thought: The Intelligence of Emotions*. Cambridge, UK: Cambridge University Press.

Nussbaum, M. C. (2002). The Incomplete Feminism of Musonius Rufus, Platonist, Stoic, and Roman. In M. C. Nussbaum & J. Sihvola (Ed.), *The Sleep of Reason* (pp. 283–326). Chicago, IL, and London, UK: University of Chicago Press.

Nussbaum, M. C. (2011). *Creating Capabilities: The Human Development Approach*. Cambridge, MA: Harvard University Press.

Nussbaum, M. C. (2015). Transitional Anger. *Journal of the American Philosophical Association*, *1*(01), 41–56. doi:10.1017/apa.2014.19.

Nussbaum, M. C. (2016). *Anger and Forgiveness: Resentment, Generosity, Justice*. New York: Oxford University Press.

Nussbaum, M. C., & Cohen, J. (Eds.). (1996/2002). *For Love of Country*. Boston: Beacon Press.

Oatley, K. (1992). *Best Laid Schemes: The Psychology of Emotions*. New York, NY: Cambridge University Press.

Ortony, A., G. L. Clore, & A. Collins. (1988). *The Cognitive Structure of Emotions*. New York, NY: Cambridge University Press.

Ozuah, P. O. (2020, June 9). I Fought Two Plagues and Only Beat One. *New York Times*. Retrieved from https://www.nytimes.com/2020/06/09/opinion/coronavirus-racism-montefiore-medicine.html.

Packard, V. (1957). *The Hidden Persuaders*. New York, NY: D. McKay.

Parker, C. (1896). Musonius the Etruscan. *Harvard Studies in Classical Philology*, *7*, 123–137.

Philipps, D. (2019, December 27). Anguish and Anger from the Navy SEALs Who Turned in Edward Gallagher. *New York Times*. Retrieved from https://www.nytimes.com/2019/12/27/us/navy-seals-edward-gallagher-video.html.

Philo. (1953). *Questions and Answers on Genesis* (R. Marcus, Trans.). Cambridge, MA, and London, UK: Loeb Classical Library.

Plato. (1978). Apology (G. M. A. Grube, Trans.). In *The Trial and Death of Socrates*. Indianapolis, IN: Hackett.

Plato. (1989). *Symposium*. Indianapolis, IN: Hackett.

Plato. (1997a). *Complete Works*. Indianapolis, IN: Hackett.

Plato. (1997b). Phaedo (G. M. A. Grube, Trans.). In J. M. Cooper & D. S. Hutchinson (Eds.), *Complete Works*. Indianapolis, IN: Hackett.

Plutarch. (1976). *De Stoicorum repugnantiis*. In *Moralia* (H. Cherniss, Trans., Vol. 13, Part 2). Cambridge, MA: Harvard University Press.

Plutarch. (2000). *Moralia: On the Control of Anger* (W. C. Hembold, Trans., Vol. 1). Cambridge, MA: Harvard University Press.

Purcell, N., Burkman, K., Keyser, J., Fucella, P., & Maguen, S. (2018). Healing from Moral Injury: A Qualitative Evaluation of the Impact of Killing Treatment for Combat Veterans. *Journal of Aggression, Maltreatment & Trauma*, *27*(6), 645–673.

Quintilian. Institutio oratoria. Retrieved from https://ryanfb.github.io/loebolus-data/L124N.pdf.

Raymond, E. (1991). *The Hacker's Dictionary*. Cambridge, MA: MIT Press.

Recode Staff. (2017, September 12). CEO Geoff Woo Answers Biohacking Questions on Too Embarrassed to Ask. *Vox*. Retrieved from https://www.vox.com/2017/9/12/16296408/transcript-hvmn-ceo-geoff-woo-answers-biohacking-questions-too-embarrassed-to-ask.

Reivich, K., & Shatte, A. (2002). *The Resilience Factor*. New York, NY: Broadway Books.

Richards, D., & Feloni, R. (2017, November 18). "The 4-Hour Workweek" Author Tim Ferriss Reveals What He's Learned after a Difficult Year of Introspection, and How He Built a Passionate Fanbase of Millions. *Business Insider*. Retrieved from https://onezero.medium.com/game-over-bf20324ba420.

Rinpoche, S. (1992). *The Tibetan Book of Living and Dying*. San Francisco, CA: Harper Collins.

Rist, J. (1983). Zeno and Stoic Consistency. In J. P. Anton, & A. Preus (Ed.), *Essays in Ancient Greek Philosophy* (Vol. 2, pp. 465–476). Binghamton, NY: SUNY Press.

Roberts, R. (2009). Emotions and the Canons of Evaluation. In P. Goldie (Ed.), *The Oxford Handbook of Philosophy of Emotion*. Oxford, UK: Oxford University Press.

Robertson, D. (2017, November 5). Did Stoicism Condemn Slavery? Retrieved from https://donaldrobertson.name/2017/11/05/did-stoicism-condemn-slavery/.

Robertson, D. J. The Stoicism of Thomas Jefferson. *Medium*. Retrieved from https://medium.com/stoicism-philosophy-as-a-way-of-life/the-stoicism-of-thomas-jefferson-e9266ebcf558.

Robertson, D. J. (2019). *How to Think like a Roman Emperor: The Stoic Philosophy of Marcus Aurelius*. New York, NY: St. Martin's Press.

Rosenberg, J. (2020, January/February). Why Silicon Valley Fell in Love with an Ancient Philosophy of Austerity. *Mother Jones*. Retrieved from https://www.motherjones.com/media/2020/01/silicon-valley-stoicism-holiday/.

Rufus, M. (1947). *Musonius Rufus, The Roman Socrates* (C. Lutz, Trans.). Retrieved from https://philocyclevl.files.wordpress.com/2016/09/yale-classical-studies-10-cora-e-lutz-ed-musonius-rufus_-the-roman-socrates-yale-university-press-1947.pdf.

Sanger, D. E., Lipton, E., Sullivan, E., & Crowley, M. (2020, March 19). Before Virus Outbreak, a Cascade of Warnings Went Unheeded. *New York Times*, p. 1. Retrieved from https://www.nytimes.com/2020/03/19/us/politics/trump-coronavirus-outbreak.html.

Schaefer, D. L. (2001). Montaigne and the Classical Tradition. *International Journal of the Classical Tradition*, 8(2), 179–194.

Schein, M. (2019, January 17). Tim Ferriss Is Everything That's Wrong with the Modern World (and Why You Should Follow His Lead). *Forbes*. Retrieved from https://www.forbes.com/sites/michaelschein/2019/01/17/tim-ferriss-is-everything-thats-wrong-with-the-modern-world-and-why-you-should-follow-his-lead/#19026ad93f3d.

Scherer, K. R. (2005). What Are Emotions? And How Can They Be Measured? *Social Science Information*, 44, 695–729. doi:10.1177/0539018405058216.

Schleifer, T. (2020, June 11). Inside Jack Dorsey's Radical Experiment for Billionaires to Give Away Their Money. *Vox*. Retrieved from https://www.vox.com/recode/2020/6/11/21287395/jack-dorsey-start-small-billionaire-philanthropy-coronavirus-twitter-square-kaepernick-rihanna.

Schneewind, J. B. (1990). *Moral Philosophy from Montaigne to Kant* (Vol. 1). New York, NY: Cambridge University Press.

Schofield, M. (1999a). Social and Political Thought. In K. Alglra, J. Barnes, J. Mansfeld, & M. Schofield (Eds.), *The Cambridge History of Hellenistic Philosophy* (pp. 739– 770). New York, NY: Cambridge University Press.

Schofield, M. (1999b). *The Stoic Idea of the City*. Chicago, IL: University of Chicago Press.

Seneca. (1932a). On the Shortness of Life. In J. W. Basore (Ed.), *Moral Essays*. Cambridge, MA, and London, UK: Loeb Classical Library, Harvard University Press.

Seneca. (1932b). On Tranquility of Mind (J. W. Basore, Trans.). In *Moral Essays* (Vol. 2). Cambridge, MA, and London, UK: Harvard University Press.

Seneca. (1935). On Leisure (J. W. Basore, Trans.). In *Moral Essays*. Cambridge, MA, and London, UK: Harvard University Press.

Seneca. (1985). *On Mercy* (J. W. Basore, Ed., Vol. 1). Cambridge, MA: Harvard University Press.

Seneca. (1995a). On Anger (J. M. Cooper & J. F. Procope, Trans.). In *Moral and Political Essays*. New York, NY: Cambridge University Press.

Seneca. (1995b). On Favours (J. M. Cooper & J. F. Procopé, Trans.). In *Moral and Political Essays*. New York, NY: Cambridge University Press.

Seneca. (2010). Hercules Furens. In E. Wilson (Ed.), *Seneca: Six Tragedies*. Oxford, UK, and New York, NY: Oxford University Press.

Seneca. (2015). *Letters on Ethics to Lucilius* (M. Graver & A. A. Long, Trans.). Chicago, IL, and London, UK: University of Chicago Press.

Sherman, N. (1989). *The Fabric of Character: Aristotle's Theory of Virtue*. Oxford, UK: Oxford University Press.

Sherman, N. (1990). The Place of Emotions in Kantian Morality. In O. Flanagan & A. O. Rorty (Eds.), *Character, Psychology and Morality* (pp. 158– 170): Cambridge, MA: MIT Press.

Sherman, N. (1992). Hamartia and Virtue. In A. O. Rorty (Ed.), *Essays on Aristotle's Poetics* (pp. 177– 196). Princeton, NJ: Princeton University Press.

Sherman, N. (1995a). Ancient Conceptions of Happiness. *Philosophy and Phenomenological Research, 55*(4), 913– 919. doi:10.2307/2108341.

Sherman, N. (1995b). *Kant on Sentimentalism and Stoic Apathy*. Paper presented at the Proceedings of the Eighth International Kant Congress.

Sherman, N. (1995c). Reason and Feeling in Kantian Morality, discussion review of Paul Guyer, Kant and the Experience of Freedom. *Philosophy and Phenomenological Research, 55*(2), 369– 377.

Sherman, N. (1995d). The Moral Perspective and the Psychoanalytic Quest. *The Journal of the American Academy of Psychoanalysis, 23*(2), 223– 241.

Sherman, N. (1997a). Kantian Virtue: Priggish or Passional? In A. Reaths, B. Herman, and C. Korsgaard (Ed.), *Reclaiming the History of Ethics: Essays for John Rawls* (pp. 270– 296). Cambridge, UK: Cambridge University Press.

Sherman, N. (1997b). *Making a Necessity of Virtue: Aristotle and Kant on Virtue*. New York, NY: Cambridge University Press.

Sherman, N. (1998). Concrete Kantian Respect. *Social Philosophy and Policy, 15*(1), 119– 148.

Sherman, N. (2005a). Stoic Warriors: On Modern Soldiers and Ancient Wisdom. *TPM: The Philosopher's Magazine, 32*, 34– 38.

Sherman, N. (2005b). *Stoic Warriors: The Ancient Philosophy behind the Military Mind*. New York, NY:

Oxford University Press.

Sherman, N. (2010). *The Untold War: Inside the Hearts, Minds, and Souls of Our Soldiers*. New York, NY: W. W. Norton & Company.

Sherman, N. (2011). War and the Moral Logic of Survivor Guilt. *New York Times*. Retrieved from https://opinionator.blogs.nytimes.com/2011/07/03/war-and-the-moral-logic-of-survivor-guilt/.

Sherman, N. (2015a). *Afterwar: Healing the Moral Injuries of Our Soldiers*. New York, NY: Oxford University Press.

Sherman, N. (2015b). Afterwar: Healing the Moral Wounds of Our Soldiers. Retrieved from https://www.youtube.com/watch?reload=9&v=PhYmCFgwfmM&feature=youtu.be.

Sherman, N. (2018). Dancers and Soldiers Sharing the Dance Floor: Emotional Expression in Dance. In J. McMahon (Ed.), *Social Aesthetics and Moral Judgment: Pleasure, Reflection and Accountability* (pp. 121–138). London, UK: Routledge.

Sherman, N. (2021). Trenches, Cadences, and Faces: Social Connection and Emotional Expression in the Great War and After. In A. L. LaCroix, J. S. Masur, M. C. Nussbaum & L. Weinrib (Ed.), *Cannons and Codes: War, Literature, and America's Wars* (p. 1). New York, NY: Oxford University Press.

Sherman, N., & White, H. (2007). Intellectual Virtue: Emotions, Luck, and the Ancients. In M. DePaul & L. Zagzebski (Ed.), *Intellectual Virtue: Perspectives from Ethics and Epistemology* (pp. 34–54). Oxford and New York: Oxford University Press.

Smith, A. (2000). *The Theory of Moral Sentiments*. New York, NY: Prometheus.

Sorabji, R. (2000). *Emotion and Peace of Mind: From Stoic Agitation to Christian Temptation*. Oxford, UK, and New York, NY: Oxford University Press.

Stanley, E. A. (2019). *Widen the Window*. New York, NY: Avery, Penguin.

Stanton, G. R. (1968). The Cosmopolitan Ideas of Epictetus and Marcus Aurelius. *Phronesis: A Journal of Ancient Philosophy*, *13*(2), 183–195.

Stern, D. (1985). *The Interpersonal World of the Infant*. New York, NY: Basic.

Stobaeus, A. D. (1999). *Epitome of Stoic Ethics (Eclogae)* (A. Pomeroy, Trans. and Ed.). Atlanta, GA: Society of Bibical Literature.

Stockdale, J. B. (1995). *Thoughts of a Philosophical Fighter Pilot*. Stanford, CA: Hoover Press.

Stockdale, J. B., & Stockdale, S. (1990). *In Love and War: The Story of a Family's Ordeal and Sacrifices during the Vietnam Years*. Annapolis, MD: Naval Institute Press.

Stoughton, S. (2015). Law Enforcement's "Warrior" Problem. *Harvard Law Review*, *128*, 225–234.

Strawson, P. F. (1962). Freedom and Resentment. *Proceedings of the British Academy*, *48*, 1–25.

Strawson, P. F. (1993). Freedom and Resentment. In J. Fischer & M. Ravizza (Eds.), *Perspectives on Moral Responsibility* (pp. 45–66). Ithaca, NY: Cornell University Press.

Tessman, L. (2019). *Moral Injury and Moral Failure*. Paper presented at the West Point War, Fall 2019.

Thomas, D. K. (2003). Who Wrote Seneca's Plays? *The Classical World*, *96*(3), 271–280. doi:10.2307/4352761.

Thurman, R. (1984). *The Central Philosophy of Tibet: A Study and Translation of Jey Tsong Khapa's Essence of True Eloquence*. Princeton, NJ: Princeton University Press.

Timberg, C. (2016, October 18). Racial Profiling, by a Computer? Police Facial-ID Tech Raises Civil Rights Concerns. *Washington Post*. Retrieved from https://www.washingtonpost.com/business/economy/face-recognition-tech/2016/10/17/986929ea-41f0-44a2-b2b9-90b495230dce_story.html.

Trent, M., Dooley, D. G., & Dougé, J. (2019). The Impact of Racism on Child and Adolescent Health. *Pediatrics*, *144*(2), e20191765. doi:10.1542/peds.2019-1765.

Twitter. (2020). Investor Relations FAQ [Press release]. Retrieved from https://investor.twitterinc.com/contact/faq/default.aspx#:~:text=What%20is%20Twitter's%20mission%20statement%3F,a%20free%20and%20global%20conversation.

Vlastos, G. (1991). *Socrates, Ironist and Moral Philosopher*. Ithaca, NY: Cornell University Press.

Von Arnim, J. H. (1964). *Stoicorum Veterum Fragmenta (SVF)*. Stuttgart: B. G. Teubner.

Wald, I., Degnan, K. A., Gorodetsky, E., Charney, D. S., Fox, N. A., Fruchter, E., . . . Bar-Haim, Y. (2013). Attention to Threats and Combat-Related Posttraumatic Stress Symptoms: Prospective Associations and Moderation by the Serotonin Transporter Gene. *JAMA Psychiatry*, *70*(4), 401– 408. doi:10.1001/2013.jamapsychiatry.188.

Wald, I., Fruchter, E., Ginat, K., Stolin, E., Dagan, D., Bliese, P. D., . . . Bar-Haim, Y. (2016). Selective Prevention of Combat-Related Post-Traumatic Stress Disorder Using Attention Bias Modification Training: A Randomized Controlled Trial. *Psychological Medicine*, *46*(12), 2627– 2636. doi:10.1017/s0033291716000945.

Walton, K. G., Schneider, R. H., & Nidich, S. (2004). Review of Controlled Research on the Transcendental Meditation Program and Cardiovascular Disease: Risk Factors, Morbidity, and Mortality. *Cardiology in Review*, *12*(5), 262– 266. doi:10.1097/01.crd.0000113021.96119.78.

Walzer, M. (1977). *Just and Unjust Wars: A Moral Argument with Historical Illustrations*. New York, NY: Basic Books.

Ward, K. (2020). *Standpoint Phenomenology.* (Ph.D.). Georgetown University.

Warzel, C. (2020, June 10). The Floyd Protests Show That Twitter Is Real Life. *New York Times*. Retrieved from https://www.nytimes.com/2020/06/10/opinion/sunday/twitter-protest-politics.html.

Western, D. Tim Ferriss Net Worth. *Wealthy Gorilla.* Retrieved from https://wealthygorilla.com/tim-ferriss-net-worth/.

Westover, T. (2018). *Educated: A Memoir*. New York, NY: Random House.

Wilson, E. (2007). *The Death of Socrates*. Cambridge, MA: Harvard University Press.

Wilson, E. (2019). *The Greatest Empire: A Life of Seneca*. New York, NY: Oxford University Press.

Winger, A. (Writer). (2020). Unorthodox. In: Netflix. Retrieved from https://www.netflix.com/title/81019069.

Woelfel, J. (2011). "The Beautiful Necessity": Emerson and the Stoic Tradition. *American Journal of Theology and Philosophy*, *32*(2), 122– 138.

Xenophon. (2013). *Symposium* (O. J. Todd, Trans., J. Henderson, Rev.). Cambridge, MA, and London, UK: Harvard University Press.

Yablonka, M. (2006, August). Vice Admiral James Bond Stockdale: Vietnam War Hero and Indomitable Spirit at the Hanoi Hilton. *Vietnam*. Retrieved from https://www.historynet.com/vice-admiral-james-bond-stockdale-vietnam-war-hero-and-indomitable-spirit-at-the-hanoi-hilton.htm.

Zhouli, L. (2018, September 16). Christine Blasey Ford's Letter Detailing Sexual Assault Allegations against Brett Kavanaugh. *Vox*. Retrieved from https://www.vox.com/2018/9/16/17867706/christine-blasey-ford-brett-kavanaugh-sexual-assault-allegations.

Zuckerberg, D. (2018). Social Media Has Elevated Misogyny to New Levels of Violence/Interviewer: N. Iqbal. Retrieved from https://www.theguardian.com/books/2018/nov/11/donna-zuckerberg-social-media-misogyny-violence-classical-antiquity-not-all-dead-white-men.

찾아보기

그림은 *기울임체*로 표기됨.

ㄱ

가이우스 루킬리우스 139, 226
감정, 개별 감정들도 참조
   느낌 65-66, 68
   덕 40, 100
   도덕성 52-53
   스토아적 훈련 63
   신경생물학 103
   이성 100-102, 108, 126
   인지 20-21, 39-40, 53, 97, 149
   좋은 감정 98-100, 137
   패스트 트랙 199
   평범한 감정 49, 99, 101, 103, 113
   현자 100-102
개빈 뉴섬 59-60
견유학파 34-37, 57-58, 84
견유학파 디오게네스
   "동전을 망가뜨려라." 35
   금욕주의 34
   세계시민 16, 35
   스토아주의에 대한 영향 36-37
   자기통제 36
   제자 36-37
   필리포스 2세 36
   화 228
공감 16, 53, 129-130, 138, 142, 147, 149, 151,
국가(제논) 38
국가(플라톤) 38, 46, 148, 218
군대
   도덕적 부상 22, 167-168
   마르쿠스 아우렐리우스 21-23
   사후 확신 편향 77
   스토아주의 17, 21-23

에픽테토스 21-22
   영광을 좇는 것 165-166
   외상후 스트레스장애 75-76
   화 245-249
궁수 87
그리고 베를린에서 113
글렌 안드레오타 243
기독교 50-52, 268
기독교 군인의 엥케이리디온(에라스무스) 50
기사도 정신 50
끈기, 회복탄력성도 참조 15, 20, 125

ㄴ

남성성 11-12, 216-217
네로(로마 황제) 12, 14, 43-46, 68, 120, 138, 181,
   196, 262
노예화
   노예화된 자에 대한 주인의 처신 264-265
   미국 145, 197, 262, 269
   성별 260
   세네카 258-259, 263
   스토아주의 24, 26-27
   에픽테토스의 경험 67, 260-261
   자기통제 36
   자유 46-47, 67, 145
느낌
   감정 65-66, 97-98, 101-103
   동의 65-68, 75-76, 97-98, 101-103, 199,
   227, 239
   신념 97-98
   자유 68
   주의 편향 75-76
니코마코스 윤리학 49
다니엘라 라마스 90-91

ㄷ

담화록(에픽테토스) 46
대니 오브라이언 192
대니얼 카너먼 200, 239
대안우파 12-13, 17
덕
　감정 39-40, 99-100
　기쁨 230
　노력 87-88
　명상 225
　무관한 것 62-63, 87-88
　성별 217-218
　이성 39-40, 135-136
　정의 173-174
　행복 40, 61-63
데릭 쇼빈 107
데보라 펠드먼 113
데이비드 흄 148-149
도나 저커버그 216
도널드 트럼프 58, 106, 110, 142-143
도덕적 고통 21-23, 77, 173-174
도덕적 부상
　공감 180, 185
　군대 내 경험 21-22, 167-168
　군사 작전 중 부수적 살인 170, 177-179
　군사 작전 중 우발적 살인 169-172
　반응 태도 168
　사후 확신 편향 77
　생존자의 죄책감 170
　애도 180
　외상후 스트레스장애 22, 168
　정신치료 170
도비 헤리온 236-240
디오게네스 라에르티오스 35, 39, 41, 203, 215

ㄹ

라시언 홀리데이 70, 191, 193, 203
라이프핵
　사전 리허설 193-194
　소셜 미디어 208
　스토아주의 13, 192-193, 195, 198-199, 202-204

식이요법 213
어원 192
이기적 196
정신치료 201-202
정의 192
죽음을 대면 211-214
랄프 왈도 에머슨 18
레드필 커뮤니티 216
레인 맥도웰 169-171, 177, 185
로드니 킹 198
로렌스 콜번 243
루스 리처드슨 204
루카스 보스터만 *222*
루크레티우스 212
르네 데카르트 52

ㅁ

마르쿠스 아우렐리우스, 명상과 명상록도 참조할 것
　가족과 친구로부터의 영감 133
　군사 작전 22
　남성성 216-217
　사회적 연결과 협력의 강조 50, 61, 132, 135, 270
　에픽테토스 12, 48
　이성 132
　자립 48
　조각상 28, 187
마사 누스바움 107-108, 248
마샬 프레서 192
마이클 브라운 221
마이클 코언 142
마틴 루터 킹 주니어 221
말콤 스코필드 38
말콤 엑스 221
멜라니 클라인 106
명상
　동양 종교 23, 229, 232-234
　덕 225-226
　베다 명상 23, 232
　사전 리허설 73
　세네카 23-24, 225-230

스토아주의 23-24, 230-235
　　자신을 되돌아보기 225-230, 250
명상록
　　가족과 친구로부터의 영감 133
　　떨어져 놓여 있는 손과 머리 16, 252
　　서두 133
　　오직 그 자신을 위해 쓴 12
　　웰빙의 사회적 차원을 강조 21, 252
　　자기에 대한 엄격함과 타인에 대한 관대
　　　함 237
　　중간중간 끊기는 내용 70
모범 사례와 영웅 241-249
무관한 것(외재적 선)
　　감정 98-99
　　느낌 76
　　별개의 형태로서의 덕 62-63, 87, 266
　　선호하는 무관한 것 82-86, 113, 115
　　선호하지 않는 무관한 것 80-81, 212, 215
　　애도 115
　　행복 40, 61-63
　　현자의 태도 117-118
무소니우스 루푸스 28, 45-47, 217-218, 236, 260
미 해군사관학교 161, 165, 169, 243, 235
미라이 학살(1968) 243-249
미셸 드 몽테뉴 51-52

ㅂ

밥 심버 237
배움의 발견(웨스트오버) 126
베다 명상 23, 232
베르다 파펜하임 202
베아트리체 셔먼 73
변론 33, 173
분노(화)
　　느낌 98-99
　　덕 110, 112
　　사전 감정 111
　　세네카 12, 44, 105
　　응징 98, 105, 113
　　인지 97-98
　　정의 107, 109

불교(선) 11-13, 232, 234, *222*
불안, 스트레스도 참조
　　도덕적 의무 60
　　부적절한 노력 185
　　사전 리허설 72, 74-77, 80-82, 86
　　코로나19 13, 57-58
브레오나 테일러 107, 220
브렛 캐버노 111-112
브렛 크로지어 109-110
브리타니쿠스 44

ㅅ

사라(창세기) 49, 102, 138
사무엘 폰 푸펜도르프 51
사이먼 드루 203
사전 감정
사전 리허설
　　2차적 고통을 다루기 76
　　도덕성 77
　　라이프핵 193-194
　　명상 73, 228-229
　　불안을 다루기 58-60, 76-77
　　상실 79-80
　　애도 80-81
　　에우리피데스 72
　　에픽테토스 48, 78-80
　　정신치료 75-76
　　코로나19 58-60, 81
　　키케로 72
사후 확신 편향 77
샤미 세스 233
선물 142, 209-210, 251-252
선불교 13
세계시민 16, 35-37
세네카
　　공직에 종사 68
　　금욕주의 145-146
　　네로 12, 14, 43-46, 68,
　　노예화 258-259, 263
　　느낌과 동의 65-66
　　도덕적 낙원 230
　　로살레스의 그림 8

 루벤스의 초상화　214, *254*
 명상　23-24
 모범 사례　241-249
 배경　43-45
 불안　229-230
 선대로부터의 영감　138
 선물　142, 209-210, 251-252
 선호하는 무관심에 대한 태도의 조율
 아그리피나　44
 애도　176-180
 웰빙의 사회적 차원을 강조　21
 이상적 교사-학생의 관계　140-141
 자살　43-45, 68, 120, 196, 214
 적응　84-85, 226
 조각상　28
 죽음　211-212
 추방　44, 68, 120, 196
 패스트 트랙 감정　199
 헤라클레스의 광기　21, 178, 180
 현자　99-101
 호화로운 생활 방식　145, 264
 화　66, 98, 104-106, 199, 219, 239
소걀 린포체　235
소크라테스
 논박　31-32
 덕과 정의　173
 덕과 행복　62
 모범 사례　241-242
 스토아주의에 대한 영향　33-34
 신체적 모습　32-33
 아리스토파네스의 묘사　32
 아이러니　32-33
 알키비아데스　175-177
 오리겐　45
 음미하지 않는 삶　231
 자기조절　32
 자살　214
 죽음의 준비로서의 철학　212
 크세노폰의 묘사　32-33
 플라톤의 묘사　32-33
손절 문화　259
손 리처드슨　204

스토아　37
스토아 포이킬레　37, 191
스토이콘　12
스트레스, 불안도 참조
 군대에서의 경험　22, 203-204
 다루는 방법으로서의 사전 리허설　81
 스토아주의　11, 13, 20, 22, 203-204
 외상후 스트레스　22, 75-76, 168
 움직일 수 없는 경계　15-16, 203-204
스티브 마틴　225
시빌 스톡데일　164-165
시어도어 루스벨트함　109
실리콘밸리　11, 22, 193, 207, 209, 211

ㅇ

아그리피나　44
아낙사고라스　73
아니우스 세레누스　119
아랍의 봄　208
아르트 판 오스텐　*54*, 88
아리스토텔레스
 감정과 인지　97-98
 경험주의　229
 과학 연구　37-38
 노예화　263
 니코마코스 윤리학　49
 덕　283
 선택과 불가능　213
 알렉산더 대왕　37
 윤리학과 정치적 맥락　197
 인간의 사회적 및 정치적 본성　136
 자기애와 이성　38, 136-137
 행복　61-62
 화　110
아리스토파네스　32
아리안　46
아리우스 디디무스　83
아머드 알버리　220
아브라함　49
아이야나 스탠리 존스　220
아탈루스　43
안토니우스　42

안티스테네스 34
알렉산더 대왕 37
알렉산드리아의 필론 27, 28, 49-50, 102, 138
알키비아데스 175-176
암묵적 편견 65, 199
애덤 스미스 16, 149
애도(슬픔)
　과도함 118-119
　도덕적 부상 179
　사전 감정 118
　시전 리허설 79-80
　세네카 118-120
　의료 종사자의 경험
　전환 40
　정신치료 120
　코로나19 120
　현자 118
애비 호프만 35
앤디 워드 95
앤서니 파우치 58, 91
어니스트 메디나 243
어빙 고프만 252
에두아르도 로살레스 8
에라스무스 50-51
에릭 가너 220
에밋 틸 107, 221
에우리피데스 72
에이미 쿠퍼 197-198
에파프로디토스 196
에피쿠로스학파 37, 68, 242
에픽테토스
　감정 39-40
　거짓된 영광 165
　군대 철학 21-22
　금욕주의 46-47
　끈기 15
　노예화 67, 260-261
　담화록 46
　마르쿠스 아우렐리우스 12
　목적과 삶 143
　무소니우스 루푸스 260
　사전 리허설 73

삶의 배우 251
선호하는 무관한 것에 대한 태도 83
스톡데일 14-15, 22, 67, 161-166
신체 훈련과 자기통제 71
아리안 46
엥케이리디온 46, 64, 133, 162, 194
우리 안에 있는 것과 밖에 있는 것의 구분 64-65, 194, 270
자립 59, 126
자유 47, 67, 145
주각상 158
주의 226
회복탄력성 15
엘리자 커밍스 142
엘리자베스(보헤미아의 공주) 52
엥케이리디온(에픽테토스) 46, 64, 133, 162, 194
여가에 대하여(세네카) 68
오리겐 45
오버튼 208
오이케이오시스(소속감) 135
외상후 스트레스 22, 75-76, 168
월리스 프리즌 252
월터 미첼 237
윌리엄 데이비드 클리블랜드 167-168
윌리엄 어니스트 헨리 14
윌리엄 캘리 243
윤리서간집(세네카) 44, 137, 211, 226, 262
의무론(키케로) 42
이성
　감정 99-101, 108, 132
　덕 39-40, 135, 265-266
　도덕성 35
　사회적 연결 132, 135
　세계 속의 집에 존재하기 135-137
　세계시민 35
이스라엘 방위군 76
인빅투스(헨리) 14
인종차별주의
인지행동치료 75, 202, 231
일리아드 105-106
임마뉴엘 칸트 39, 52-53, 166, 215, 266

ㅈ

자기자비 22, 178, 184-185
자기통제
   기사도 정신 50
   선불교 13
   소크라테스 32
   신체 훈련 70-71
   실리콘밸리의 문화 22
   인빅투스 14
   인식론적 편견 65
   자유 32, 35-36
   취약성 261
자립 18, 38, 48, 59, 126, 154
자비 154, 156, 178-186, 234
자비에 대하여(세네카) 181
자유
   내면의 자유 32, 35-36, 46-47, 67, 162-164, 259
   노예화 46-47, 67, 145, 162-164, 196-197, 258-262
   에픽테토스 46-47, 67, 145, 162-164, 196-197
   자기통제 32, 35-36
   존엄성 204-205
잠볼로냐 *122*
잭 도시 207, 209
적응 75-76, 84-85, 102, 214
정신치료
   도덕적 부상 177-180
   라이프핵 201-202
   명상 231-235
   사전 리허설 75-76
   애도 120
   양극성장애 195
   외상후 스트레스 75
   이야기 치료 201-202, 231
   인지행동치료 73, 202, 231
   지속노출치료 75
정의로운 전쟁 이론 51
제임스 B. 스톡데일
   사진 *158*
   수감과 고문 14, 22, 67, 161-164, 242

에픽테토스 22, 67-68, 161-166, 258
   체포 162
제임스 볼드윈 205
제프 로쉬 202
제프리 우 212
조지 워싱턴 53
조지 플로이드 26, 107, 197-198, 204, 220, 237
조지타운 대학교 205, 245
존 루이스 107
존 매케인 163
존 스튜어트 밀 231
주의 편향 75-76
지그문트 프로이트 120, 201-202
지속노출치료 75

ㅊ

찰스 다윈 252
창세기 49, 102
최고선악론(키케로) 42
충동 65, 83-86, 199
치버스 170, 185

ㅋ

카토 138, 228, 241
칼 라이너 225
커티스 도치어 216
코로나19
   공통의 협력적 유대감 59
   불안 13, 57-58
   사전 리허설 58
   시어도어 루스벨트함 109
   애도 120
   의료 종사자의 의사결정 90-91
   인종 197-198
   자조 13
   전세계적 연결 13
코리 부커 198
퀴리날레의 권투 선수 *92*
퀸틸리아누스 241
크라테스 34
크리스찬 쿠퍼 198
크리스틴 블레이시 포드 111-112

크리시포스 28, 41, 80, 98-99, 116-117
크세노폰 32, 191
클라우디우스(로마 황제) 44, 68
클레안테스 *28*, 41, 116-117, 176-177, 242
키케로
  2차적 고통 76
  감정 신호 252
  도덕적 고통과 도덕적 향상 176
  모범 241
  변증법 235
  사전 리허설 72
  삶의 배우 251
  선물 210
  스토아주의의 영향 12
  애도 116-117
  조각상 28
  크리시포스 98
  툴리아 키케로 42, 116
  회의주의 116
키티온의 제논
  감정의 인지적 기반 39-40
  견유학파 디오게네스 34
  공무 68
  덕 39-40
  세계시민 16, 36-37
  스토아 포이킬레 37, 191
  아테네에 도착 191
  애도 39-40
  여성 현자 217
  제자들 242
  조각상 28
킨키나투스 138

ㅌ

타네히시 코츠 205-206
타라 웨스트오버 126
타미르 라이스 221
타키투스 45
태드 브레넌 230
토니 맥데이드 220
토마스 모들리 109
토마스 제퍼슨 53

투스쿨룸 대화 42, 116, 176
툴리아(세네카의 딸) ·42, 116
트라우마
  긴급구조대원 88-89, 155-157
  성폭행 111-112
  외상후 스트레스 22, 75-76, 168
트레이본 마틴 220
트로이의 여인들(세네카) 181
트위터 23, 207-210, 230
티베트 불교 234
팀 페리스 11, *70*, 193-195, 202-203, 220

ㅍ

파나이티오스 141
파이돈(플라톤) 212, 214
페미니즘 46, 218
페테르 파울 루벤스 214, *222, 254*
폴 에크먼 252
폴 왓슨 167
프레디 그레이 220
프로소케(내부 조사) 226
프로스파토스(날것) 73
플라톤
  국가 38
  변론 33, 173
  소크라테스에 대한 묘사 32-33
  정의로운 영혼과 정의로운 도시 196-197
  파이돈 212, 214
  향연 175-176
피터 스트로슨 210, 254
필리포스 2세 36
필립 라인랜더 162
필립 오주아 197

ㅎ

행복 40, 52, 61-62
향연(플라톤) 175
헤라클레스
  무적 21, 151
  신뢰 154
  켄타우로스를 때려잡는 헤라클레스 *122*
  헤라클레스의 광기 21, 178, 180

회복탄력성과 과업 151-152
호메로스 105-106
호의에 대하여(세네카) 209, 251
화에 대하여(세네카) 199, 219, 239
회복탄력성
  가족 요인 129
  개인별 차이 78
  공감 151-152
  무적 15, 21
  사회적 구성 요소 129, 133, 151
  세계 속의 집에 존재하기 17
  스토아주의에서 강조 13, 15, 107
  어원 128
  적응 20-21, 128-129
  헤라클레스 151-157
회의학파 37
흄 톰슨 243-244
휴고 그로티우스 51
흑인의 목숨도 소중하다 26, 107, 208, 219, 237, 262
히에로클레스 15, 147-149

기타

HVMN 212
Stormfront.org 217
#미투 운동 107, 111

오늘날 스토아주의자로 살아간다는 것

첫판 1쇄 펴낸날 2023년 1월 17일

지은이 낸시 셔먼
옮긴이 나경세
디자인 신미경

펴낸곳 해피한가 | 펴낸이 김완규
출판등록 2021년 2월 22일 제385-2021-000011호
주소 경기도 안양시 동안구 시민대로 230 평촌아크로타워 B305-150 (우편번호14067)
이메일 happy_han-ga@naver.com

ⓒ해피한가, 2023
ISBN 979-11-974869-4-4(03100)

* 이 책의 판권은 지은이와 해피한가에게 있습니다.
* 이 책 내용의 전부 또는 일부를 재사용하려면 반드시 양측의 서면 동의를 받아야 합니다.